中国传统文化与现代生活

——留学生高级文化读本

张 英 金舒年 主编

赵昀晖 辛 平 钱 华 编著

北京大学出版社

北 京

图书在版编目(CIP)数据

中国传统文化与现代生活：留学生高级文化读本/张英、金舒年编著．—北京：北京大学出版社，2000.3

（对外汉语教材系列）

ISBN 978-7-301-04450-6

Ⅰ.中… Ⅱ.①张…②金… Ⅲ.①传统文化-专题研究-中国 ②社会生活-研究-中国 Ⅳ.G122

中国版本图书馆 CIP 数据核字(2000)第 01539 号

书　　　名：	中国传统文化与现代生活
著作责任者：	张　英　金舒年　主编
插图作者：	张松建　刘恚君
责任编辑：	吕幼筠
标准书号：	ISBN 978-7-301-04450-6/H·0525
出版发行：	北京大学出版社
地　　　址：	北京市海淀区成府路 205 号　100871
网　　　址：	http://www.pup.cn
电　　　话：	邮购部 62752015　发行部 62750672　编辑部 62752028　出版部 62754962
电子邮箱：	zpup@pup.pku.edu.cn
印　刷　者：	北京鑫海金澳胶印有限公司
经　销　者：	新华书店
	787 毫米×1092 毫米　16 开本　13.5 印张　300 千字
	2000 年 3 月第 1 版　2018 年 1 月第 8 次印刷
定　　价：	34.00 元

未经许可，不得以任何方式复制或抄袭本书之部分或全部内容。

版权所有，侵权必究　举报电话：010-62752024

电子邮箱：fd@pup.pku.edu.cn

目　录

序　言 …………………………………………………………（1）
前　言 …………………………………………………………（1）
第一课　汉字　汉语　汉文化 ………………………………（1）
第二课　名　字　号 …………………………………………（14）
第三课　婚　嫁　娶 …………………………………………（26）
第四课　丧　葬　陵 …………………………………………（35）
第五课　家　家庭　国家 ……………………………………（44）
第六课　厅堂　影壁　四合院 ………………………………（55）
第七课　人际　交往　称谓 …………………………………（65）
第八课　气功　养生　太极拳 ………………………………（73）
第九课　菜系　菜名　食文化 ………………………………（82）
第十课　茶　品茶　茶文化 …………………………………（95）
第十一课　酒　饮酒　酒文化 ………………………………（104）
第十二课　节日　节俗　节气 ………………………………（114）
第十三课　南乐　北乐　雅乐 ………………………………（125）
第十四课　寺庙　宫观　神佛 ………………………………（134）
第十五课　刺绣　陶瓷　剪纸 ………………………………（145）
第十六课　笔墨　纸砚　书法 ………………………………（154）
第十七课　甲骨　竹简　印刷术 ……………………………（164）
第十八课　功夫　侠客　文学 ………………………………（176）
词汇总表 ………………………………………………………（186）
附　录 …………………………………………………………（207）

序　　言

中国是世界上有着几千年历史的文明国家,她为人类进步所创造的灿烂文化成为世界文明宝库中珍贵的遗产被继承下来。伴随着这些文化遗产在中华民族形成的优秀文化传统代代相传,成为中国人民建设自己国家的强大的精神支柱和力量源泉。

对外汉语教学的任务是标准汉语和中国文化。离开了前者,了解中国文化就是一句空话。离开了后者,汉语也很难传播下去。二者之间关系紧密,很难截然分开。

怎样看待对外汉语教学中的文化教学问题,一直是人们长期关怀的问题。张英、金舒年等老师在这方面做了深入的探索和实践,张英曾发表过专门论述对外汉语与文化教学的文章。经过几年的努力,《中国传统文化与现代生活》即将出版问世,这本教材不仅填补了外国留学生长期进修班课程设置的空白,拓宽了教材建设的领域,同时也为对外汉语教学开辟了新的途径。

该教材无论选材、体例都富有创新意识。选材多从外国留学生的视角出发,通过比较,折射出中西文化各自的光芒。通过讨论,既是一种不同文化之间的交流,又是不同民族心理之间的沟通。

该教材通过一横一纵,"展示中国传统文化的演变及其魅力"。课文信息量大,对话深入浅出,注释背景详尽,练习巩固理解,可谓匠心独具。

我读了全文,觉得这是一本难得的文化教材,是用她们的心血凝结而成的。相信会受到外国学生的欢迎的。

郭振华
1999 年 9 月 19 日于燕园

前　　言

　　语言是文化的载体，悠久而丰富多彩的中华文化浸润在汉语言之中。对于留学生来说，汉语言能力的高低，除了取决于语言知识、语言技能之外，还取决于对中国历史、文化以及由此而形成的思想意识、传统观念、思维方式、价值取向、民族心理等的理解。特别是在汉语学习的高级阶段，遇到的障碍往往不是语言结构本身，而是语言所负载的文化。因此，对外汉语教学中的文化教学越来越受到重视，探索文化教学的途径或方式也成为对外汉语教学研究中的一个重要领域。本书就是在北京大学对外汉语教学中心的领导的支持下，几位有志于此的教师辛勤探索的结果。

　　本书的主旨：撷取中国传统文化中富有代表性的"文化点"，通过"纵"、"横"两个方面，展示中国传统文化的演变及其魅力，使学习者对中国优秀的传统文化，既知其然又知其所以然。

　　本书的选题：中华文化，浩如烟海，本书只撷取那些富有代表性、与现实生活密切相关并深受留学生关注的文化点作为选题对象。

　　本书的结构：十八个选题，本着由浅入深的认知原则，每题自成一个单元，由课文、对话、生词、注释、练习五部分组成，其作用如下：

　　课文：选择文化信息量大的原文作为正课文，通过课文引起学习者对某种文化现象的兴趣，从而为推动其深入了解中国优秀的传统文化做铺垫。

　　对话：在"课文"引题的基础上，通过师生课堂讨论的形式，深入展示中国传统文化的演变及魅力。对话部分是教学的重心，也是编著者的心血所在。

　　生词：以《汉语水平词汇与汉字等级大纲》为标准，选取课文和对话中的部分丁级词和部分超纲词为生词；词语解释以书中使用义项为主，不做全面解释。注重对文化词语的解释。

　　注释：文化意义蕴涵深厚而又无法用一两句话解释清楚的词语、诗词等列入注释。此外，与历史及文化背景密切相关而必须予以注释的人物或事物，也列入此类。

　　练习：围绕各课所涉及的文化内容，从词语掌握、文化知识、文化词语理解、文化实践等几个方面设置练习，目的是巩固所学知识，提高理解力和实际认知中国传统文化的能力。

本书的对象:适合于高级班和本科低年级的留学生使用。

这是一本文化方面的教材,全书的结构都是紧紧围绕如何弘扬中国优秀的传统文化、如何帮助留学生全面地了解和正确地理解中国文化来设置和安排的。我们的追求很高,希望中国古老而优秀的传统文化通过教学能够被世界各国人民所了解,国际的交流不再因文化的隔膜而产生误解或不快。但是,我们深知自己的力量有限,学识和经验方面的局限都会使我们的追求难以尽如人意,这正是我们捧出教材的同时感到惴惴不安的地方。当然,任何新的尝试都可能伴随着某些缺陷,我们期待着反馈的信息。因此,我们衷心希望使用者和各位专家批评指正,以便日后修订。

本书得以面世,应该归功于北京大学对外汉语教学中心的领导和北京大学出版社的领导及语言编写室各位编辑,没有他们的支持和鼓励,也许我们没有那么大的勇气迈向新领域。郭振华教授在百忙之中为本书撰写了序言。对此,我们表示由衷的感谢!

全体编著者
1999年9月1日

第一课 汉字 汉语 汉文化

为什么汉字方方正正像图画
汉字有多少"面孔"
学习汉字有没有捷径
通过汉字可以了解到什么
学会多少汉字才能自如地阅读书报刊物

法国人眼中的汉字

在巴黎读书时,常有传道士登门说化。某日,一位女士找上门,对我述说了基督教的博大精深,尔后,娓娓而言:"在中国文字中可找到上帝的痕迹。"我惊诧,窃喜,深深被吸引。

那和蔼博学的女士解释说:"汉字中有一'船'字,拆开,左边为'舟',右边是'八口',这与《圣经》中的诺亚方舟难道没有联系吗?"

仔细一想,果然有道理。

亚当夏娃偷吃禁果后,被逐出伊甸园,人类负上了原罪。该隐杀弟,揭开了恶的序幕。人间充满了仇恨、强暴和凶杀。于是,耶和华要用洪水惩罚人类。事前,他与诺亚立约:"你用歌斐木造一只方舟,你和妻子、三个儿子儿媳进入舟里。为衍息生命,再将鸟兽虫鱼,各带一公一母。"

当诺亚一家八口登上方舟,从汉语中便漂出一"船"。在读音上,"船"谐"传",含有衍息传代之意,仿佛也吻合了上帝的意旨。

也许,这是巧合,我却从中窥见了使"天雨粟,鬼夜哭"之汉字的幽妙魅力。《圣经》与方块字遥相呼应,即便是巧合,也意味深长。

总的说来,法国人对汉字的敬慕首先从其象形会意功能。许多学者从中看到了名与实之间的亲密关系,发现了某种直觉美,悟出了一些原始的真实和惊喜。这正是拼音文字所望尘莫及的。

汉学家威勒菜丝女士评柳宗元的绝句"千山鸟飞绝,万径人踪灭"时,首先关注的便是方块字的象形性。她认为,即便不懂中文,或略知中文,也能直觉地悟出诗境:"鸟(鳥)从山(山)上飞(飛)过,目光溶于象形的指意,整个画面便呈现在你眼前。"

此刻,汉字的象形功能或许被夸大了,但那缤纷笔画撩起的诗性遐想却是有据可依,实实在在的。法国著名诗人克娄岱尔也曾津津乐道于象形文字。随后,他又返观其母语,发现 Locomotive(火车头)一词也有象形意味。根据他的看法,词中三个"O"像车轮,"T"似烟囱等等。

早在 70 年代,著名华人学者程抱一通过分析王维《辛夷坞》一诗,向法国人进一步展示了汉语的卓妙。《辛夷坞》的头两句是:"木末芙蓉花,山中开红萼。"芙蓉不同于梅、桃树,它的蕾开在枝末端。诗中写了花的开与发,这一意境又直观地显于文字的结构和语句的组合中:第一字为"木","木"上添一笔即"末",枝头恍若绽出一蕾;"芙"用草字头,表植物,"蓉"沿用草字头,但笔画增多,仿佛瓣叶渐多的朵,最后完意于"花"。笔画与意境相吻,给人以直觉美。而且,花与人的加入互融相合。五个字中均有"人"迹:"木末"下一撇一捺似"人";"芙"下为夫,夫者,男子也;"蓉"则密通人之面容,显口显鼻显眼,仿佛隐示了花与视觉(蓉)、与表达(蓉)、与嗅觉(蓉)相融为一的密切关系;"花"则由人(亻)与草木(艹)互"化"而成,它既是自然界的物,也是物我合一的美卉。于是,王维诗中的禅意也明朗生动起来。

也许"汉字不长于思辨",然而,它却是作诗的上乘材料。

面对这样迷人的景观,法国人赞不绝口,五体投地。即便中国人也会有"不识庐山真面目,只缘身在此山中"的感慨。程抱一的独特之处,在于他将符号学原理引入了我们古老的拆字法,在分析唐代诗歌的同时,从另一个角度向人们展示了汉字博大精深、幽然卓绝、耐人寻味的魅力。

立于另一种文化,植于另一个文字体系,法国大诗人米修为汉字唱起了赞歌:

"汉字具有宇宙精神。靠近源头,接近自然,立于其旁,人傍一石、一树、一源,人更简朴,暗通广阔空间。在迹之道——汉字中,充满了景象,充满了新生,充满了原始的惊奇。笔画缤纷,百门大开,从中飞出诱惑,泌出芳香,吐出黎明,即便空白也具有无限的生命。"

这歌声令人鼓舞。通过西方人的眼睛,我们对自己的文字有了更深的理解。

选自1996年9月25日《光明日报》

作者:杜青钢

对　　话

朱利安　老师,我是法国人,可是我读了《法国人眼中的汉字》这篇文章,还是不明白作者同意不同意那位女士的说法。

老　师　这个问题,我们可以一起讨论讨论。大家畅所欲言。

平泽隆　我认为作者是不同意的。因为他说:"这仿佛也吻合了上帝的意旨。""仿佛"的意思是看上去像那样,其实不是那样。

黛安娜　作者的本意可能不在于那位女士的话对不对,而在于通过法国人的眼睛,来返观汉字的特点和魅力。

老　师　我同意黛安娜的看法。那位女士对"船"字的拆解,虽然不符合汉字发展的史实,但是,汉字的象形、会意等特点,的确为她奇妙的联想提供了条件。这种特点也使得诗歌特别富有意境。

朱利安　汉字真的那么奇妙吗?

老　师　汉字是表意文字,它的点、画搭配表示一定的意义。如"日"表示日(太阳),"⟋"表示月(月亮),"⟋"表示山,"⟋"表示木(树木),人靠着树"⟋"表示休(休息),一只手在树上"⟋"表示采(采摘)。

黛安娜　这些字看起来像图画。

老　师　是这样。研究汉字的专家们认为,汉字是由图画文字发展起来的,所以有象形的特点。

黛安娜　有些字的意思是无法用图画表示的,这些字是怎么创造的?

平泽隆　我读过一些汉字学的书,那些字好像是用另一种方法创造的。比如本(⟋)字是在木的根部加一横,刃(⟋)是在刀的一侧加一点,这种指示字意的部位的字,叫指事字。有些复杂的字意,可以用几个字搭配在一起表示,如牧(⟋)字,用牛(⟋)加手和一根棍子(⟋),手拿棍子赶牛,表示牧的意义,这种字好像叫做"会意字"。

黛安娜　学习汉语的时候,我的老师常常告诉我们:偏旁相同的一些字,它们的意思或读音往往有一定的关系,例如,"清"、"晴"、"情"、"请"。这些字也是用搭配的方法造出来的吗?

朱利安　老师,您先别说,我们"研究研究"。

老　师　好啊!

朱利安　这几个字的读音相同,但声调和偏旁不一样,它们表示的意思也不一样,这些字的创造方法,一定包含了"声"和"意"两个方面。

老　师　你说得很对!表示读音的部分叫"声旁",表示意义的部分叫"形旁",用这种方法创造的汉字,叫"形声字"。

平泽隆　如果我知道一个字的声旁,也知道它的形旁,即使我不认识这个字,是不是也可以猜到它的大概意思?

老　师　是的。从字形结构可以分析汉语词义。比如"包"（ 㔶 ）像小孩被胎衣包着的样子,由此分化出的"抱"、"苞"、"袍"、"泡"等一组字,从字音、字义到字形,都是有联系的,了解了"包"的本义,学习这一组词就容易了。

平泽隆　在现代汉字中,表意特点已经看不出来了。

老　师　是这样。汉字由甲骨文、金文(又叫"钟鼎文")、篆书、隶书、楷书、草书到现在通行的行书,字形发生了很大变化,词义也不断增加。

黛安娜　怪不得中国的书法艺术那么丰富。

朱利安　我听中国朋友说,汉字对中国古代社会、思想观念、文化传统也有反映,可以举个例子吗?

黛安娜　我知道一个例子。我的汉语老师告诉我,美国的"美"是由"羊"和"大"组成的,羊在古代有吉祥的意思,大羊当然更好,是美的表现,所以羊以大为美。

老　师　的确,"美"反映了古代农牧时期人们的审美观念。此外,像思维特征、社会文化现象、对自然及人类社会的认识等,在汉字中都有反映。

平泽隆　我听说"婚"字的结构与古代的婚俗有关,是吗?

老　师　这个问题,我想留给你们自己去研究解答。

黛安娜　看来掌握汉语词义、了解汉字的结构很重要。那汉字的造字方式到底有多少种?

老　师　汉代的许慎在《说文解字》中提出"六书"说,即六种造字方式:象形、指事、会意、形声、转注、假借。后代的学者认为,前四种是造字的方法,后两种是用字的方法。在现存汉字中,大约百分之八十的汉字属于形声字。

黛安娜　太好了!早知道这样,我认识的汉字肯定比现在多。

老　师	不是所有的形声字都可以念半边。汉字在发展过程中,有些形声字的读音发生了变化。比如"倩(qiàn)"、"菁(jīng)"、"靓(liàng)",读音都不是"青(qīng)",如果念半边就会闹笑话了。
朱利安	我看过一个笑话:说有一个人爱看书,却常常读白字。一天,他的朋友问他最近在读什么书,他说正在读《水许》。朋友觉得奇怪,拿过来一看,原来是《水浒》。
平泽隆	我也听过一个笑话:有一个四川人,他的朋友在北京开会,他想请朋友帮他买回一幅世界地图。打电话的时候,正好朋友不在,他就请服务台小姐转告。结果朋友给他带回去四个鸡头。原来,北京的小姐把"世界地图"(四川话)听成了"四个鸡头"。
老　师	这是因方言而闹出的笑话。
朱利安	上个月我去上海,那里的话我一句也听不懂,要问路时,只能请他们写在纸上告诉我,汉字和汉语竟然分了家。
老　师	汉字不是表音文字,字形和读音的联系不那么紧密,在漫长的发展过程中,语音的差别越来越大,形成不同的方言。
黛安娜	现代汉语有多少种方言?
老　师	主要有北方方言、吴方言、湘方言、赣方言、闽方言、粤方言和客家方言等。每一种方言内又有一定的差别。
朱利安	为什么没有四川方言?
老　师	四川话属于北方方言。
平泽隆	北京话呢?
老　师	也属于北方方言。
朱利安	真的?四川话和北京话差别很大!
黛安娜	北京话就是普通话吗?
老　师	北京话不等于普通话。
朱利安	为什么?
老　师	北京话是北京的地方话,普通话是现代汉语的标准语。普通话是以北京语音为标准音,以北方话为基础方言,以典范的现代白话文著作为语法规范。所以,普通话是方言的高级形式。
黛安娜	汉字和汉语都太奇妙了,看来我得写一本《美国人眼中的汉字》。
朱利安	好啊!要是写出来了,我们大家请你吃饺子!
黛安娜	要是写不出来呢?
众　人	你请我们吃烤鸭!
黛安娜	太不公平!……

生 词

(课文部分)

1.	传道士	chuándàoshì	基督教会派出去传教的人(missionary)
2.	说化	shuìhuà	用话劝说,使人听从自己的意见
3.	博大精深	bódàjīngshēn	形容学问、理论等丰富,又专又深
4.	娓娓	wěiwěi	形容谈论不倦或说话动听
5.	惊诧	jīngchà	惊讶,觉得十分奇怪
6.	窃喜	qièxǐ	私下里偷偷地高兴
7.	和蔼	héǎi	态度温和,容易接近
8.	禁果	jìnguǒ	犹太教、基督教圣经故事中知善恶树的果子的别称
9.	强暴	qiángbào	强横凶暴
10.	惩罚	chéngfá	严厉地处罚
11.	立约	lìyuē	订立遵守的条文
12.	衍息	yǎnxī	繁衍生息
13.	漂	piāo	顺着风向、液体流动的方向移动
14.	谐(音)	xié	字词的音相同或相近
15.	吻合	wěnhé	完全符合
16.	意旨	yìzhǐ	意图(多指应该遵从的)
17.	巧合	qiǎohé	(事情)没有经过安排而相合或相同
18.	窥见	kuījiàn	暗中看出来或觉察到
19.	幽妙	yōumiào	深沉而奥妙
20.	遥相呼应	yáoxiānghūyìng	远远地互相配合
21.	敬慕	jìngmù	尊敬仰慕
22.	象形(字)	xiàngxíng	中国的六书之一。(汉字)描摹实物的形状
23.	会意(字)	huìyì	中国的六书之一。(汉字)整体的意义由部分的意义合成
24.	悟	wù	了解;领会;觉醒
25.	惊喜	jīngxǐ	又惊又喜
26.	望尘莫及	wàngchénmòjí	只能望见走在前面的人带起的尘土而赶不上。比喻远远落后
27.	关注	guānzhù	关心、重视
28.	溶	róng	溶化;溶解
29.	缤纷	bīnfēn	繁多(多指落英、色彩等)
30.	撩起	liáoqǐ	拨起、招惹起
31.	遐想	xiáxiǎng	悠远地思索或想像
32.	有据可依	yǒujùkěyī	有可以查到或可以依靠的根据
33.	津津乐道	jīnjīnlèdào	很有兴致地谈论某事

34. 象形文字	xiàngxíngwénzì	描摹实物的文字,每个字有固定的读法
35. 返观	fǎnguān	回过头来看
36. 卓妙	zhuómiào	高明巧妙
37. 芙蓉花	fúrónghuā	课文中指木芙蓉,木本,花的一种
38. 红萼	hóng'è	萼:包在花瓣外面,开花时托着花冠。诗中借指红花
39. 蕾	lěi	没有开放的花
40. 末端	mòduān	指尽头
41. 意境	yìjìng	指文艺作品或自然景象中所表现出来的情调和境界
42. 恍若	huǎngruò	仿佛
43. 绽	zhàn	裂开
44. 沿用	yányòng	继续使用
45. 完意	wányì	意思或意图完成(于)
46. 互融相合	hùróngxiānghé	不同的事物相互消融而合成一体
47. 撇	piě	汉字笔画之一
48. 捺	nà	汉字笔画之一
49. 密通	mìtōng	暗中相通
50. 隐示	yǐnshì	暗中显示
51. 嗅觉	xiùjué	指鼻子闻东西时所产生的感觉
52. 美卉	měihuì	美丽的花草
53. 明朗生动	mínglǎngshēngdòng	清晰活泼
54. 思辨	sībiàn	思考辨别
55. 上乘	shàngchéng	指质量或水平是最好的
56. 赞不绝口	zànbùjuékǒu	不住地称赞
57. 五体投地	wǔtǐtóudì	指两手、两膝和头着地,是佛教最恭敬的礼节。比喻敬佩到了极点
58. 符号学	fúhàoxué	研究符号、特别是研究关于语言符号的一般理论的科学
59. 拆字法	chāizìfǎ	把字拆开来进行解释意思的方法
60. 幽然卓绝	yōuránzhuōjué	深远隐蔽而又超越一切
61. 耐人寻味	nàirénxúnwèi	意味深长,值得仔细体会琢磨
62. 赞歌	zàngē	赞美人或事物的歌曲或诗文。比喻赞美的言论
63. 暗通	àntōng	暗中相通
64. 诱惑	yòuhuò	吸引
65. 泌出	mìchū	分泌出
66. 芳香	fāngxiāng	香味(多指花草)
67. 令人鼓舞	lìngréngǔwǔ	指对人的振作力很大

(对话部分)

| 68. 畅所欲言 | chàngsuǒyùyán | 尽情地说出想说的话 |
| 69. 本意 | běnyì | 原来的意思或意图 |

70. 拆解	chāijiě		拆开解释
71. 表意文字	biǎoyìwénzì		用符号来表示词或词素的文字
72. 刃	rèn		刀、剪等最锋利的部分
73. 指事字	zhǐshìzì		中国的六书之一。(汉字)由象征性的符号构成
74. 牧	mù		放牧,即把牛、羊等赶到草地里吃草
75. 偏旁	piānpáng		在汉字形体中常常出现的某些组成部分
76. 声旁	shēngpáng		在汉字形体中某些与字的读音有关的偏旁
77. 形旁	xíngpáng		在汉字形体中某些与字的意思有关的偏旁
78. 形声字	xíngshēngzì		中国的六书之一。(汉字)由"形"和"声"两部分合成,形旁和全字的意义有关,声旁和全字的读音有关
79. 胎衣	tāiyī		胞衣(afterbirth)
80. 苞	bāo		花没开时包着花蕾的小叶片
81. 袍	páo		中式的长衣
82. 本义	běnyì		词语本来的意义
83. 转注	zhuǎnzhù		中国的六书之一。(汉字)意义上相同或相近的字互相解释
84. 假借	jiǎjiè		中国的六书之一。(汉字)用已有的文字表示语言中同音而不同义的词
85. 白字	báizì		写错或读错的字
86. 方言	fāngyán		一种语言中跟标准语有区别的、只在一个地区使用的话

注　释

【亚当和夏娃】　亚当是《圣经》故事中人类的始祖。《创世记》上说,他是上帝按照自己的样子用尘土而创造的人。夏娃是亚当的妻子,是上帝用亚当的一根肋骨为他创造的配偶。

【伊甸园】　犹太教、基督教《圣经》故事中,上帝安排给人类始祖亚当和夏娃居住的园子。园内果木茂盛,上帝禁止他们吃知善恶树上的果子。

【原罪】　基督教教义之一。亚当和夏娃本来在伊甸园里生活得幸福快乐,但是后来受蛇的引诱,违背上帝的命令,偷吃了园子中知善恶树上的禁果,这一罪过成为整个人类的原始罪过,故名。

【该隐杀弟】　出自《圣经》故事。该隐是人类始祖亚当的长子,是种田人,他的弟弟亚伯是牧羊人,因而他们献给上帝的贡物不同,上帝对该隐及其贡物不中意而喜欢亚伯及所献贡物,引起该隐的嫉妒,于是该隐把弟弟亚伯杀死于田间。

【耶和华】　基督教对犹太教神雅赫维的误读。

【诺亚方舟】　犹太教、基督教《圣经》故事中,诺亚为避洪水而造的长方形大船。据《圣经·创世纪》记载,上帝因世人行恶而降洪水灭世,义人诺亚遵从上帝的旨意制造方舟,当洪水降临时,诺亚带领全家及留种的动物躲进方舟,避过灾难。西方文学常以方舟作为避难处所的象征。

【天雨粟,鬼夜哭】　出自西汉淮南王刘安及门客所著的《淮南子》一书。《淮南子·本经训》说:

"昔者仓颉作书而天雨粟,鬼夜哭。"意思说,仓颉创造汉字,感动了天地,天空降下粮食,鬼神在黑夜中哭泣。可见创造汉字是惊天地、泣鬼神的壮举。

【柳宗元】(公元773—819)　字子厚,唐代文学家。"千山鸟飞绝,万径人踪灭"两句出自他的名篇《江雪》。全诗四句二十字,后两句为:"孤舟蓑笠翁,独钓寒江雪。"诗歌描写的是一个天寒地冻的雪天,一个老渔翁乘着一叶小舟,独自在江上垂钓的情景,但表达的却是作者孤傲、清高、超然物外的思想感情。

【王维】(公元701—761)　字摩诘,唐代诗人。他善于写田园诗和山水诗。"辛夷坞"是他的田园组诗《辋川集》中的作品,全诗四句二十字:"木末芙蓉花,山中发红萼。涧户寂无人,纷纷开且落。"诗人在描绘了辛夷花美好形象的同时,又写出了一种静寂、落寞的景况和环境。

【物我合一】　中国传统哲学中的一个概念。物,指外物,即客观世界;我,指己身。彼此合而为一。

【禅意】　即禅心,佛教术语,指清净寂寞的心境或意趣。

【不识庐山真面目,只缘身在此山中】　这两句出自宋代文学家苏轼的《题西林壁》诗,全诗四句二十八字:"横看成岭侧成峰,远近高低各不同。不识庐山真面目,只缘身在此山中。"从不同的角度看庐山,得到的印象是不一样的,由于身处庐山之中,反而不了解庐山真正的面目。诗人通过观庐山道出一个哲理:局限于微观和局部,无法看清事物的全貌和本质。

【甲骨文】　是中国古代刻在龟甲和兽骨上的文字,也是现存年代最早的成批的汉字资料,其内容多是殷人占卜的记录。现在的汉字就是从甲骨文演变而来的。

【金文】　是中国古代青铜器上刻铸的汉字字体。古人称"铜"为"金",将青铜器上的文字称为"金文",又因最常见的有字的青铜器具是钟和鼎,所以又称之为"钟鼎文"。金文是以甲骨文为基础发展而来的字体,字体象形的特点逐渐减弱并趋向线条化、符号化。

【篆书】　分为大篆、小篆。大篆是在金文基础上演变而来的字体,主要在春秋战国时代的秦国通行。小篆是在大篆的基础上简化改进而成的篆体字,是秦代通行的标准字体。篆书的特点是笔画匀称工整,线条化、符号化的特点已经很明显。其中大篆整体字型特征为竖长,小篆笔画圆转均匀。

【隶书】　是由小篆简化演变而成的一种汉字字体,通行于汉代。其突出的特点是:整体字型呈扁方形,笔画线条平直方折,便于书写。由于这种字体首先用于办理有关"徒隶"的文书,因此而得名。

【楷书】　楷,是模范、标准的意思。楷书是从隶书发展而来的,其整体字型基本呈正方形,笔画力求书写便利。楷体字是魏晋以来通行的规范、标准的字体,所以叫"楷书"。

【草书】　是与隶书、楷书同时通行的辅助性汉字字体。特点是笔画相连,写起来快。

【行书】　是介乎楷书与草书之间的一种流畅的汉字字体。行,是流动的意思。其字体特点是书写流畅而又清晰易认,适于日常应用,如记录、写信、起草文件等。行书写得规整些则接近楷书,故称为"行楷";写得放纵些则接近草书,所以称为"行草"。行书是人们日常使用最广的字体。

【《说文解字》】　是中国第一部系统地分析字形、考究字源的著作,东汉许慎著,成书于公元100年。全书收字9353个,按字的形体和偏旁构造,分列540部,首创部首编排法。字体以小篆为主,依据六书解说文字。每字下的解释,大抵先说字义,再说形体构造及读音。

【《水浒传》】　中国古典长篇小说,明代施耐庵著。

【北方方言】 分布于华北、东北、西北、西南、江淮等地。在汉语方言中,分布地域最广,使用人口最多,约占汉族总人口的百分之七十以上。其特点是以北京话为代表,内部一致性较强。

【吴方言】 分布于上海市、江苏省长江以南、镇江以东地区。典型的吴方言以苏州话为代表。使用吴方言的人口,约占汉族总人口的百分之八点四。

【湘方言】 分布于湖南省大部分地区。以长沙话为代表。使用人口约占汉族总人口的百分之五。

【赣方言】 分布于江西省大部分地区。以南昌话为代表。使用人口约占汉族总人口的百分之二点四。

【闽方言】 分布于福建省大部分地区、广东东部潮汕地区、海南岛和雷州半岛部分地区、浙江省温州的部分地区、台湾多数汉族地区。使用人口约占汉族总人口的百分之四点二。

【粤方言】 分布于广东的中部和西南部、广西的东部和南部,以广州话为代表。使用人口约占汉族总人口的百分之五左右。香港和澳门同胞也使用粤方言。

【客家方言】 分布于广东、福建、台湾、江西、广西、湖南、四川等省。以广东梅县话为代表。使用人口约占汉族总人口的百分之四。

练　习

(一)

一、在括号内填入适当的字

1. 博大精(　)　　2. 望(　)莫及　　3. 有据(　)依

4. 津津乐(　)　　5. 物我(　)一　　6. 幽然卓(　)

7. 畅所(　)言

二、根据句子的意思写出相应的词语

1. 只能望见走在前面的人带起的尘土而赶不上。(　　　)

2. 很有兴致地谈论(某事)。(　　　)

3. (学问)丰富而且精细深刻。(　　　)

4. 有可依照的根据。(　　　)

5. 想说什么就说什么。(　　　)

三、选择正确答案

1. "娓娓而道"的意思是:

　A. 形容说话动听或谈论不倦

　B. 形容说话声音小而慢

2. "该隐杀弟,揭开了恶的序幕",这句话的意思是:

　A. 序幕拉开,演出正式开始

　B. 从此,人间开始产生了罪恶

3. "衍息生命"的意思是:

　A. 使生命得到延续和增殖

　B. 使生命得到更多的休息

4. "这仿佛也吻合了上帝的意旨",这句话的意思是：
   A. 这好像与上帝的意旨接了吻
   B. 这好像也完全符合上帝的意旨
5. "悟出诗境"的意思是：
   A. 领会到诗歌的艺术境界
   B. 了解到诗歌的艺术境界
6. "汉字象形的功能或许被夸大了,但那缤纷笔画撩起的诗性遐想却是有据可依的",这句话的意思是：
   A. 也许,汉字象形的作用被夸大了,但是,那些由缤纷的笔画引起的诗性联想却是有根据可依的
   B. 也许,汉字象形的功能被夸大了,但是,那缤纷笔画掀起的诗性联想却是有根据的
7. "依其见"的意思是：
   A. 依照他的见解
   B. 依靠他的见解
8. "枝头恍若绽出一蕾"的意思是：
   A. 枝头仿佛长出一个花蕾
   B. 枝头突然长出一个花蕾
9. "汉字不长于思辨"的意思是：
   A. 思辨不是汉字的特长
   B. 汉字不是在思辨中成长的

（二）

一、判断正误

1. 那位传道士说,在中国文字中可以找到上帝。（ ）
2. 汉字中的"船"字与《圣经》中诺亚方舟的故事有关系。（ ）
3. 法国人最敬慕汉字的象形功能和会意功能。（ ）
4. 威勒莱丝女士认为,即使不懂中文,也能领会柳宗元的"千山鸟飞绝,万径人踪灭"的诗句,因为那些字很像画。（ ）
5. 程抱一分析《辛夷坞》用的是拆字法,并且融入了符号学的原理。（ ）

二、根据对话选择正确答案

1. 汉字的主要特点有：
   A. 象形、思辨等
   B. 象形、会意等
2. 汉字之所以有象形的特点,因为它是：
   A. 从图画文字发展起来的
   B. 从会意文字发展起来的
3. 依照不同的造字方法,汉字可以分为：
   A. 象形字、会意字、指事字和形声字
   B. 图画字、表意字、简体字和繁体字

4. 形声字一般包含着：
   A. 声调和形旁
   B. 声旁和形旁
5. 在现代汉字中，很多汉字的表意特点已经看不出来了，因为：
   A. 字的意思变了
   B. 字形发生了很大变化，词义也不断增加
6. 现代汉字是由下列字体演化而来的，其顺序是：
   A. 金文、甲骨文、隶书、篆书、楷书、草书到现在的行书
   B. 甲骨文、金文、篆书、隶书、楷书、草书到现在的行书
7. 汉代的许慎在《说文解字》中提出"六书"说，即象形、指事、会意、形声、转注、假借等六种造字的方法，但后代学者认为：
   A. 转注和假借是用字的方法，不是造字的方法
   B. 指事和假借是用字的方法，不是造字的方法
8. 普通话是现代汉语的标准语，它是以：
   A. 北京话为基础，以典范的现代白话文著作为语法规范
   B. 北京语音为标准音，以北方话为基础方言，以典范的现代白话文著作为语法规范

三、根据课文和对话的内容回答问题

1. 那位女士为什么说"船"字与诺亚方舟的故事有关？
2. 法国的汉学家为什么认为不懂或略懂中文就能领会古代诗歌的意思？
3. 程抱一为什么能把汉字拆开来理解？
4. 在现代汉字中，为什么看不出字的表意特点了？
5. 从古到今，在汉字发展中，主要有哪些字体？
6. "六书"是谁提出来的？它都属于造字的方法吗？
7. 为什么同一个汉字，各个地方的读音却不完全一样？
8. 普通话也是方言吗？

（三）

一、讨论

1. 汉字最突出的特点是什么？
2. 汉字为什么能蕴涵那么多的文化信息？
3. 汉字在中华文化中有哪些独特的贡献？
4. 学习汉字有没有捷径？怎样利用？
5. 请谈一谈你眼中的汉字。

二、实践

1. 分析下列汉字是用什么方法创造的？其特点是什么？

人	山	下	刃
草	果	瓜	末
本	众	林	北
浴			

2. 请按一定标准对下列汉字进行归类,并说明原因。

  防 挤 沟 纺

  济 游 访 跻

  热 仿 汗 清

  挨 煮 提 咽

  蒸 抓 嚷 把

  吵 饮 袖 福

  被 饭 祈

3. 汉字从字形上看有多少种?请写出或画出下列汉字不同的字形。

  人 日 立 北

  羊 车 马 习

  析 明

4. 请运用你学过的汉字知识,猜一猜下列汉字的读音和意思,然后查字典验证。

  贮(繁体字:　　) 灾(繁体字:　　)

  渊(繁体字:　　) 讯(繁体字:　　)

  壶(繁体字:　　)

  囿 陷 妥 囚

  麓 盥 涉

5. 汉语方言主要有多少种?各种方言主要分布在什么地区?

第二课 名 字 号

中国人怎样为孩子起名字
中国人一生有几个名字
男女起名字有没有区别
时代及社会生活对起名字有没有影响
从中国人的名字可以看到什么文化内涵

名字的幽默

"富人养骡马,穷人养娃娃。"家乡的人过去总这么说。

所以,甭管家道多么穷,孩子多么多,都是爹娘心中的宝贝疙瘩。心啊,肉啊,爱得不行。其实也是,穷人中兴家道的希望、养老送终的寄托除了孩子,还有什么呢?

有了孩子,便得有名字。原先说,有了孩子还愁起名?到真有了孩子,名字还真叫人费一番脑子。就算是你后来每每呼叫起那些名字来有多别扭,多不文明,那当初也是让父母花了不少心血的。

说起这起名字,便有许多学问,时下叫"文化"。早年我家乡有过一个晚清的秀才,专给孩子起名,抱了一些黄卷,翻出一些雅字,所以那一带孩子的名字,让城里人看了,也觉得不俗。据说我的名字就是他的作品。只是后来弄了文学,我嫌那名字有点儿迂,便将"书"改为"抒","彦"改为"雁"。我认识的一些小伙伴,叫"书俊"的,叫"书儒"的,似乎后来一直在家乡叫老了。

但多数孩子的名字是父母起的,且那些年代多数父母都是文盲,所以,除了女孩子的名字是花呀、草呀、琴呀、娥呀、淑呀、娟呀之外,男孩子的名字便五花八门了。

归纳起来,一种是希望孩子健健康康、平平安安、有吃有穿的,如柱子、满囤、保柱、平安、金寿、银寿……这种多是常见的,无多大特色。

还有一种就是叫得随意,但看是普通,倒是让人喜欢,如石头、铁蛋、牛娃……多是农家常见常用的。据说是越叫得随意,越不易丢失。

另一种便是用了些生僻的字,或者方言,给后来的老师造成了很多麻烦。父母原想名字随人叫,可是没想到要写在纸上的。我认识一位叫"别子"的,觉得甚为别扭。一打听,他说原来小时候父母起的名字其实就是"鳖"字。上学时,一报名,年轻的女教师傻眼了,不会写那个字,便问:"你弟兄几个?"答道:"五个。"又问:"你是老几?"又答:"老四!"老师问:"大哥叫什么名字?"答:"大鳖子!""二哥呢?""二鳖子!""那么不用说老三叫三鳖子了!""不,叫鳖三!"

那时,他不懂老师为什么问这些,后来才知道,老师是想从那些名字中找个会写的字。一打听都离不了这个"鳖"字。最后一线希望是老五了,一问,更麻烦,叫"鳖鳖"。老师倒也机灵,一想算了算了,干脆写个"别"字,这个"别子"就生生伴他一世。

人常说,名字不过是一个人的符号,叫什么倒不重要。但是,有阵子家乡人也爱赶时髦,给孩子起了许多时尚名字,一个村子的人名排起来,老老少少,竟像一部时代的编年史,每个人都是一个里程碑。

比如解放、建国、援朝、土改、查田、普选、建社、联社、水利、跃进、食堂;后来就又是文革、造反、拥军、联合等等。

家乡人说起某个时期发生的事来,常常看着自己的孩子。比如说起大跃进或"文革"那年,就说:"有我们'食堂'那年。"或者,"那年正好生我们'文革'!"这使汉语言文字的语法艺术得到不少丰富。

……

近些年改革开放了,新的文化对家乡人有很大冲击,据说,孩子的名字也起得洋了。女孩子里也多了妮妮、宁宁、婷婷、苹苹之类。

忽一日，家乡来位亲戚，随便聊起人事，这位亲戚说："唉，如今'跃进'瘫了，'文革'已经死了，倒是'公社'搞得好，只是不爱种田，在外面跑买卖发了。"

妻子听不明白，吃了一惊，说："你们说的是什么？"

我微微一笑，答："人。"

妻说："猛一听，瘆得慌！"

选自1993年《北京晚报》
作者：雷抒雁

对　话

朱利安　真没想到，中国人的名字里还隐藏着这么多有趣的事。是不是每一个中国人的名字，都有一个故事？

老　师　那倒不一定。但是，大多数中国人的名字，的确有着特别的含义。俗话说："儿女的名字，是父母的希望。"意思是说，孩子的名字，寄托着父母的理想和希望。

黛安娜　我有两个中国朋友，一个叫王沪生，一个叫刘小荷，从他们的名字中，我好像看不出寄托着什么理想或希望。

老　师　通过名字寄托理想或希望，只是中国人起名方式中的一种，此外还有很多别的方式。要想懂得中国人名字的含义，你得先了解中国人起名字的习惯和规律。

朱利安　《名字的幽默》中介绍了一些，您能不能再介绍一些？

老　师　可以。你们知道，人的名字虽然只是一个符号，但却是其社会存在并区别于他人的重要标志。因此，人的名字既是个人心愿或爱好的反映，也是民族文化、时代心理等多种因素的反映。

黛安娜　您的意思是说名字也是一种文化？

老　师　孤立地看一个名字，也许谈不上什么文化，但是，如果从整体上看一个民族起名字的规律，其文化特征就非常明显了。

美智子　那么，中国人起名字的规律是什么呢？

老　师　中国是一个多民族国家，每个民族都有自己起名的习惯。就汉族来说，起名的规律主要有这样几个方面：第一，以名字寄托着理想、信仰、志向和希望。

黛安娜　老师，您能举几个例子吗？

老　师　可以。比如彰良、效儒、悟空、振华、泽民、承志、兴旺等，都属于这类的名字。

朱利安	中国人起名的第二个规律是什么？
老　师	是以富有民族文化内涵的载体作为人的名字。
美智子	是指龙、凤这些具有特殊含义的东西吗？
老　师	是的。中国人把龙、凤看做是至尊至贵、吉祥美好之物，把梅、兰、竹、菊喻为有高尚情操的君子，以千里马喻人才，以白玉无瑕喻美德。在中华文化中，类似这些的事物还很多，对子女有所期盼的父母，总是喜欢用这些美好的事物给孩子命名。
黛安娜	难怪中国人名字中有那么多叫龙、凤、梅、兰、竹、菊的。我的朋友刘小荷的名字，是不是也有点儿讲究？
老　师	是的。在中国文化中，荷花也是情操高洁的象征，宋代作家周敦颐说它是"出淤泥而不染，濯清涟而不妖"，所以很多女孩子以荷或荷花为名。
黛安娜	王沪生的名字，是不是也反映出某种规律？
老　师	是。这就是我要介绍的第三个规律：以时、地、境况等为人名，表达纪念、怀恋等情怀。比如京生、沪生、晋阳、鲁玉等，是纪念出生地或祖籍所在地；春兰、秋菊、建国、国庆、跃进等，是纪念出生的季节、时间或时代。
黛安娜	这么说，我的朋友王沪生一定是在上海出生的了？
老　师	对！
美智子	上海每天都有新的孩子出生，如果大家都想以出生地做名字，那么，叫沪生的人不是太多了吗？
老　师	确实有这样的问题。现在，中国人重名的情况很严重，这给社会管理造成很大的麻烦。所以，政府提倡起名用双字，尽量避免重名。
朱利安	我来中国以后，也遇到了很大的麻烦。
黛安娜	你遇到了什么麻烦？
朱利安	对中国人的名字，我常常分不清是男的还是女的，发生了不少误会。
老　师	其实中国男性和女性命名的特点完全不同，你只要了解这些特点，男女的名字就很容易区别了。
黛安娜	上面说的起名规律，难道不是男女共同的规律吗？
老　师	规律虽然是共同的，但是起名的着眼点不同，这与文化传统有关。中国人比较重视女性的品德和相貌，重视女性温柔贤淑的德行，所以父母喜欢用能体现这种理想的事物或字眼给女孩子命名，比如美好的花草植物，如梅、竹、兰，漂亮而有特殊含义的动物，像凤、鸾、燕，优美的品貌神态，如娥、嫣、静、贤、淑，此外还喜欢用从玉、从女的字为名，如：琳、环、璧、媛、姝、姬等。总之，女性名字以柔、雅为美。
美智子	那么男性名字一定是以阳刚为美了？我看到过一些人名字中有虎、豹、

龙等。

老　师　你说得很对。在中国传统观念中,比较重视男人的功名事业,也重视男人的品德操行,所以起名字多从这方面考虑,像安邦、建国、耀祖、建业、伟德、书俊、文杰等,一看就知道是男人的名字。此外像山、川、河、海、峰、岭一类壮美的事物,大都是男人取名才用的。

朱利安　男女的名字有区别,那么,城里人和农村人的名字是不是也有区别?

老　师　有区别。这种区别反映的是城乡文化上的差异。一般来说,农村人的名字起得比较随意,大多取自日常可见的事物或期盼的前景,名字与农家生活密切相关,如丰收、满囤、保田、兴旺、彩莲、招娣等。城里人名字讲究一些,文化蕴涵也相对丰富一些,比如喜欢用诗词典故或生僻的字为名。

美智子　说到诗词典故,我想起一个人——曹操。我看到一本介绍他的诗歌的书,上面说他叫阿瞒、曹操、孟德。我不明白他为什么要那么多名字。

老　师　中国人所说的名字,本来是"名"和"字"合称。在中国古代,按照礼法要求,人一生要起几个名字。第一次起名是乳名,也叫幼名或小名,比较随便,是在生下来三个月时起的,现在民间仍有"百日命名"的习俗,"阿瞒"就是曹操的乳名。第二次起名是在上学时,叫学名,也叫大名,比较正式,也比较讲究,"曹操"就是大名。第三次起名是在二十岁,这时要加冠表示已经成年,同学、朋友不便直呼其名,所以要起一个字,"孟德"就是曹操的字。

黛安娜　起名字这么讲究,使用这些名字是不是也很讲究?

老　师　是这样。乳名是幼年时起的,比较亲昵,是供长辈们呼唤的。

朱利安　那学名自然是供上学时使用的了?

老　师　对。

美智子　那字呢?

老　师　字是一个人的敬名,它和名的作用不同。古人说,名是用来正体的,字是用来表德的。所以一个人自称时只用名,不能用字,别人称呼时,用字表示尊敬,如果直呼其名,是不敬或失礼的行为。

李昌勋　现在的情况也是这样吗?

老　师　不是。除了少数知识分子或有名的人以外,一般中国人只有乳名和学名,即小名和大名,很少有字或号。

朱利安　号是什么?

老　师　号是在正式的名、字之外另起的字,一般是根据自己的意志、情趣、心态、境遇起的,有的是根据自己的诗文集的名字或居住地的名字起的,也有的是别人赠送的。有号的人,大都是知识分子中的名人。

黛安娜　中国的人名太复杂了,难怪它蕴涵了那么丰富的文化。

老　师　今天我们所谈的,只是中国人名中的一些小常识。要说文化,还得深入研究,比如民族心理、宗法制度、宗教文化以及经济发展等对人名都有什么影响,这些问题搞清楚了,才能谈得上文化。

朱利安　现在我的脑子已经装不下了,以后再研究人名与文化吧! 不过我还有一个问题,除了名、字、号以外,中国人还有别的名字吗?

老　师　有。比如化名、笔名、艺名等。这些名字大多和从事的职业有关,情况可能和你们国家差不多。哎,说到你们国家,你也该给我们介绍介绍你们国家的人名与文化,不能光听不说呀!

朱利安　我们国家……对了,老师,我还有一个问题,您的名字是什么意思?

老　师　我的名字嘛……哎,你别转移话题,快介绍你们国家的人名情况吧!

朱利安　那还是请美智子先介绍吧!

美智子　我们想听朱利安的介绍,对不对?

众学生　对!

朱利安　……

生　词

(课文部分)

1.	幽默	yōumò	有趣或可笑而意味深长
2.	骡	luó	骡子(mule)
3.	疙瘩	gēda	小球状或块状的东西
4.	中兴	zhōngxīng	振兴,由衰而盛
5.	家道	jiādào	家境,指家里的经济状况
6.	养老送终	yǎnglǎosòngzhōng	子女奉养年老的父母,死了为他们安葬
7.	寄托	jìtuō	把理想、希望、感情等放在某人身上或某种事物上
8.	别扭	bièniu	不顺心,难对付
9.	心血	xīnxuè	心思和精力
10.	时下	shíxià	当前;眼下
11.	黄卷	huángjuàn	指年代久远的古书
12.	迂	yū	迂腐,保守,不懂得变化
13.	文盲	wénmáng	不识字
14.	五花八门	wǔhuābāmén	比喻种类多
15.	归纳	guīnà	一种推理方法,由一系列具体的事实概括出一般原理
16.	生僻	shēngpì	少见的字、词等

17. 鳖	biē		也叫甲鱼或团鱼,俗称王八,soft-shelledturtle
18. 傻眼	shǎyǎn		因出现某种意外情况而目瞪口呆,不知所措
19. 机灵	jīling		聪明,反应快,应变力强
20. 时髦	shímáo		形容人衣着打扮很入时
21. 时尚	shíshàng		当时的风尚
22. 里程碑	lǐchéngbēi		比喻在历史发展过程中可以作为标志的大事
23. 援朝	yuáncháo		指1950年—1953年的抗美援朝;本文为此期出生的男孩子的名字
24. 土改	tǔgǎi		指新中国建立初期在农村实行的土地制度改革运动;本文为此期出生的男孩子的名字
25. 查田	chátián		指田地普查运动;本文为此期出生的男孩子的名字
26. 普选	pǔxuǎn		指新中国成立后的普及选举法运动;本文为此期出生的男孩子的名字
27. 建社	jiànshè		指1951年开始的建立互助合作社运动;本文为此期出生的男孩子的名字
28. 联社	liánshè		指1958年开始的合并小型生产合作社而建立大社(后来称为人民公社)的运动;本文为此期出生的男孩子的名字
29. 跃进	yuèjìn		指1958年开始的"大跃进"运动;本文为此期出生的男孩子的名字
30. 文革	wéngé		指1966年—1976年的"文化大革命";本文为此期出生的男孩子的名字
31. 造反	zàofǎn		发动叛乱或采取反抗行动;"文革"中,毛泽东号召人们造资产阶级的反;本文为此期出生的男孩子的名字
32. 拥军	yōngjūn		指"文革"中拥护军队到地方"支左";本文为此期出生的男孩子的名字
33. 联合	liánhé		指"文革"中不同"造反派"的联合;本文为此期出生的男孩子的名字
34. 冲击	chōngjī		比喻干扰或打击使受到影响
35. 瘫	tān		身体的一部分完全或不完全地丧失运动的能力
36. 瘆	shèn		使人害怕

(对话部分)

37. 隐藏	yǐncáng		藏起来不让发现
38. 含义	hányì		(词、句等)所包含的意义
39. 心愿	xīnyuàn		愿望
40. 志向	zhìxiàng		将来要做什么事、要做什么样人的意图和决心
41. 内涵	nèihán		概念的内容
42. 载体	zàitǐ		指能够负载其他信息的事物
43. 至尊至贵	zhìzūnzhìguì		最尊贵的

44.	喻	yù	说明或告之;比方
45.	情操	qíngcāo	由感情和思想综合起来的、不轻易改变的心理状态
46.	白玉无瑕	báiyùwúxiá	比喻事情完美无缺
47.	美德	měidé	美好的品德
48.	期盼	qīpàn	期待和盼望
49.	高洁	gāojié	高尚纯洁
50.	境况	jìngkuàng	多指经济方面的状况
51.	怀恋	huáiliàn	怀念
52.	京	jīng	北京的简称
53.	沪	hù	上海的简称
54.	晋	jìn	山西的简称
55.	鲁	lǔ	山东的简称
56.	祖籍	zǔjí	原籍,指祖辈生息的地方
57.	着眼点	zhuóyǎndiǎn	观察或考虑问题的方面
58.	贤淑	xiánshū	贤惠,指妇女心地善良,对人和蔼
59.	德行	déxíng	道德和品行
60.	鸾	luán	传说中凤凰一类的鸟
61.	品貌	pǐnmào	品德和相貌
62.	阳刚	yánggāng	指男子在风度、气概、体魄等方面表现出来的刚强气质
63.	豹	bào	豹子,leopard,panther
64.	操行	cāoxíng	指人的品德和行为表现
65.	安邦	ānbāng	常做人名,含义是使国家安定
66.	耀祖	yàozǔ	常做人名,含义是使功德业绩的光辉照耀到祖宗
67.	建业	jiànyè	常做人名,含义是建功立业
68.	伟德	wěidé	常做人名,含义是使品德崇高,超出常人
69.	文杰	wénjié	常做人名,含义是在诗文方面优秀、杰出
70.	壮美	zhuàngměi	雄壮而美观
71.	保田	bǎotián	常做人名,含义是保护自己的田地
72.	招娣	zhāodì	常做女孩子的名字,含义是招来弟弟
73.	蕴涵	yùnhán	包含
74.	典故	diǎngù	诗文里引用的古书中的故事或词句
75.	冠	guān	帽子
76.	直呼其名	zhíhūqímíng	直接叫对方的名字
77.	亲昵	qīnnì	十分亲密
78.	敬名	jìngmíng	敬称的名字
79.	正体	zhèngtǐ	指确是本人,并非冒名顶替
80.	表德	biǎodé	体现或反映(他的)品德
81.	情趣	qíngqù	性情和志趣;情调和趣味
82.	心态	xīntài	心理状态

83. 境遇	jìngyù	境况和遭遇
84. 化名	huàmíng	为了使人不知道真实姓名而改用别的名字
85. 笔名	bǐmíng	作者发表作品时用的别名
86. 艺名	yìmíng	艺人演出时用的别名

注　释

【秀才】 最初是优秀人才的统称,汉代以后成为荐举人才的科目之一。唐代科举考试曾设过秀才科,后来废去,秀才仅作为一般儒生的泛称。在明清两代科举制度中,秀才是指府、州、县学的生员,习惯上也称为"相公"。考中秀才后才有参加科举考试的资格。

【编年史】 按照年月日顺序编写的历史典籍。其写史的方法是以年月为经,以事实为纬来记述历史,是中国古代记史的体例之一。

【周敦颐】(公元1017—1073) 字茂叔,北宋哲学家、文学家。"出淤泥而不染,濯清涟而不妖"出自他的散文名篇《爱莲说》,即论说他喜爱莲花的原因。莲花从淤泥里生长出来却不被淤泥所沾染,从清水里洗过却不妖冶,莲茎中间贯通而外部挺直,不生藤蔓,没有旁枝,香气越远越觉得清淡,高高地、洁净地立在水中,可以从远处观赏,但不能轻慢地去玩弄它。这就是作者爱莲的原因。作者是以莲花的高洁比喻人的美好情操。

【宗法制度】 中国古代维护贵族世袭统治的一种制度。同祖先同家族的人称为同宗,同宗族内部的最高首领叫宗子,由嫡长子担任,世袭制。宗子掌握着统治本宗的权力。宗法制是由父系家长制演变而来,到周代逐渐完备,并一直延续到清代末年。

练　习

(一)

一、解释下列词语

1. 中兴家道
2. 养老送终
3. 五花八门
4. 至尊至贵
5. 白玉无瑕
6. 出淤泥而不染
7. 濯清涟而不妖
8. 直呼其名

二、写出与下列词语意义相同、相近或相反、相对的词语

1. 别扭——　　　　　2. 时下——
3. 雅字——　　　　　4. 文盲——
5. 归纳——　　　　　6. 生僻——
7. 机灵——　　　　　8. 里程碑——

9. 怀恋——　　　　　　10. 安邦——

三、选择正确答案

1. "中兴家道"的意思是：
   A. 中间兴起家庭的道路
   B. 使家境由衰微而复兴起来

2. "花了不少心血"的意思是：
   A. 用了不少心思和精力
   B. 花了不少时间，流了不少血

3. "抱了一些黄卷"的意思是：
   A. 抱了一些发黄的旧书
   B. 抱了一些黄色的一卷一卷的书

4. "叫得越随意，越不容易丢失"的意思是：
   A. 名字叫得越符合自己的心意，越不容易把名字丢掉
   B. 名字叫得越随便，小孩子越容易养活

5. "名字随人叫"的意思是：
   A. 名字很随便，人家怎么叫都可以
   B. 名字跟着人，怎么叫都可以

6. "最后一线希望"的意思是：
   A. 最后一条线的希望
   B. 最后一点儿希望

7. "每个人(的名字)都是一个里程碑"的意思是：
   A. 由于名字有时代特点，所以每个人的名字都成了那个时代的标志
   B. 每个人的名字都可以划分一个时代

8. "孩子的名字也起得洋了"的意思是：
   A. 孩子的名字也起得与海洋有关了
   B. 孩子的名字也起得有外国味儿了

（二）

一、判断正误

1. "富人养骡马，穷人养娃娃"的意思是说养孩子不用花钱，所以穷人也养得起。（　　）
2. "我的名字就是他的作品"的意思是说作者的名字也是那个人起的。（　　）
3. "干脆写个别字"意思是说干脆写一个别的字。（　　）
4. "有阵子家乡人也爱赶时髦"意思是说有一段时间，家乡的人也喜欢追赶时尚。（　　）
5. "家乡人说起某个时期发生的事来，常常看着自己的孩子。"这句话的意思是，家乡人谈论往事的时候，喜欢以自己的孩子作为时间参照。（　　）
6. "在外面跑买卖发了"的意思是他在外面做生意赚了大钱，发了财。（　　）
7. "瘆得慌"意思是听起来让人感到害怕。（　　）
8. "名字"本来是"名"和"字"的合称。（　　）

二、选择正确答案

1. 孩子在父母心中的地位,跟家庭的贫富:
   A. 有关系
   B. 没有关系

2. 对于穷人来说,改变家庭经济状况,为自己养老送终:
   A. 只有依靠孩子
   B. 除了孩子,还有别的

3. "有我们'食堂'那年"这句话的意思是:
   A. 叫"食堂"的那个孩子出生的那一年
   B. 那一年我们有了食堂

4. "以千里马喻人才,以白玉无瑕喻美德",意思是说:
   A. 可以把有才能的人比做千里马,把有美好道德的人比做无瑕疵的白玉
   B. 可以把千里马说成是人才,把白玉说成是美德

5. 中国人男女起名字的着眼点是不一样的,因为在传统观念中:
   A. 人们比较重视女性的品德和相貌,名字以温柔典雅为美
   B. 人们比较喜欢花、草等植物,所以女孩子的名字多和花草有关

6. 在中国古代,人生第一个名字一般是:
   A. 百日名
   B. 乳名,也叫幼名或小名

7. 上学时使用的名字叫:
   A. 学名,也叫大名
   B. 笔名,也叫艺名

8. "字"是一个人的敬名,自称时:
   A. 也可以使用
   B. 不能使用

9. "号"是正式的名、字以外另起的"字",一般用以表达自己的情趣和心态等,因此:
   A. 所有的人都有"号"
   B. 有"号"的人大都是知识分子中的名人

10. 笔名、化名、艺名等,大多与:
    A. 个人的兴趣有关
    B. 个人所从事的职业有关

三、根据课文和对话的内容回答问题

1. 中国的父母重视不重视孩子的名字?为什么?
2. 农民怎样为孩子起名字?
3. 中国人起名字有什么规律?
4. 作者为什么说把村里的人名排起来竟像一部编年史?
5. 中国人男女的名字有什么区别?
6. 在中国,城市人和农村人的名字有什么区别?
7. 小名、大名、字、号有什么不同和用途?

8．各个时代起名字的规律都一样吗？

（三）

一、讨论

1．人名与文化有没有关系？

2．你认为中国人起名字的规律包含着哪些文化因素？

3．各个国家起名字的规律"差不多"和"完全不同"这两种说法，你同意哪一种？为什么？

4．请比较一下你们国家与中国在人名与文化方面有哪些异同？

二、实践

1．请收集二十个中国人的名字，并根据名字的意思进行分类。

2．根据下列要求，分别给男孩和女孩各起五个名字，供他们的父母选择：

男孩：希望他健壮、学习努力、将来有出息；

女孩：希望她快乐、文静、漂亮、讨人喜欢。

3．写一篇报告：《从人名看文化》。

第三课 婚 嫁 娶

婚姻和古代社会有什么关系
婚姻和传统观念有什么关系
中国人婚礼的形式是什么样的

意中人请妈妈过目

我现在还记得上大一时刚放寒假回家,我就和妈妈吵了一架。那会儿我和班上同学啥也不知道,净瞎玩。回家后就给妈妈大讲特讲出去野营偷老乡西红柿吃了,到章华寺拜菩萨求了一支上上签了,却没发现妈妈的脸色越来越阴沉。最后她终于忍不住了,在我说到和班上几个男生钻山洞进黄鹤楼时,她大喝一声:"疯得不成样子,还是个姑娘家!"

后来长大了,知道妈妈是为我好。只是当时认定妈妈是个"老封建",再也不和妈妈聊这些了。倒是妈妈常含蓄地问起感情的事,我也只是敷衍地笑一笑了事。有一次,一位读专科的男同学到家里来玩儿,妈妈一眼看中了人家的俊秀挺拔,拉我到厨房使劲问是不是他,又警告似地说:"你告诉他,念书时不准谈,让他毕业了先等你一年再说。"我一下子笑了出来:妈妈总认为别人和她一样,都当她女儿是个宝呢,不管三七二十一就让人先等一年。

后来考研,着实忙了一阵,人也憔悴了许多。妈妈看着都着急了,说咱别念了,姑娘家读书太多不好,找不到好对象。我估计妈妈早将那个"漂亮女婿"给忘了。果然,妈妈到处给我说媒,只差登个"征婚启事"。妈妈还经常关照我:"不要光看长相和家庭,只要他人好就行。"我安慰妈妈说:"没关系,研究院追我的多着呢!"没想到妈妈又急了,什么"千万要看准了"、"不能太大意了"……说了一大堆。妈妈有句名言,经常说:"女孩子家最重要的是名誉,一旦名誉毁了,就什么也谈不上了。"妈妈还说:"不听老人言,吃亏在眼前。"

后来,我看妈妈整天生活在她自编自导的有关我的爱情故事中,只好在研究生快毕业时,将"藏"了两年的傻小子带回去了。几天的风尘盖在那家伙其貌不扬的脸上,更显出他的憨厚本质了。

我以为挑剔的妈妈一定会摇头说不行呢。妈却在足足瞅了他三分钟之后,拍板同意了。妈妈说:"瞧他那老实样,就知道他对你真好;再看他进屋还不放下大提包,就知道他是个书呆子;他念了那么多年书,手还是那么粗就表明他是个农村的苦孩子,会干活。把你交给他也好,让他倒霉吧。"

我高兴得一把抱起比我低一个头的妈妈说:"妈,要早说丑女婿你也喜欢,我早就带他来见你了。"妈妈拍拍我的头,说:"傻孩子,只要是咱们家女儿看上的,妈哪儿管他丑不丑。"

有了这样的经历,我很想给所有的男孩女孩提个建议:在你们将成为伴侣之前,不妨先让他(她)过过你爸妈那一关。父母毕竟是过来人,对待感情和人生,他们自有我们所难以企及的认识深度和广度。得到了他们的祝福,你们的日子才会有真正的幸福。

作者:欧阳杏波

对　话

黛安娜　这篇文章真有意思,那个女孩子一定要将自己的男朋友带给妈妈看才行,而且那个妈妈好像特别怕女儿不结婚,其实她女儿肯定还很年轻呢,大概也就二十五六岁吧!所有的中国人都这样吗?我可不同意这种做法,太——太"封建"了。

平泽隆　妈妈是有点儿"封建",不过我想妈妈都是这样吧!我倒觉得,女儿最后的一段建议挺有道理的,婚姻大事上是得多听听"过来人"的意见。

老　师	其实女儿的想法完全是从实际生活出发的,所以你现在觉得有道理;而黛安娜则完全是现代人的想法,自然无法接受妈妈的做法了。
黛安娜	老师,您的意思是说,妈妈的想法跟中国传统的婚姻思想有关?
老　师	对。在中国古代,儿女的婚事完全由父母决定,儿女不能自由寻找自己的对象,否则,对自己的名誉是极大的损害,尤其是深居闺中的女孩子,更不能这样做。在儒家文化中,要"以长为尊",实行的是"家长制"。家庭中的长辈就是家长,小辈要无条件地服从家长的决定,不服从就是大逆不道,所以婚姻之事一定要由父母做主,只有履行"三媒六证",这段婚姻才有效。
平泽隆	什么叫"三媒六证"?
老　师	"三媒"就是男女双方家长和媒人,要在婚约书上签字画押;"六证"是拿姑娘日常使用的六件物品作陪。
黛安娜	尊敬父母当然应该,可是古人自己不也说婚姻是"终身大事"吗?那就更应该由自己决定了。
老　师	古代的中国是一个宗法社会,家族的存亡和荣辱是非常重要的。一个家族中的一代一代的子孙生存的任务就是把家族延续下去,使之兴盛,而婚姻是维系家族势力的一个重要手段。所以,对过去的人们来说,婚姻不是两个人之间的事,两个人的背后有家族因素、经济因素、政治因素等等,"联姻"一直是古代家与家、国与国之间发展关系的一种方式。
平泽隆	老师,我听说古代有一些家庭,因为太太不能生儿子,就和她离婚了。
老　师	这也和宗法社会有关,过去的人们普遍认为,只有儿子才能传家立业。
黛安娜	好像过去不叫"离婚",叫"休妻",意思是不要妻子了,这太不公平了。
老　师	这种不平等的婚姻关系是和整个社会的男女不平等的观念分不开的。
黛安娜	现在在中国,很多年轻夫妻结婚后不住在丈夫的家里,而是自己过日子,这也和以前大不一样了。
老　师	是啊。过去女子结婚以后,一定要住到丈夫的家里,孝敬公婆,所以,女子结婚叫"嫁",男子结婚叫"娶"。
平泽隆	这两个汉字就够有意思的了。我们从这两个汉字中就能看出古代婚姻中的文化内容。
老　师	女子结婚以后,她们的生活场所改变了,她们不再是妈妈的女儿,而是夫家的人了,连姓氏也要随丈夫的。所以,中国有句俗话说:"嫁出去的女儿,泼出去的水。"
黛安娜	中国女子结婚也改姓?我看现在的中国女子都是姓自己父(母)的姓啊?
老　师	过去的中国女子一定要改姓的,不过现在妇女越来越独立,地位也越来

越高，早就不用改了。比如我的奶奶，她自己叫姜淑媛，她的丈夫家姓李，所以她的名字是李姜淑媛；而更多的女子只是被人称做"孙赵氏"、"段刘氏"等等，连自己的名字都没有了。结婚以后，家庭角色是截然分开的，一般"男主外，女主内"。男子在外面抛头露面，养活一家人；而女子把丈夫挣来的钱合理分配，主持家政。这两个角色是绝对不能颠倒的。换句话说，就是男子一定要主宰女子，女子一定要服从男子。

黛安娜　噢，怪不得我的辅导员也说，她将来的丈夫一定要比她能干。看来，这种传统的婚姻观念对人们的影响多么深啊！

平泽隆　老师，中国人的婚礼什么样呢？是不是也很麻烦？

老　师　传统婚礼的确讲究很多。不过现在人们去掉了那些不必要的麻烦，保留了传统的吉祥喜庆的部分，使婚礼显得既庄重又热闹。

黛安娜　老师，你快说说吧。

老　师　在中国，结婚的时候新娘一定要穿红色的衣服，旗袍啊，裙子啊，西服啊，都可以，有的地方还要穿红鞋、红袜，送礼的钱也用红纸包上，叫"红包"。中国人喜欢红色，因为红色象征着吉祥、喜庆和幸福。而中国人在结婚的时候最忌讳白色的东西，因为这是办丧事时使用的颜色。

黛安娜　可是，在我们国家，新娘一定要穿白色的礼服，象征她的纯洁美丽。

老　师　很多中国的老人坚决不让自己的孩子穿白色的婚纱结婚、照相，因为他们觉得不吉利。不过现在的年轻人不管这些，如果他们喜欢，他们就可以穿这样的礼服结婚。

平泽隆　我在电影里看过，窗户上、门上都要贴上红色的字。

老　师　那是双喜字。结婚的时候，新房里的所有东西都得是双数的，喜字是双喜字，被是两套，如果是"一"、"三"这样的单数，就不吉利了。

平泽隆　婚礼的程序是什么？

老　师　古代人结婚要先拜天地，再拜父母，最后夫妻对拜，然后还有闹洞房。不过现在没那么复杂，一般只是在男方的家里办几桌酒席，宴请至亲好友，大家热热闹闹的，年龄相近的朋友可以跟新郎新娘开玩笑；还有的新婚夫妇干脆旅行结婚，不办酒席，到各处去旅行度蜜月。

平泽隆　婚礼的费用一般由谁来支付呢？

老　师　过去都是由男方出，婚礼前男方还要给女方下"聘礼"，女方只出自己的"陪嫁"就可以了。现在，一般是由两家一起支付，只不过男方支付的多些。有的年轻人不愿花父母的钱，就两个人自己付钱举行婚礼。

黛安娜　我觉得还是传统的婚礼有意思，又是坐花轿，又往被角里放一些枣啊，栗子啊，花生啊什么的，多好玩啊！

老　师　现在不坐花轿,坐汽车啊,而且老人在做新被子时,有时也喜欢放你说的那些东西,希望新婚夫妇早生子,早点儿有个可爱的小宝宝。

平泽隆　今天我们可真学到了不少知识,看起来平平常常的婚姻,实际上蕴含着这么多文化含义呢。

生　词

（课文部分）

1.	意中人	yìzhōngrén	心里爱慕的异性
2.	过目	guòmù	看一遍(多用来表示审核)
3.	啥	shá	什么
4.	野营	yěyíng	到野外搭了营帐住宿,是军事或体育训练的一种项目
5.	求签	qiúqiān	迷信的人在神佛面前抽签来占卜吉凶
6.	阴沉	yīnchén	天阴的样子。比喻因不快脸色不好
7.	含蓄	hánxù	(言语、诗文)意思含而不露,耐人寻味
8.	敷衍	fūyǎn	做事不负责或待人不恳切,只做表面上的应付
9.	专科	zhuānkē	指专科学校
10.	看中	kànzhòng	经过观察,感觉合意
11.	俊秀	jùnxiù	清秀美丽
12.	挺拔	tǐngbá	直立而高耸
13.	着实	zhuóshí	实在,确实
14.	憔悴	qiáocuì	形容人瘦弱,面色不好看
15.	女婿	nǚxu	女儿的丈夫
16.	说媒	shuōméi	指给人介绍婚姻
17.	启事	qǐshì	为了说明某事而登在报刊上或贴在墙壁上的文字
18.	长相	zhǎngxiàng	相貌
19.	名誉	míngyù	名声
20.	一旦	yídàn	不确定的时间词,表示有一天
21.	风尘	fēngchén	比喻旅途劳累
22.	其貌不扬	qímàobùyáng	指人的容貌平常或丑陋
23.	憨厚	hānhòu	老实厚道
24.	本质	běnzhì	指事物本身所固有的、决定事物性质、面貌和发展的根本属性
25.	挑剔	tiāotī	过分严格地在细节上指摘
26.	瞅	chǒu	看
27.	拍板	pāibǎn	比喻主事人做出决定
28.	书呆子	shūdāizi	不懂得联系实际、只知道啃书本的人
29.	伴侣	bànlǚ	同在一起生活、工作或旅行的人;本文指夫妻

30.	不妨	bùfáng	表示可以这样做,没有什么妨碍
31.	过关	guòguān	通过关口,多用于比喻
32.	过来人	guòláirén	对某事曾经有过亲身经历和体验的人
33.	难以企及	nányǐqǐjí	难于达到
34.	广度	guǎngdù	(事物)广狭的程度
35.	祝福	zhùfú	原指祈求上帝赐福,后来指祝人平安和幸福

(对话部分)

36.	婚事	hūnshì	有关结婚的事
37.	长辈	zhǎngbèi	辈分大的人
38.	家长	jiāzhǎng	指父母或其他监护人
39.	做主	zuòzhǔ	对某项事情负完全责任而做出决定
40.	履行	lǚxíng	实践(自己答应做的或应该做的事)
41.	婚约	hūnyuē	男女双方对婚姻的约定
42.	存亡	cúnwáng	生存和死亡;存在和灭亡
43.	荣辱	róngrǔ	光荣和耻辱
44.	家族	jiāzú	以血统关系为基础而形成的社会组织,包括同一血统的几辈人
45.	延续	yánxù	照原来样子继续下去
46.	兴盛	xīngshèng	蓬勃发展
47.	维系	wéixì	维持并联系,使不涣散
48.	联姻	liányīn	两家由婚姻关系结成亲戚
49.	立业	lìyè	建立事业
50.	孝敬	xiàojìng	孝顺尊敬(长辈)
51.	场所	chǎngsuǒ	活动的处所
52.	俗话	súhuà	俗语
53.	角色	juésè	比喻生活中某种类型的人物
54.	截然	jiérán	形容界限分明,像割断一样
55.	抛头露面	pāotóulòumiàn	旧时指妇女出现在大庭广众之中(封建道德认为是丢脸的事)。现在指某人公开露面(多含贬义)
56.	养活	yǎnghuo	供给生活资料或生活费用
57.	家政	jiāzhèng	指家庭事务的管理工作
58.	颠倒	diāndǎo	上下、前后跟原有的或应有的位置相反
59.	主宰	zhǔzǎi	支配;统治;掌握
60.	吉祥	jíxiáng	幸运;吉利
61.	喜庆	xǐqìng	值得喜欢和庆贺的
62.	婚礼	hūnlǐ	结婚仪式
63.	庄重	zhuāngzhòng	(言语、举止)不随便;不轻浮
64.	忌讳	jìhuì	因风俗习惯或个人理由等,对某些言语或举动有所顾忌

65. 丧事	sāngshì	人死后处置遗体等事
66. 礼服	lǐfú	在庄重的场合或举行仪式时穿的衣服
67. 婚纱	hūnshā	结婚时新娘穿的一种特制的礼服
68. 吉利	jílì	吉祥顺利
69. 单数	dānshù	正的奇数,如 1,3,5,7 等
70. 程序	chéngxù	事情进行的先后次序
71. 拜	bài	一种表示敬意的礼节
72. 酒席	jiǔxí	请客或聚餐用的酒和整桌的菜
73. 蜜月	mìyuè	新婚第一个月
74. 支付	zhīfù	付出(款项)
75. 聘礼	pìnlǐ	旧时订婚时,男方家向女方家下的订礼
76. 陪嫁	péijià	嫁妆

注　释

【菩萨】　梵文 Bodohi - sattva 的简称,意译为"觉有情",即"上求菩提(觉悟),下化有情(众生)"的人。原为释迦牟尼修行尚未成佛时的称号,后广泛用做对大乘思想的实行者的称呼。人们一般把崇拜的神像也称为菩萨。

【黄鹤楼】　中国四大名楼之一,位于湖北省武汉市。

【闺中】　旧指女子居住的内室,尤其是富贵人家的女子住房,多在住宅最里面。又称闺房。

【大逆不道】　逆:叛逆;道:道德。旧指犯上作乱,违背封建道德。现指不合常理正道。语出《汉书·杨恽传》。

【签字画押】　旧时指在文书上签名或画记号,表示负责。

【嫁出去的女儿,泼出去的水】　一种传统思想。旧时认为女儿嫁出去就跟泼水出门一样,用不着再管。

【男主外,女主内】　一种传统思想。认为在一个家庭中,男性应该负责外部事务,女性掌管家政。

【拜天地】　中国旧时结婚的礼仪之一。新郎新娘一起举行参拜天地的仪式,后参拜父母,最后夫妻对拜。这种仪式也叫"拜堂"。

【闹洞房】　中国传统婚姻习俗之一。新婚的晚上,亲友们在新房里跟新婚夫妇说笑逗乐。也说"闹新房"、"闹房"。

【花轿】　旧时结婚时,新娘所坐的装饰华丽的轿子。

练　习

(一)

一、请在括号中写出正确的词语

1. 心里爱慕的异性。(　　　　)

2．形容人瘦弱,面色不好看。(　　　　)
3．过分严格地在细节上指摘。(　　　　)
4．支配;统治;掌握。(　　　　)
5．言语、举止不轻浮;不随便。(　　　　)
6．蓬勃发展。(　　　　)
7．指人的容貌平常或丑陋。(　　　　)

二、请用下列词语填空

过目　含蓄　敷衍　挺拔　憨厚　书呆子　养活

1．他挣的钱根本不够(　　　)一大家子人。
2．我去找他们的时候,他们只是用言辞(　　　)我,不给我实际的回答。
3．我的孩子每天只知道在家中看书,也不出去活动活动,都快成(　　　)了。
4．这个计划还得让王经理(　　　)才能实行。
5．小李是个性格(　　　)的小伙子,长得又(　　　),所以很多姑娘都喜欢他。
6．中国人讲究做人(　　　),不能太外露。

三、请模仿课文和对话中的句子用下列词语造句

1．着实
2．一旦
3．不妨
4．看中
5．难以企及

(二)

一、请根据课文内容判断正误,并说出正确答案

1．妈妈听到我去章华寺、黄鹤楼玩儿就生气,是因为她觉得求签是迷信。(　　)
2．妈妈见我没有男朋友很着急,但是又怕我吃亏。(　　)
3．妈妈对我的男朋友非常挑剔。(　　)
4．妈妈因为我的男朋友是农村人,所以有点儿瞧不起他。(　　)
5．我认为,青年男女在成为伴侣前,应先让父母过目,因为这是自古以来的传统。(　　)

二、请根据对话内容选择正确答案

1．在中国古代,儿女的婚事完全由父母决定,这是因为:
　　A．父母是过来人,可以提供实际的生活经验
　　B．儒家文化的家长制决定的
　　C．如果父母不帮忙,儿女(尤其是女儿)就会找不到合适的对象

2．什么是"三媒六证"?
　　A．三媒,旧时要三个媒人;六证,旧时要作证六次
　　B．三媒,旧时要媒人签字;六证,就是父母要作证
　　C．三媒,就是男女双方家长和媒人要在婚约上签字画押;六证,是拿姑娘日常使用的六件物品作陪

3．在中国古代,婚姻是:

A．两个人之间的私事
　　　B．维系宗法社会、家族势力的一个重要手段,婚姻背后有各种因素在起作用
　　　C．国与国之间的关系
　　4．"休妻"的意思是：
　　　A．古代一种单方面的离婚形式,指丈夫不要妻子了
　　　B．让妻子休息休息
　　　C．不让妻子姓自己的姓,要改姓夫姓
三、请根据对话内容回答下列问题
　　1．请从汉字的角度说明"嫁"和"娶"的意思。
　　2．什么叫"男主外,女主内"？这种情况是怎么产生的？
　　3．请根据对话中提到的几个方面说一说中国婚礼习俗。

(三)

一、讨论
　　1．你认为婚姻完全是个人的事吗？婚姻的稳定与否与社会是否有关系？为什么？
　　2．你对婚后改姓夫姓这一社会现象有什么看法？
　　3．请将你们国家的婚姻关系与形式和中国的做比较,找出异同。

二、实践
　　1．参加一次中国人的婚礼,记录程序,并写出你的感受。
　　2．做一次家庭关系调查,主要调查家庭中男女地位的不同,然后写一篇调查报告。（可在教师指导下设计问卷）

第四课 丧 葬 陵

人们对"死"的传统看法是什么样的
你知道传统的丧葬方式吗
陵、墓、坟有什么等级的区别

老 喜 丧

　　春节过后不久,母亲去世了,享寿九十三岁。我按照丧礼常规,贴出了"恕报不周"的门报,又结合新风,没有讣告亲友,但还是有不少亲朋好友闻讯来舍吊死唁生,劝慰我不要过分悲痛,要节哀顺变等等,使我深感亲情和友情的温暖。其中不少人众口一词地使用一种共同的语言来劝慰我:"令堂高龄辞世,这是老喜丧。""老喜丧"据说是天津风俗中的一种传统说法,我过去用这一词语安慰过别人,今天我也在接受别人用这一词语的安慰。喜和丧本是两种不同的感情:丧是哀痛,喜是欢悦。如果加起来就是欢悦的哀痛,总让人感到不那么协调。不过,这种说辞总是人们想把丧主从哀痛中解脱出来的一种良好愿望。

母亲高龄辞世,临终时又没什么痛苦而安详地睡去,正是所谓的"无疾而终"。我已年逾古稀,尚能送母归真,也感到没有遗憾了。但是,丧亲终是家庭中的不幸,还是不免悲从中来。我感谢亲友们以老喜丧来安慰我,可自己却一直无法从丧事中寻求到任何喜的感觉,有时甚至怕听老喜丧的安慰。难道人老而死是件大喜事?难道这是生者对死者企盼早日解脱负担而终于实现的一种心态反映?这在年老待死者听来,总不是滋味。不过,当我更深入地思考一下,却又感到最早创造这一词语的人是个富有哲理的人,是个洞察世情的人。他可能想:高龄人阅世数十年,甚至近百年,备尝甜酸苦辣,饱受人情冷暖,世事家务烦扰一生,如今撒手西去,一死百了,再也不会有七情六欲的牵挂,这难道不是一件喜事吗?如是早逝者,哲人则或以其未获识透世情、彻悟人生而哀叹其英年早逝。如此说来,老喜丧不只是世俗的劝慰,还深含着一种未为人理解的哲理。因而,我对老喜丧之说又感到释然。不过,这总是一句劝慰话,而不能表现出喜形于色的行动,更不能因丧亲而欢欣喜悦。

　　我觉得已对老喜丧找到了一种解释,接受了这句街巷俚语。但在送葬那天所遇到的情景,却又引发了我对这一语词被扭曲而发出感叹。那天,在殡仪馆的素服人群中,忽然看到有几位头戴红绒喜字花的妇女在高声地说笑。正在诧异时,就隐隐约约地听有人像是对不懂内情的人解释:"死者是位高龄老人,这是老喜丧。戴红绒喜字花图个喜庆。"我们和这拨丧主是先后使用灵堂。正当我捧着母亲的遗像,二弟捧着空骨灰盒步入灵堂时,他们正迅速地退出。等到我们完成了祭典,退出灵堂时,一种震动我脆弱心灵的刺耳声音袭击过来,原来一位操着天津卫西北角纯正乡音的妇女,正在满面春风地招呼着送葬的亲友到订好座的饭店去吃丧饭。我顺着声音稍稍一瞥,声音发自一位戴红绒花的妇女,她已毫无悲伤的表情,在张罗着一切,似乎这出丧事的喜剧行将闭幕。我心里漾出一股苦涩的水。我又怨恨创造这一语词的先哲,为什么竟给一些无知无情的人留下这无可非议的借口?难道这位老人因为长寿拖累后人,而使生者今日有如释重负的喜悦?哦!我恍然大悟,这老喜丧的喜字原来是为生者所设。我又回到最初那种困惑之中。丧就是丧,喜自是喜,二者很难奏出同一曲调。但愿老喜丧永远只是一句安慰话而不要付诸行动,否则死者难安,而享高寿尚未辞世者更不免在心灵上蒙上阴影:不如早去,免得成为不受欢迎的人,也免得一旦化去,遭人额手称庆。

选自1994年9月10日《光明日报》
作者:来新夏

对　　话

朱利安　这篇文章的题目真奇怪,丧事本来是难过的事,怎么又和喜字联系在一起呢？

黛安娜　好像作者也有点儿不喜欢这种说法，你们看，他在文章里总是强调："丧就是丧，喜自是喜。"还说："欢悦的哀痛，让人感到不那么协调。"老师，既然中国人不喜欢这样，为什么还有那么多朋友用这句话来安慰作者呢？

老　师　实际上，中国人并不是不喜欢这样的说法，作者之所以那么说，是因为他觉得在现代社会，这个风俗已经被曲解和庸俗化了。历史上中国民间常说的"红白喜事"，"红喜事"是指结婚典礼，"白喜事"就是课文中所说的老喜丧。

朱利安　这么说，如果有亲人去世了，中国人真的认为是一件高兴的事啊？这是不是有点儿太不近人情了？

美智子　肯定不是你们所想的那种高兴。老师，这是不是说如果很老的人去世了，从道理上说，应该高兴，就像他们去天堂了一样？

老　师　美智子说的差不多。不过，天堂是西方人的观念。要弄清楚这个问题，我们还得从一些传统的看法说起。一般中国人同时受佛教、道教的影响很深。信佛教的追求死后的解脱，他们认为，人活着就是一种痛苦，要经历各种各样的折磨和苦难，人只有死后才能升入"极乐世界"，到达"西方净土"，才能将人从这些磨难中实实在在地解脱出来。信道教的人认为天地间有两个世界——阳世和阴间，人死后，要去阴森可怖的阴间，那里有"十八层地狱"、有"鬼"、有"阎王"，所以他们追求永生，努力使自己"成仙"，以求不死。其实，无论是道教还是佛教，都体现了古代的人们对死的一种恐惧心理。

朱利安　我以前去过四川的"鬼城"，当时看到什么"孟婆桥"、"十八层地狱"什么的，只是感到可怕，我觉得中国人真是奇怪，怎么修这样的东西吓唬人呢？现在我懂了，这实际上体现了人们对死的一种看法啊。

黛安娜　人死了以后，有好人和坏人的区别吗？在我们国家，好人是要上天堂的。

老　师　当然有区别。区分的标准就在于一个人活着的时候的行为，也就是说，无论是道教还是佛教，无论是"修来世"还是"修现世"的人，都讲究活着的时候要"积德行善"。比如我们今天学的老喜丧的说法，并不是所有的人死了都可以这样说，只有那些无疾而终的高寿老人才可以享受这样的荣誉。之所以给他们以这样的称呼，是因为人们觉得，他们是"寿终正寝"，只有一辈子做好事的人才有这样的报偿，那些在人间做了坏事的人是不可能得到这样的好报的。

美智子　噢，我想起来了，有一次我看一本中文小说，里面的主人公对另一个坏人说："不得好死。"是不是跟这种看法有关？

老　师	对,信佛教的人对身后事极为看重,讲究"修来世",所以,你看到的那句话,在中国人看来是最恶毒的诅咒了。
朱利安	现在我也明白了,丧事的"喜"实际上是针对于死者而言的。怪不得作者看到那些生者的"喜"那么不高兴呢,我想那些人也太不应该了。
老　师	你说得很对。可是,有时候,一种传统的观念会被某些人演变为一种陋习,就像对生死的看法,其实它跟迷信恐怕也只有一步之遥。
黛安娜	可是,我以前看到过一个故事,就是生者为死者的死高兴的故事,好像是说中国一个很有名的人,他的妻子死了,别人以为他会很伤心,可是他却敲着盆大声唱歌,这是为什么?
美智子	噢,我也知道这个故事,是庄子为死去的妻子"鼓盆而歌",对吗?
老　师	对。你们仔细想一想就会发现,这和我们讲的并不矛盾。庄子是中国古代道家的大思想家,道家对生死的看法非常达观,他们认为一切都是遵循自然规律而发生的。庄子为妻子唱歌,就是觉得妻子摆脱了人间的烦恼,应该庆贺。
黛安娜	老师,我觉得其实人都是怕死的,要不然也不会对死有这么多说法。
老　师	是啊,正因为人们惧怕死亡的来临,所以才会有各种各样的解释,以减轻死亡带给人们的恐惧。
黛安娜	中国人都有什么样的埋葬方式呢?
老　师	中国大部分地区早已实行火葬,不过可能还有少部分地区还在实行土葬。
黛安娜	中国人更喜欢哪一种方式?
老　师	很多传统思想很重的老人喜欢土葬。几千年来,儒学统治着中国人的思想,从皇帝到老百姓,莫不深受其影响。儒家强调"入土为安",认为人死了以后,只有埋在土地中,才能安稳地在"阴间"生活。地下有冥王、有鬼魅,可以对你现世的生活进行裁断。只有那些在人间做了坏事的人才被火化,才不能有完整的尸体,才要在阴间受苦。如果活着的子女把老人的尸体火化了,那就是大逆不道。
朱利安	听说古代的有钱人不仅要土葬,还要大修陵墓呢!
老　师	是的,陵、墓、坟是中国传统的丧葬制度中不同等级的标志。
朱利安	哎,老师,在北京有一个"明陵",是明朝皇帝的陵,是不是只有皇帝才能叫"陵"?
老　师	对。皇室家族的人死后都要葬在"皇陵"中,诸侯、士大夫的叫"墓",而普通老百姓的则叫"坟"。陵和墓一般修建得非常豪华雄伟,要有许多陪葬品。在中国人看来,无论是陵、墓、还是坟,这些都是死者在阴间生活的

地方。他们在人间的肉体消失了,就到别的世界去生活,等待再生。而陵墓就是死者在"阴"、"阳"两界的交接点,是把"阴间"的死者和"阳世"的生者连接到一起的一个大空间。而且,到了阴间也是按等级划分的,陵、墓要表现出死者生前的地位,那些生前不能相聚的人,就求死后合葬,他们可以在阴间自由自在地共同生活。

黛安娜　以前旅行的时候,看到明陵、宋陵什么的,真觉得没意思。不过,今天听您这么一说,还真长了不少知识,以后再遇到这些,我都可以当导游了。

生　词

(课文部分)

1.	丧	sāng	跟死了的人有关的(事情)
2.	享寿	xiǎngshòu	也做享年,敬辞,称死去的人活的岁数(多指老人)
3.	丧礼	sānglǐ	有关丧事的礼仪
4.	常规	chángguī	沿袭下来通常实行的规矩或做法
5.	恕	shù	客套话,请对方不要计较
6.	讣告	fùgào	报丧的通知
7.	吊唁	diàoyàn	祭奠死者并慰问家属
8.	劝慰	quànwèi	劝解安慰
9.	节哀顺变	jié'āishùnbiàn	抑制哀痛,不使过分,顺应变故(多用于劝慰死者家属)
10.	众口一词	zhòngkǒuyìcí	形容许多人说同样的话
11.	令堂	lìngtáng	敬辞,称对方的母亲
12.	高龄	gāolíng	敬辞,称老人的年龄(多指六十岁以上)
13.	哀痛	āitòng	悲伤;悲痛
14.	协调	xiétiáo	配合得适当
15.	解脱	jiětuō	摆脱
16.	临终	línzhōng	人将要死(指时间)
17.	安详	ānxiáng	从容不迫;稳重
18.	无疾而终	wújí'érzhōng	指没有什么疾病,因衰老而死
19.	逾	yú	超过;越过
20.	古稀	gǔxī	指人七十岁
21.	企盼	qǐpàn	盼望
22.	滋味	zīwèi	味道。比喻某种感受
23.	哲理	zhélǐ	关于宇宙和人生的原理
24.	洞察	dòngchá	观察得很清楚
25.	世情	shìqíng	社会上的情况;世态人情
26.	阅世	yuèshì	经历世事

27. 烦扰	fánrǎo	搅扰	
28. 撒手西去	sāshǒuxīqù	指死去。西去：佛教指人死后去西方极乐世界	
29. 英年早逝	yīngniánzǎoshì	英气焕发的年龄就死了	
30. 释然	shìrán	形容疑虑、嫌隙等消释而心中平静	
31. 喜形于色	xǐxíngyúsè	抑制不住的高兴流露在脸色上	
32. 俚语	lǐyǔ	粗俗的或通行面极窄的方言词	
33. 送葬	sòngzàng	送死者遗体到埋葬地点或火化地点	
34. 引发	yǐnfā	引起；触发	
35. 扭曲	niǔqū	比喻歪曲；颠倒	
36. 殡仪馆	bìnyíguǎn	供停放灵柩和办理丧事的机构	
37. 素	sù	本色；白色	
38. 绒	róng	上面有一层绒毛的纺织品	
39. 诧异	chàyì	觉得十分奇怪	
40. 灵堂	língtáng	停灵柩、放骨灰盒或设置死者遗像、灵位供人吊唁的屋子或大厅	
41. 遗像	yíxiàng	死者生前的相片或画像	
42. 骨灰盒	gǔhuīhé	装骨灰的盒子	
43. 祭典	jìdiǎn	祭祀或祭奠的仪式	
44. 脆弱	cuìruò	禁不起挫折；不坚强	
45. 心灵	xīnlíng	指内心、精神、思想等	
46. 刺耳	cì'ěr	声音尖锐、杂乱或言语尖酸刻薄，使人听着不舒服	
47. 操	cāo	用某种语言或方言说话	
48. 纯正	chúnzhèng	纯粹	
49. 满面春风	mǎnmiànchūnfēng	形容愉快和蔼的面容	
50. 瞥	piē	很快地看一下	
51. 张罗	zhāngluo	料理	
52. 行将	xíngjiāng	即将；将要	
53. 漾	yàng	液体太满而向外流	
54. 苦涩	kǔsè	形容内心痛苦	
55. 怨恨	yuànhèn	对人或事物强烈地不满或仇恨	
56. 先哲	xiānzhé	指已经去世的有才德的思想家	
57. 无知	wúzhī	不明事理	
58. 无可非议	wúkěfēiyì	没有什么可以指摘的，表示言行合乎情理	
59. 拖累	tuōlěi	牵累；使受牵累	
60. 如释重负	rúshìzhòngfù	像放下重担子一样，形容心情紧张后的轻松愉快	
61. 恍然大悟	huǎngrándàwù	形容忽然醒悟	
62. 困惑	kùnhuò	感到疑难，不知道该怎么办	
63. 奏	zòu	演奏	
64. 但愿	dànyuàn	只希望	

65. 尚	shàng	还
66. 阴影	yīnyǐng	阴暗的影子
67. 额手称庆	éshǒuchēngqìng	以手加额,表示庆幸

(对话部分)

68. 曲解	qūjiě	错误地解释客观事实或别人的原意(多指故意地)
69. 庸俗	yōngsú	平庸鄙俗;不高尚
70. 天堂	tiāntáng	某些宗教指人死后灵魂居住的永享幸福的地方
71. 磨难	mónàn	在困苦的境遇中遭受的折磨
72. 阴森	yīnsēn	阴沉,可怕
73. 怖	bù	害怕
74. 永生	yǒngshēng	宗教用语,指人死后灵魂永久不灭
75. 恐惧	kǒngjù	惧怕
76. 吓唬	xiàhu	使害怕;恐吓
77. 荣誉	róngyù	光荣的名誉
78. 寿终正寝	shòuzhōngzhèngqǐn	指年老时安然地死在家中
79. 报偿	bàocháng	报答和补偿
80. 恶毒	èdú	(心术、手段、语言)阴险狠毒
81. 诅咒	zǔzhòu	原指祈祷鬼神加祸于所恨的人,今指咒骂
82. 陋习	lòuxí	不好的习惯
83. 达观	dáguān	对不如意的事情看得开
84. 埋葬	máizàng	掩埋尸体
85. 莫	mò	表示"没有谁"或"没有哪一种东西"
86. 安稳	ānwěn	平静;安定
87. 裁断	cáiduàn	裁决判断;考虑决定
88. 陵墓	língmù	帝王或诸侯的坟墓
89. 再生	zàishēng	死而复生
90. 生前	shēngqián	指死者还活着的时候

注　释

【佛教】 与基督教、伊斯兰教并称世界三大宗教。相传是在公元前6—前5世纪中,古印度迦毗罗卫国(今尼泊尔境内)的王子悉达多·乔答摩(即释迦牟尼)所创立。佛教宣扬世界虚幻不实,人生充满苦难,只有依照佛教的教义修行,改变世俗的欲望和认识,才能超脱生死轮回,达到涅槃的境界。佛教在中国与道教、儒教长期并存,流传很广,对中国文化有深远的影响。

【极乐世界】 佛教术语。也叫极乐净土,西方净土。指清净的国土,为佛家理想世界。

【道教】 中国汉民族固有的宗教,渊源于古代的巫术。东汉顺帝安安元年(公元142年)由张道陵倡导于鹤鸣山(在今四川崇庆境内)。凡入道者,需出五斗米,所以又称为"五斗米道"。

又因道教徒尊张道陵为"天师",所以又叫"天师道"。道教奉老子为教祖,尊称"太上老君"。

【十八层地狱】 佛教术语。指六根、六识、六尘不得其所,而堕入十八层地狱,以配其罪过。传说有刀山、火海、沸屎、剥皮、抽筋、寒冻、炎热、炮炙、刀剐等苦楚,入其间永世不得翻身。

【鬼】 是指迷信的人所说的人死后的灵魂。

【阎王】佛教称掌管地狱的神。

【孟婆桥】 传说人死后到阴间的路上有一座桥,叫"孟婆桥",人们喝了孟婆的茶水以后,就可以忘掉阳世的一切事情。

【来世】 佛教术语。指人死后轮回再生的世界。

【现世】 佛教术语。指今世,即现在所处的世界。

【积德行善】 佛教指为了求福而做好事。

【道家】 先秦时期的一个思想流派,以老子、庄子为主要代表。道家与道教不能等同。道家崇尚自然,有辩证法的因素和无神论的倾向,但是主张清静无为,反对斗争。

【儒家】 在中国封建社会占统治地位的重要学派,由春秋末期的孔子首创,后被历代封建统治者尊奉为正宗学派,对后世影响极大。儒家学说以"仁"为中心,行"忠恕"、"中庸"之道,在政治上主张"仁政"、"德治",重视伦理道德的教育。

【诸侯】 古代封建帝王统辖下的列国君主的统称。

【士大夫】 封建时代泛指官僚阶层,有时也包括还没有做官的读书人。

练 习

(一)

一、请在括号内填入适当的汉字

1. 寿( )正( )   2. ( )( )大悟   3. 如( )重负
4. 无可( )( )   5. 额( )称( )

二、在括号中填上合适的词

1. 寻求( )( )   2. 企盼( )( )   3. 洞察( )( )
4. 拖累( )( )   5. 遵循( )( )   6. 张罗( )( )

三、请将课文及对话中的四字成语找出,并正确地解释这些成语

四、课文中有很多表示劝慰的敬辞,请找出来,并说明它们的使用情况

(二)

一、请根据课文内容判断正误,并说出正确答案

1."我"的母亲高龄辞世,无疾而终,所以世称"老喜丧"。( )
2."老喜丧"是说生者对亲人的死感到是一种解脱,所以很喜悦。( )
3."我"最初不喜欢这种说法,但是细一思索,认为这种说法很富有哲理。( )
4."我"在灵堂遇到一位妇女戴红绒花,是因为她的亲人是"老喜丧"。( )
5."我"看到那位妇女毫无戚容,深深感到"老喜丧"这个词形容准确。( )

二、请根据对话内容选择正确答案

1.庄子为死去的妻子"鼓盆而歌",是因为:

42

A. 他根本不爱他妻子,她死了,他很高兴

B. 他觉得妻子的死摆脱了人间的烦恼,应该庆贺

C. 他的妻子是"老喜丧"

2. 现在中国人埋葬的方式:

A. 全是火葬

B. 全是土葬

C. 大部分地区实行火葬,少数地区还有土葬

3. 传统的中国人实行土葬,是因为:

A. 受儒家"入土为安"的思想的影响

B. 土葬比较便宜

C. 火葬不安全,容易引起火灾

4. 皇家的人死后所葬的地方称为:

A. 陵

B. 墓

C. 坟

5. 中国人死后大修坟陵,是因为:

A. 坟墓是连接阴阳两界的空间

B. 生前的钱太多,花不完

C. 可以让后来人参观旅游

三、请根据课文和对话的内容回答问题

1. 什么叫"老喜丧"？什么叫"红白喜事"？
2. 佛教和道教对死怎么看待？
3. 是不是所有的人高龄辞世都可叫"老喜丧"？什么样的情况叫"老喜丧"？

（三）

一、讨论

1. 你对生死有什么看法？谈谈你对"老喜丧"这种现象的看法。
2. 比较一下,你的国家的葬礼与中国传统的葬礼不同的地方,并分析其中原因。
3. 你赞成土葬还是火葬,为什么？

二、实践

1. 调查几位中国人,请他们谈谈对埋葬方式的看法。
2. 比较外国人与中国人对安乐死看法的异同。

第五课　家　家庭　国家

中国传统家庭有什么特点
你了解中国家庭的变迁吗
中国人的恋乡情结是怎么形成的
为什么"国"和"家"可以并列组成一个词
"家"和"国"在中国人心目中的地位如何

最重故园情

　　评估一个人,我常常用故园情的浓淡为标准,有时竟到了偏执的地步。究竟为什么,连自己也道不清。

　　一位姓赵的友人,生长在皖南山区,慈严二老及兄弟姐妹共十口人,一直过着贫寒的生活。三间茅舍盖在山石旁,烟薰火炙的柴灶里煮熟的粗糙的饭食,仅可维持半饥半饱。生活虽然苦,他却聪颖勤奋,出人头地的志向从未动摇。终于,他攀援而出,跋涉至大都市,进了大学堂的机械系,学士、硕士、博士,一路地考上去,还有许多见解独到的文章刊布于海外,以至被美国的一位科学名人相中,又出洋留学了。他曾经惠赠两帧雅照,在他的身后,我见到了他的故园:蓊郁的山谷,清幽的溪水,蜿蜒的石径。

"薄暮时分,这里一定很美。"我说。

"辛苦了一天,那时正饥肠辘辘。"他皱起眉头。

考入大学后,他只回过一次故乡。那是他成家不久,娇妻陪伴。但他们没有在养育他的山谷度过一晚,连夜翻山越岭,赶到县城,住进了旅店。这令他过去的伙伴、同学难过了很久。

正当他打点行装,即将远赴大洋彼岸时,他年迈的父亲忽然风尘满面地立在了门前。原来,家中收悉了他的拜别书。他说他永远挂念并孝敬双亲,每月都将寄一笔钱,如果在美国站稳脚跟,一定要把二老接去奉养。他的父母黯然神伤,彻夜未眠。清晨,父亲就怀揣着干粮上路了,老伴相送至石径尽头。老人晓行夜宿,辗转找到火车站,在火车上站立了一昼一夜,来到了儿子所在的城市。可是老山民茫然了,方向、道路、门牌一概不知,如何寻见儿子呢?老人在街头徘徊,幸亏想起儿子所在的学校名称,才一路打听,找到校长的办公室。办公室秘书告诉这位不速之客,赵老师在这里很有名,并热心地把老人送至赵老师赵博士的面前。

"为什么不事先告诉我,就一个人跑来了?"赵博士好一阵埋怨。

"我想你不会回来了,我们再也见不到你了,我是来看你最后一面的。如果事先告诉你,你肯定不让我来。"老汉回答。

"谁说不再见了,我说过将来会请你们去美国住。"儿子感到很委屈。

老汉扫了一眼房间,"我们怎么会去美国呢?连这里我都不习惯。"

赵博士的父亲只住了一夜,便执意踏上归程。赵博士为他买了一张卧铺车票,老人却与别人换了坐席,理由是:赶路的时候怎能躺着?

当赵博士与我话别的时候,问我是否耻笑过他故乡,而且一再解释:"家乡太贫苦、太愚昧,因而太可笑。我对那里没有多少感情。"

赵博士如今事业有成,身在异乡从无异客之感。他待我倒也不薄,寄来了二十几封信,我却疏于回信。我固执地认为:不爱故园,对亲友的眷念也不会有多深;嫌弃家乡,早晚也要嫌弃故人。

故园,可能是富饶可能是贫困,可能落寞凄凉可能繁华鼎盛;家乡,或许留下寒伧的记忆,或许留下温暖的思念。但无论如何,故园有我们的生活,有我们的情怀,有我们生命的深深痕迹。山川、风物、街道、屋舍、人情、饮食、方言,故园的一切一切,与生俱来,苍天赐予,它所凝聚成的文化和情境,超乎贫贱富贵的界限,融入了我们的宗亲与我们自身的血肉。难道说我们可以灭弃宗亲与自身么?

自我们远离故园后,有许多的理由长时间难以归返,甚至永不再见,但是,只要心怀念念之情,不忘悠悠往日,便是无负故园。我敢想,赵博士在步履蹒跚的时候,一段旧情将渐渐萦绕于胸,那时即使海天遥隔,他也会吟唱故园的歌谣。

选自1996年4月17日《光明日报》
作者:顾　土

对　话

平泽隆　我认为,不管是哪个国家的人,只要远离自己的家乡,都会产生思念故园的感情。当然,感情的浓淡是有差别的。作者说:"评估一个人,我常常用故园之情的浓淡为标准。"这句话的意思,是不是说他把对故园的感情看得特别重?

老　师　黛安娜,你怎么理解这句话?

黛安娜　我刚查了一下字典,"评估"的意思是"评议估价"。我想作者的意思可能是说,从一个人对故园感情的浓淡,可以看出他是一个什么样的人。所以,作者把它作为评估人的标准。

朴英玉　韩国也有这样的情况,对故乡感情深的人,很受大家尊敬。

朱利安　我不太了解中国人的想法,但是从作者介绍他朋友的情况看,我觉得赵博士没有什么可指责的。他爱他的父母,每月给父母寄钱,还说将来把父母接到美国去奉养,依我看,他是一个很不错的儿子。他离开家、离开故园、离开中国,都是为了发展,这难道不对吗?

平泽隆　我和朱利安有同感。我倒觉得赵博士的父亲有点儿守旧。比如,他只过他习惯的生活,不愿离开家乡,坐火车的时候不肯躺着,等等。

黛安娜　他的守旧,可能和他一直住在贫穷的山区有关。在任何国家,发达的城市和偏远的乡村,人们的思想观念总是有差别的。赵博士和他父亲以及作者思想观念上的差异,是不是反映了目前中国人在这个问题上的现状?

老　师　我想是的。赵博士的父亲对儿子的关怀,对家乡的依恋,反映了中国人对家庭、对故园难以割舍的深情,反映着传统。赵博士是经过奋斗走出山村的现代青年,他的头脑中保存着一些传统的美德,如勤奋、敬业,不忘养育之恩,孝敬父母;但是,他也丢弃一些传统美德,比如,看不起自己的家乡,对父母尽奉养之责,却难感受到浓浓的亲情。对朋友、同学、乡亲也是这样。所以作者说:"不爱故园,对亲友的眷念也不会有多深;嫌弃家乡,早晚也要嫌弃故人。"

朱利安　那么,作者呢?

老　师	你们分析分析。
朴英玉	我觉得作者是介于两者之间。完全固守传统不好，丢弃传统中美好的东西也不好。一个人可以离开家、离开家乡、离开祖国去奋斗、去发展，但是，不能丢弃对家庭和家乡的感情。我们国家也有这样的观念。
平泽隆	其实，每个国家的人都很重视家庭，但是观念和情况不太一样。比如，中国人喜欢大家庭，喜欢家庭成员都团聚在一起。我听说有一本有名的小说就叫《四世同堂》。
黛安娜	是老舍的小说，不过那是以前的情况。我看过一篇文章，名字叫《中国家庭的变迁》，文章介绍说，中国现代家庭的结构与规模，越来越简单化、小型化。主要有两种类型：一类是三代家庭，即一对夫妇加孩子和老人；另一类是三口之家，即一对夫妇加孩子。
朱利安	我想，现在的中国人也不像以前那么恋家庭、恋家乡了，有不少大学生到国外去留学，在北京，到处都有外地来打工的人。这种情况说明：中国人的观念在变化，中国的传统也在变化。
老　师	的确是这样。随着市场经济的发展和对外文化交流的扩大，中国人的思想观念发生了很大变化。但中国人无论走到哪里，发展到什么程度，那浓浓的家、国之情，始终萦绕在心头。它就像一根无形的银链，连着家庭，连着故园，也连着所有的华人。
平泽隆	这种感情为什么有这么强的力量？
老　师	中国古代社会非常重视世系，而世系就是家族世代相承的系统，它的起点就是由一个家庭、一个家庭的几代人逐渐发展形成的。过去，一个人在事业上的成就和在社会上的地位，在很大程度上受他的家庭、家族世系的影响。所以，重视家庭、重视伦理亲情成为中国人传统的文化心理。
朴英玉	这种心理是不是也加重了每个人对家庭、家族的责任感？
老　师	是的。在中国传统家庭中，一方面，家庭、家族对个人的成长和发展具有重要意义；另一方面，"光宗耀祖"也是每一个家庭成员的责任和义务。个人与家庭、家族形成的这种密切关系，培养了中国人对家庭、家族的责任感和"根"的意识。
平泽隆	《最重故园情》的作者说，评估一个人，用故园之情的浓淡为标准，我觉得他说的标准可能指的就是这种责任感和"根"的意识。
朱利安	难怪在美国的华人一定要回中国看一看，他们许多人喜欢到中国来投资。
黛安娜	我听说汉语中有一句俗语："树高千丈，叶落归根。"说的就是中国人的这种"根"的意识吧？

老　师	是的。
朴英玉	在中国的文学作品中,有很多诗歌、小说是描写这种感情的。
黛安娜	听你这话的意思,好像你知道不少,可以给我们介绍一首诗吗?
朴英玉	当然可以。我给你们背一首李白的《静夜思》:"床前明月光,疑是地上霜。举头望明月,低头思故乡。"
黛安娜	能解释一下诗的意思吗?
朴英玉	平泽隆也学过这首诗歌,我想请他给大家解释。
平泽隆	李白说,一个人远离家乡、远离亲人的时候,白天忙还好过,可是到了晚上,夜深人静,就特别想念家乡,想念亲人。李白当时的情形,就像我现在这样。
朴英玉	那你也可以写一首诗了,名字就叫《课上思》。
平泽隆	为什么?
朴英玉	因为你是在课堂上想家呀!
黛安娜	说到想家,我倒有一个问题。我读过一些中国的文学作品,觉得中国人常常把想家、思乡、爱国紧密联系在一起。比如《最重故园情》的作者就是这样,李白也是把想家包含在思乡之中的,而且在汉语中,"国"和"家"可以组成一个词——"国家"。我不明白这种现象的文化背景是什么?
老　师	我们前面谈到,中国传统大家庭有共居、共财的特点,大家庭的进一步发展,就演变成一个团聚在一起的家族集团,形成同姓村落。这种由大家庭演变为大家族的村落,在中国农村比比皆是。
平泽隆	怪不得有那么多的村名叫赵庄、李庄、王庄什么的。
黛安娜	这使我想起一件事。去年春节的时候,我跟一个中国朋友去他家过年。他姓李,家在河南农村,他们那个村子叫李庄。村子里有几十户人家,但是他们见面的时候都有辈分称呼,仿佛是一家人,当时我很奇怪。
朴英玉	他们最初大都是由一个家庭发展起来的,他们之间的关系、感情自然十分紧密,就像一家人一样。在这方面,韩国有与中国相似的传统。
平泽隆	这么大的"家庭",简直就是一个小社会了。
老　师	是这样。中国传统大家庭不仅共居、共财,而且具有种种管理功能,比如使后代受教育、规范家庭成员的行为(过去叫"家法")、帮助家庭成员成家立业、使家庭成员担负起家族繁衍的任务、进行基本的文化传递,等等。总之,中国的传统大家庭是中国传统文化的一个集中的缩影,从中既可以了解中国传统经济结构的基本特征,又可以发现中国传统政治制度的特点,"国家"一词就是最好的证明。
朱利安	老师,您的意思是不是说,"国"就是一个更大的"家"?

老　师	可以这样理解。在中国封建社会,每一代的皇帝都是把"国"当做"家"来治理的,皇帝就是它的"家长",老百姓就是它的"子民",国家的法律也就是"家规"或"家法",皇帝对"国"的管理同样是按照治家的方式进行的。从这个意义上说,中国的传统大家庭是缩小的"国家",封建国家也就是放大了的"家庭"。所以,研究中国传统大家庭的结构、存在、发展,对了解中国传统政治制度、传统文化、民族心理及思想感情,都非常有意义。
平泽隆	今天的讨论使我明白了许多问题,除了家庭、故园、国家之外,对中国人特别重视子女教育,关注儿女婚姻,看重邻里亲情等,也有了新的理解。但是有些问题我们没有谈到,比如传统家庭到现代家庭的演变,这种演变对当代人有什么影响,对当代文化有什么影响。这些情况我也很想了解。
老　师	这正是我要留给你们的作业。
众学生	啊!
平泽隆	老师,我只了解过去就够了,是不是可以不做这个作业?
老　师	当然——不行,应该"观古知今"嘛。
众学生	今天该罚你(指平泽隆)请客!
平泽隆	没问题。饭后大家都到我的房间来喝茶!
众学生	喝茶?
平泽隆	碧螺春,是中国最好的茶!
众学生	一言为定!

生　词

(课文部分)

1. 评估	pínggū	评判和估价
2. 浓淡	nóngdàn	(感情)程度的深浅
3. 偏执	piānzhí	片面而固执
4. 皖南	Wǎnnán	安徽省的南部。皖,安徽省的简称
5. 贫寒	pínhán	穷苦,多形容生活、家境等
6. 茅舍	máoshè	用茅草盖的房屋
7. 烟薰火炙	yānxūnhuǒzhì	薰:同熏,烟接触物体,使变颜色或沾上气味。炙:烤
8. 柴灶	cháizào	灶:用砖等建成的生火做饭的设备。农村多用柴草生火做饭,故称
9. 聪颖	cōngyǐng	聪明
10. 出人头地	chūréntóudì	超出一般人;高人一等

11.	攀援	pānyuán	抓着东西往上爬。比喻投靠有钱有势的人往上爬
12.	跋涉	báshè	爬山蹚(tāng)水。形容旅途艰苦
13.	刊布	kānbù	(书、文章等)通过印刷品来公布
14.	相中	xiāngzhòng	看上
15.	惠赠	huìzèng	敬辞,用于对方送给自己东西或物品的行为
16.	帧	zhēn	(量词),用于字画和照片等
17.	雅照	yǎzhào	敬辞,用于称对方的照片
18.	蓊郁	wěngyù	形容草木茂盛
19.	清幽	qīngyōu	(风景)秀丽而幽静
20.	蜿蜒	wānyán	(山脉、河流、道路等)弯弯曲曲地延伸
21.	薄暮	bómù	傍晚
22.	饥肠辘辘	jīchánglùlù	饥饿的肚子发出辘辘的响声
23.	翻山越岭	fānshānyuèlǐng	形容路途艰难
24.	打点	dǎdiǎn	收拾、准备(行装等)
25.	大洋彼岸	dàyángbǐ'àn	此处指美国
26.	年迈	niánmài	年老
27.	收悉	shōuxī	悉:知道。多用于书信,表示收到了信并知道了信的内容
28.	奉养	fèngyǎng	侍奉和赡养(父母或其他尊亲)
29.	黯然神伤	ànránshénshāng	心里不舒服,情绪低落乃至伤心
30.	揣	chuāi	藏在衣服里
31.	晓行夜宿	xiǎoxíngyèsù	天刚亮的时候就开始赶路,晚上很晚了才到旅店休息睡觉
32.	辗转	zhǎnzhuǎn	经过许多地方
33.	昼	zhòu	白天
34.	茫然	mángrán	完全不知道的样子
35.	徘徊	páihuái	在一个地方来回走
36.	不速之客	búsùzhīkè	不邀请就来了的客人。速:邀请
37.	埋怨	mányuàn	因为事情不如意而向对方表示不满
38.	执意	zhíyì	坚持按自己的意志做某事
39.	耻笑	chǐxiào	看不起和嘲笑
40.	愚昧	yúmèi	缺乏知识;文化落后
41.	异客	yìkè	旅居他乡的客人
42.	固执	gùzhí	坚持自己的意见,不肯改变
43.	眷念	juànniàn	想念
44.	嫌弃	xiánqì	厌恶而不愿意接近
45.	富饶	fùráo	物产多;财富多
46.	落寞凄凉	luòmòqīliáng	潦倒失意、寂寞冷落
47.	鼎盛	dǐngshèng	正当兴盛或强大
48.	寒伧	hánchen	丢脸;不体面

49.	情怀	qínghuái	含有某种感情的心境
50.	风物	fēngwù	一个地方特有的风景和物品
51.	与生俱来	yǔshēngjùlái	随着出生就一同出现或存在的(事物)
52.	赐予	cìyǔ	赏给
53.	凝聚	níngjù	聚集;积聚
54.	情境	qíngjìng	情景;境地
55.	贫贱	pínjiàn	指贫穷而社会地位低下
56.	融入	róngrù	把某种事物融进另一种不同的事物中
57.	宗亲	zōngqīn	同一父系家族的成员及亲戚
58.	灭弃	mièqì	灭绝或丢弃
59.	步履蹒跚	bùlǚpánshān	行走不灵便,走路既慢又不稳,多用来形容老人或幼儿
60.	萦绕	yíngrào	盘旋往复
61.	海天遥隔	hǎitiānyáogé	天地和海洋把两地远远地隔开
62.	吟唱	yínchàng	有节奏地诵读或歌唱

(对话部分)

63.	指责	zhǐzé	挑出错误,加以批评
64.	守旧	shǒujiù	拘泥于过时的看法或做法,不愿意改变
65.	依恋	yīliàn	留恋;舍不得离开
66.	割舍	gēshě	舍弃;舍去
67.	敬业	jìngyè	敬重自己从事的工作或事业
68.	固守	gùshǒu	主观固执地遵循(传统或某种思想观念等)
69.	变迁	biànqiān	情况或阶段的变化转移
70.	恋	liàn	想念不忘;不忍分离
71.	世系	shìxì	家族世代相承的系统
72.	世代相承	shìdàixiāngchéng	一代一代地接续下去
73.	伦理	lúnlǐ	指人与人相处的各种道德准则
74.	共居	gòngjū	共同居住
75.	共财	gòngcái	共同拥有财产
76.	比比皆是	bǐbǐjiēshì	到处都是
77.	成家立业	chéngjiālìyè	指结了婚,有了一定的职业或建立某项事业
78.	繁衍	fányǎn	逐渐增多
79.	缩影	suōyǐng	指可以代表同一类型的具体而微的人或事物
80.	治理	zhìlǐ	统治;管理
81.	子民	zǐmín	指老百姓
82.	治家	zhìjiā	指管理家庭事务
83.	关注	guānzhù	关心重视
84.	观古知今	guāngǔzhījīn	了解古代的同时也了解现代;了解古代就可以推知现代

注 释

【慈严】 慈,指母亲;严,指父亲。在中国传统家庭教育中,父亲多注重子女的学业,管教比较严厉;母亲多照顾子女的生活,关心无微不至,所以有父严母慈的说法。后来,就用慈严指称父亲和母亲。

【《四世同堂》】 长篇小说名称。作者老舍(1899—1966),原名舒庆春,字舍予,北京人,满族。小说以20世纪30—40年代的北京为背景,写一家四代人悲欢离合的故事。

【《中国家庭的变迁》】 北京大学《中华文化系列讲座》之一,文章见于《中华文化讲座丛书》第二集,北京大学出版社出版。

【树高千丈,叶落归根】 俗语。意思是说,树长得再高,叶子落下来的时候,也会回到曾经滋养它的树根那里去。以此比喻人一生无论漂泊到哪里,终究都要回到自己的故乡。

【李白】(公元701—762) 字太白,唐代诗人。中国古代最著名的诗人之一。他的诗歌热情豪放,充满浪漫主义色彩。

【家法】 旧时,中国封建家长统治家族、训导子弟的法规。家法只在家庭或家族内部具有约束力。封建家长拥有执法权。

【碧螺春】 中国一种绿茶的名字

练 习

(一)

一、解释下列词语

1. 见解独到
2. 攀援而出
3. 打点行装
4. 不速之客
5. 扫了一眼
6. 事业有成
7. 待我不薄
8. 繁华鼎盛
9. 灭弃宗亲
10. 海天遥隔

二、在括号内填入适当的字

1. 烟(　)火炙　　2. 半饥(　)饱　　3. 饥(　)辘辘
4. 站(　)脚跟　　5. 黯然(　)伤　　6. (　)履蹒跚
7. 光(　)耀祖　　8. 叶落(　)根　　9. 四(　)同堂
10. 家庭(　)迁

三、就划线部分的意思选择正确的答案

1. 究竟为什么,<u>连自己也道不清</u>。

A. 对道路不清楚

B. 对事情说不清楚

2. (他)进了大学的机械系,学士、硕士、博士,<u>一路考上去</u>。

   A. 一直考上去

   B. 从一条路上考

3. 赵博士的父亲只住了一夜,便<u>执意踏上归程</u>。

   A. 坚持自己的意见,上路回家

   B. 坚持自己的意见,踩在归程上

4. 不爱故园,<u>对亲友的眷念也不会有多深</u>。

   A. 对亲友的留恋也不会有多深

   B. 对亲友的想念也不会有多深

5. 嫌弃家乡,<u>早晚也</u>嫌弃故人。

   A. 早上和晚上也厌恶和不愿意接近老朋友

   B. 或早或晚也会厌恶和不愿意接近老朋友

(二)

一、判断正误

1. "故园"就是故乡。(　　)

2. "还有许多见解独到的文章刊布于海外"这句话的意思是说,赵博士有许多观点独特的文章发表在国外的报刊杂志上。(　　)

3. "慈严"指的是慈善和严厉。(　　)

4. "赵博士在步履蹒跚的时候,一段旧情将渐渐萦绕于胸。"这句话的意思是说,等到赵博士老年的时候,一定会对故乡产生思念之情。(　　)

5. 作者认为,只要不忘记过去的生活,即使离开家乡不再回来,也不算背弃家乡。(　　)

二、根据课文选择正确答案

1. 赵博士出生在:

   A. 皖南山区的一个工人家庭

   B. 安徽南部山区的一个农民家庭

2. 赵博士到美国留学是因为:

   A. 他考上了美国的大学

   B. 得到美国一位有名的科学家的邀请

3. 赵博士带妻子回故园时没在家里住,这让他的朋友们很难过,因为:

   A. 他们见面的时间太短

   B. 他们觉得赵博士嫌弃自己的故园,这伤了他们的感情

4. 父亲急急忙忙到城里去看赵博士,因为:

   A. 儿子要去留学,他想为儿子送行

   B. 他认为儿子出国后不会回来了,他想跟儿子最后见一面

5. 作者认为,无论如何,都不能忘记自己的故园,因为:

   A. 那里有与自己血肉相连的生活、情怀和文化

B. 那里有自己的亲人和财产

三、根据课文的内容回答问题

1. 赵博士到大城市上学和工作以后,生活和思想感情有什么变化?
2. 赵博士的父亲是怎样一位老人?
3. 赵博士与作者话别的时候,为什么说自己的家乡可笑?

（三）

一、讨论

1. 作者为什么对赵博士不满意?他做错了什么?
2. 对故园情的浓淡是否可以作为评估一个人的标准?
3. 对中国人来说,家、家乡、国家三者之间具有怎样的关系和意义?
4. 作者说:"不爱故园,对亲友的眷念也不会有多深;嫌弃家乡,早晚也要嫌弃故人。"你是否同意他的观点?
5. 中国人为什么会有那么强的恋家、恋乡、恋国的感情?

二、实践

1. 就下列问题进行调查：
   ① 个人与家庭的关系；
   ② 对故园的感情；
   ③ 对家庭、故园、国家三者关系的看法。
2. 在调查的基础上进行分析和总结：
   ① 中国人家庭观念的现状；
   ② 国家、故园在现代中国人心目中的地位；
   ③ 中国人传统家庭观念发生变化的表现及原因。

第六课 厅堂 影壁 四合院

中国民居有哪些形式
中国民居有哪些变化
中国民居的功用和文化蕴涵是什么

居住文化的演变

居住同吃饭一样,是人们生活中的大事,古今、城乡都如此。

《礼记》记载:"昔日先王未有宫室,冬则居营窟,夏则居橧巢。"最初,人类为了躲避风雨严寒,免于将自己长久暴露于自然中,常借助于裸露的山崖、天然的岩洞作为掩体。"居"是名词,也做动词,表示住。大约在旧石器时代,人类的居住发生了划时代变化:摆脱了天然穴居生活,开始营建人工住所。尽管最初它十分简陋,但与前者却有了本质的区别,它可以根据生产和生活的需要而随处建造。随着时代的发展,房屋的建造又逐渐脱离简陋而向复杂多样发展。在汉字中,有"宫"、"室"、"殿"、"堂"、"楼"、"舍"、"斋"、"房"、"馆"、"宅"等二十余字专指居住,丰富的汉字文化不仅表现了中国人居住结构的形式多样，也说明了居住在人们生活中的重要性。

由于居住在生活中的突出地位，人们常常把起居设施艺术化：屋檐做成飞翘状，窗户不仅是长或方形，还在窗棂上雕成花，在墙壁上涂以各种颜色，院门更是装饰的集中点；国家定期评出优秀建筑设计；一套中国各地民居图成为邮票精品；水中乌篷船边的小灰楼常常是画家笔下的江南水乡图，牧场边上的蒙古包增添了大草原浪漫的气息，林立的塔楼象征着都市的风采；云南的竹楼，陕北的窑洞，北京的四合院，同样有着许许多多的故事。

"洞房花烛夜"是中国人人生一大境界。西方人将婚礼放在教堂举行，追求一种庄严神圣和触及灵魂的气氛；而中国的结婚喜事不仅在家里办，喝完喜酒之后甚至还演出"闹洞房"的喜剧，成家的第一步就寸步不离家。

中国传统民居大多是四合院。四周有高墙，正中有房门、门楼，院内由上房、侧房、下房等组成，院门的照壁和二进门把庭院分成两部分，住房都在后院，宾客外人不得随便进入。长辈住上房，晚辈住侧房，封闭式的家庭建筑，体现了严格的长幼尊卑秩序，这种崇尚大家庭的生活习俗，不知演出了多少"四世同堂"一类的活剧。

居住条件的不断改善和变迁，象征着社会的不断进步，代表人们生活水平的不断提高。唐代著名诗人杜甫曾因吟出"安得广厦千万间，大庇天下寒士俱欢颜"而为历代人所称颂，这样的胸襟和理想使他作为一代现实主义诗人而留名千古。

新中国成立后，建筑业发生了划时代的变化，它同农业、工业并列成为直接生产物质产品的三大部门之一，为改善城市面貌和人民居住环境做出了重大贡献。但由于人口的不断增加和人民生活水平的提高，住房这一矛盾有时仍很突出。怎样根据国情解决好住房的问题，是一个亟待思考和解决的当务之急。如今房改已被提到议事日程，人民对此充满信心，大家都盼望居住条件的逐步改善。目前，如何合理布局、装饰美化居室，使有限的空间尽可能实用、舒适一些，仍然是人们茶余饭后的热点话题。

选自 1993 年 10 月 5 日《人民日报》
作者：齐小平

对　话

老　师　《居住文化的演变》涉及的问题很多，既有中国民居的古今变化、南北差别、建筑特点等问题，也有民风民俗及文化渊源等问题。学完这篇文章，你们对中国民居及与民居相关的文化，是否有了大致的了解？

朱利安　了解还谈不上，但我对中国民居的情况，的确比以前知道得多一些了。来中国以前，我只看过故宫的照片，那是皇帝的"家"，不是民居。到北京以后，我参观过四合院和胡同，可是没去过别的地方，作者说的窑洞、竹楼、蒙古包什么的，我都没见过，也不知道是什么样子。
黛安娜　去年我去过陕北，参观过不少窑洞，还在里面住了一晚上呢！
平泽隆　你能介绍一下吗？
黛安娜　窑洞是黄土高原富有特色的一种民居形式，那里的黄土地质具有直立不崩的特性。建窑洞时，人们靠山挖一个深洞，然后在洞口砌一道墙，用来开辟门和窗户。窑洞的特点是冬暖夏凉，但光线不太好。
平泽隆　只有陕北人才住窑洞吗？
老　师　青海、山西、河南等黄河流域的一些居民，过去也住窑洞，陕北是比较典型的。
平泽隆　老师，我注意到您用了"过去"这个词，是不是他们现在不住窑洞了？
老　师　现在很少有人住了。
平泽隆　为什么？
老　师　窑洞带有人类远古时代穴居的痕迹，这种民居形式在陕北等地延续了这么长时间，是与当地的自然环境及经济发展密切相关的。那里属黄土高原，植被少，缺少盖房屋的木料，当地的人民就利用地质的特性，创造了独特的民居形式。但是，它毕竟不是一种舒适的、理想的民居，当经济有了重大发展时，人们就开始搬出窑洞，建造平房或楼房，改善居住条件。所以，住窑洞的人越来越少了。
平泽隆　以前我去过广西、云南、四川和西藏，那儿的房子用的建筑材料好像都不一样，有的是木头，有的是石头，还有的是竹子、草或树叶什么的，房子的样子也不一样，这是不是也与自然条件和经济发展有关？
朱利安　我想应该有关系。比如生活在北极的爱斯基摩人(Eskimo)，他们就用冰和雪建造房子。
黛安娜　我也去过内蒙古草原，那里的牧民住的是一种可以拆装的房子——蒙古包，它与自然环境有没有关系？
平泽隆　怎么没有关系？牧民放牛羊的时候，要随草场搬家，他们的房子必须能拆装才行。我听说西藏和新疆的牧民住的房子也是可以拆装移动的，不过样子和名字都不一样，西藏的叫"黑帐房"，新疆的叫"毡房"。
朱利安　除了自然环境、经济条件等因素以外，我觉得民居的差别也有文化的因素。比如四合院，作者就认为它的布局和使用"体现了严格的长幼尊卑秩序"。

老　　师　是这样。四合院是由东、西、南、北四面房子围合起来形成的内院式住宅，"四合"是基本单元，依照等级和经济状况，四合院可以有一进或数进。在长幼有序、尊卑有别的封建社会，内宅居住的分配是非常严格的。比如四合院，院中的北房为正房，是家庭中辈分最高的长辈居住的。正房一般三间，中间一间向外开门，称为堂屋，是家人起居和招待亲友的地方，过年的时候，设供祭祖也在这里举行；东西两侧做卧室，但也有尊卑之分，东边为上，西边为下。

朱利安　东、西的房子是什么人住的？

老　　师　东、西的房子叫厢房，是晚辈们居住的地方。

平泽隆　它们也有尊卑之别吗？

老　　师　当然。东房是晚辈中年长的人居住的。

黛安娜　那南侧的房子呢？

老　　师　南侧的房子是坐南朝北，称"倒座"，一般做客房或其他用途。

朱利安　中国的民居为什么是这种形式呢？

平泽隆　我想可能与中国传统家庭几代共居的生活方式有关。

黛安娜　可能也受等级的影响。

老　　师　你们两个的分析很有道理。中国四合院的布局特点，明显地受封建宗法社会的影响，布局和空间安排讲究对称，讲究隔绝。这种住宅不仅严格区分内外，而且尊卑有序，自成一统天地，这是与中国古代宗法社会发展的历史特点相适应的。

朱利安　看来，民居所蕴涵的文化信息还真不少呢！

黛安娜　我听说在中国古代，无论皇帝还是平民百姓，建房选址首先要看风水，风水是指什么？

老　　师　风水，是指宅基地、坟地等周围的地脉、山水的方向等。在中国传统观念中，认为宅基地或坟墓周围的风水形势能影响住者或葬者一家的祸福，因此在选址时都要请人先看一看风水怎么样。看风水也叫"堪舆"或"相宅"。

平泽隆　这是不是一种迷信？

老　　师　是迷信，但是也蕴涵着某些科学及合理的东西，比如地理和地质情况、自然环境等。在中国传统观念中，山、水是自然界中极至的祥物，所以城市、村镇乃至四合院总是朝向山峰、山口，或者迎水而立。实质上是借此与自然环境建立和谐的关系。

朱利安　参观中国民居，我发现一个很有意思的现象，就是各种各样的门特别多，门的方位、大小都不一样，这有什么讲究吗？

老　师	门是内外空间分隔的标志,中国民居历来重视对门的处理。一般大的四合院,通常有大门、中门、便门、房门等,其中大门最为重要。在中国文化中,坐北朝南是尊位,因为中国大部分地区地处温带,阳光很重要,所以民居大都是坐北朝南的。按照风水理论,其大门以南(离)、东南(巽)、东(震)为三吉方,其中又以东南为最佳,在风水中称青龙门。所以,传统四合院的大门多在东南。
朱利安	各地四合院的格局是不是都一样?
老　师	大同小异。比如四合(有的是三合加一面墙)的布局基本相同,但形式有所变化。东北四合院的院落比较大,四周的院墙也很空旷。南方的四合院房屋密集,院落很小,形成天井,大门也开在正前方。这些与北京的四合院是不同的。当然,北京的四合院是最典型的。
黛安娜	这些差别是不是与各地的自然环境有关?
老　师	是的,但同时也有一定的文化因素。
朱利安	我发现北京有的四合院大门内外各有一个影壁,我知道大门里的影壁可以遮住外面的视线,但外面的影壁有什么用呢?
平泽隆	风水理论认为大门是整座住宅的气口,为了避免外面的邪气冲击住宅,便在大门外建一堵屏墙。为了保持气畅,屏墙是开放状的,这样就可以避凶迎吉。
朱利安	你对中国民居好像很有研究。
平泽隆	昨天我去一个中国朋友家玩,碰巧他家门口有一个屏墙,我就问了一下,没想到今天用上了。
黛安娜	原来你是现"买"现"卖"呀!
老　师	这倒也不错,玩和学习两不误。下星期我也让你们玩一次。
朱利安	去哪儿?
老　师	参观四合院。
黛安娜	太棒了!
老　师	但是有一个任务。
朱利安	任务?
老　师	写一篇调查报告:《四合院的功用及文化内涵》。
众　人	啊?!题目太大了!

生　词

(课文部分)

1. 昔日　　　xīrì　　　　　　往日;从前

2. 先王	xiānwáng	指已经死去的帝王
3. 营窟	yíngkū	营:建造;窟:洞穴
4. 橧巢	zāocháo	像鸟窝一样简陋不结实的住处
5. 躲避	duǒbì	故意离开或隐蔽起来,使人看不见;离开对自己不利的事物
6. 严寒	yánhán	(气候)极冷
7. 免于	miǎnyú	避免
8. 暴露	bàolù	显露
9. 借助	jièzhù	靠别的人或事物的帮助(做某事)
10. 裸露	luǒlù	没有东西遮盖的
11. 掩体	yǎntǐ	掩护身体的屏障
12. 旧石器时代	jiùshíqìshídài	考古学分期中最早的一个时代。此时,人类主要用石头制造劳动工具,而且加工粗糙
13. 划时代	huàshídài	开辟新时代,多指重大的发明、发现、创造,或者重大的事件、重大的作品等
14. 穴居	xuéjū	住在岩洞里
15. 营建	yíngjiàn	建造;营造
16. 简陋	jiǎnlòu	(房屋、设备等)简单粗陋;不完备
17. 随处	suíchù	到处
18. 舍	shè	房屋
19. 斋	zhāi	屋子,常做书房、商店或学校宿舍的名字
20. 宅	zhái	家庭住所
21. 起居	qǐjū	指日常生活
22. 设施	shèshī	为进行某事或满足某种需要而建立起来的机构、系统、组织、建筑等
23. 屋檐	wūyán	屋顶向旁伸出的边沿部分
24. 飞翘状	fēiqiàozhuàng	翘:一头向上仰起。向上仰起,像要飞的样子
25. 窗棂	chuānglíng	传统房屋的窗格
26. 林立	línlì	像树林一样密集地竖立着。形容多
27. 风采	fēngcǎi	指人的美好的仪表举止
28. 陕北	Shǎnběi	陕西省的北部
29. 窑洞	yáodòng	中国西北黄土高原地区的一种民居
30. 境界	jìngjiè	事物所达到的程度或表现的情况
31. 触及灵魂	chùjílínghún	接触到灵魂。比喻影响深
32. 喜剧	xǐjù	戏剧的主要类别之一
33. 照壁	zhàobì	大门外修建的一堵墙壁,与大门相对,起遮挡作用,又叫照墙或照壁墙
34. 封闭	fēngbì	严密盖住或关住,使不能通行或随便打开
35. 长幼尊卑	zhǎngyòuzūnbēi	年长、年幼、尊贵、卑贱,以此代表封建等级秩序

36. 四世同堂	sìshìtóngtáng	指一家四代人共同生活
37. 吟	yín	有节奏地诵读诗文
38. 称颂	chēngsòng	称赞颂扬
39. 胸襟	xiōngjīn	抱负;气量
40. 留名千古	liúmíngqiāngǔ	由于做了大事而使历史永远记载(他的)名字
41. 亟待	jídài	急迫地等待(做某事或解决某问题)
42. 当务之急	dāngwùzhījí	当前最急迫要做的(事)
43. 房改	fánggǎi	住房制度改革
44. 议事日程	yìshìrìchéng	按日来排定商讨公事的程序
45. 布局	bùjú	全面安排(多指绘画、作文、设施等)
46. 茶余饭后	cháyúfànhòu	吃完饭和喝完茶后的一段闲暇时间

(对话部分)

47. 涉及	shèjí	牵涉到;关联到
48. 渊源	yuānyuán	比喻事情的本原
49. 黄土高原	huángtǔgāoyuán	位于中国西北部
50. 崩	bēng	倒塌;崩裂
51. 砌	qì	用和好的灰泥把砖、石等一层一层地垒起
52. 远古	yuǎngǔ	遥远的古代
53. 植被	zhíbèi	覆盖在某一地区地面上、具有一定密度的许多植物的总和
54. 围合	wéihé	从四周向内合拢
55. 单元	dānyuán	整体中自为一组的单位
56. 进	jìn	量词,四合院内每个自成单元的小院称为"一进"
57. 辈分	bèifen	指家族、亲友之间的世系次第
58. 设供	shègòng	设置供品
59. 祭祖	jìzǔ	祭祀祖先
60. 厢房	xiāngfáng	在正房前面两旁的房屋
61. 坐北朝南	zuòběicháonán	(房屋等建筑)背向北,正面朝南
62. 宗法社会	zōngfǎshèhuì	以家族为中心,按血统远近区别亲疏的社会
63. 隔绝	géjué	隔断
64. 选址	xuǎnzhǐ	选择建筑物的位置
65. 极至	jízhì	程度上不能超过的界限
66. 祥物	xiángwù	吉祥的物品
67. 乃至	nǎizhì	甚至
68. 和谐	héxié	配合得适当匀称
69. 离	lí	八卦之一,符号为☲,代表火
70. 巽	xùn	八卦之一,符号为☴,代表风
71. 震	zhèn	八卦之一,符号为☳,代表雷

72. 格局	géjú	结构和格式
73. 空旷	kōngkuàng	地方广阔,没有树木或建筑等
74. 密集	mìjí	数量很多地聚集在一处
75. 天井	tiānjǐng	宅院中露天的空地,一般由四面的房屋或墙围合而成
76. 影壁	yǐngbì	大门内做屏蔽的墙壁
77. 邪气	xiéqì	不正当的风气或作风;迷信的人指鬼神给予的灾祸
78. 堵	dǔ	量词,用于墙
79. 屏墙	píngqiáng	起遮挡作用的墙
80. 畅	chàng	无阻碍;不停滞
81. 避凶迎吉	bìxiōngyíngjí	避开灾祸,迎接吉祥
82. 碰巧	pèngqiǎo	恰巧;凑巧

注　释

【《礼记》】　中国儒家经典三礼之一,又名《小戴礼记》,原是解说《仪礼》的资料汇编。

【乌篷船】　中国南方常见的一种小木船,船篷是半圆形的,用竹片编成,中间夹竹箬,上面涂黑油,所以叫乌篷船。

【蒙古包】　蒙古族传统民居,帐篷式,伞顶圆形,上面覆盖毡子,古代称之为穹庐或毡帐。它可以拆卸迁移,适合于逐水草而居的游牧生活。

【竹楼】　属栏杆式建筑,中国傣族等南方少数民族的传统民居。整体通常是竹子结构,分上下两层,楼上住人,楼下储存东西或圈养牲畜。

【洞房花烛夜】　洞房,指新婚夫妇的卧室。传统习俗,新婚的晚上,洞房里点红蜡烛,所以用洞房花烛夜喻指新婚。

【杜甫】(公元712—770)　字子美,唐代著名诗人。他关心国家和民生,写了许多忧国忧民的诗歌。其诗歌艺术性也很高,所以被称为"诗圣",有《杜工部集》传世。"安得广厦千万间,大庇天下寒士俱欢颜"是他《茅屋为秋风所破歌》中的两句诗,意思是说:怎么才能得到千万间又大又宽的房子,使天下那些贫寒的读书人都能够快乐地生活,不再被破屋所困扰。

【胡同】　源于蒙古语 gudum,元代人称街巷为胡同,后来成为北方街巷的通称。

【黑帐房】　藏族牧区的传统民居,长方形,黑色,帐篷式,用牦牛毛织成的粗毛单搭成,搭建和拆卸都很方便,适于游牧生活。

【毡房】　哈萨克族传统民居,圆形,帐篷式,其骨架一般用红柳制成,分两部分,下面是圆栅,上面是圆顶,外面覆盖羊毛毡,便于搭建和迁移,适于牧区生活。

练　习

(一)

一、在括号内填上适当的字

1. 浪漫(　　)氛　　2. 触及灵(　　)　　3. 长(　　)尊卑

4. 四世同（　） 　　5. 当（　）之急 　　6.（　）事日程
7. 茶余饭（　） 　8. 南北差（　） 　　9. 坐北（　）南
10. 四（　）院

二、写出与下列词语意义相同、相近或相反、相对的词语
1. 暴露—— 　　　　　　　　2. 营建——
3. 简陋—— 　　　　　　　　4. 封闭式——
5. 变迁—— 　　　　　　　　6. 胸襟——
7. 留名千古—— 　　　　　　8. 盼望——
9. 正房—— 　　　　　　　　10. 长辈——

三、根据句子的意思写出相应的词语
1. 新婚的晚上，亲友们到新房里跟新娘和新郎说笑逗乐，这叫做_____。
2. 在四合院中，长辈住正房，晚辈只能住厢房，这体现了严格的_____秩序。
3. 中国传统家庭讲究几代住在一起，所以叫做_____。
4. 这件事必须马上办，所以是_____。
5. 人们把喝茶和吃饭后的那一段空闲时间叫做_____。

（二）

一、判断正误
1.《礼记》上说，在没有建造宫室以前，人们是住在洞穴或树上的。（　）
2. 在旧石器时代，人类在居住方面的划时代变化是从天然穴居转为巢居。（　）
3. 中国画家笔下的江南水乡图，常常有草原、竹楼、四合院等。（　）
4. 所谓"四合院"，就是由东西南北四面房子围合起来的内院式住宅。（　）
5. "安得广厦千万间，大庇天下寒士俱欢颜"是宋代诗人杜甫的名句。（　）

二、选择正确答案
1. 中国长江以南地区河流和湖泊多，所以画家笔下的江南风景最有代表性的景物是：
   A. 竹楼和乌篷船
   B. 小灰楼和乌篷船
2. 现在，住窑洞的人越来越少了，因为：
   A. 经济发展了，人们有能力建造舒适的住房了
   B. 窑洞的光线不好
3. 四合院的布局和空间安排讲究：
   A. 尊卑有序
   B. 对称和隔绝
4. 过去，中国人选址建房时要先请人看看风水，目的是：
   A. 选择一个风景优美的地方
   B. 看看宅基地周围的风水形势会不会影响将来的祸福
5. 在北京，四合院的门外常有一个影壁，其作用是：
   A. 避凶迎吉
   B. 挡住外人的视线

三、根据课文和对话的内容回答问题

1. 中国传统民居的形式主要有哪些?
2. 北京最具有代表性的传统民居是什么?请介绍一下它的结构和布局特点。
3. 窑洞是什么地方的传统民居?为什么会产生这种民居形式?
4. 蒙古包是哪个民族的传统民居?它的主要特点是什么?
5. 目前城市居民茶余饭后经常谈论的热门话题是什么?

(三)

一、讨论

1. 中国传统民居为什么会有不同的形式?
2. 四合院的特点是什么?这些特点的文化意义何在?
3. 中国传统民居与你们国家传统民居有哪些差异?产生差异的原因是什么?
4. 越来越多的高楼大厦代替了传统民居,你怎样评价这一变化?
5. 传统民居与现代民居能融合发展吗?

二、实践

1. 按照你的理想设计一所民居,并说明自己的设计思想。
2. 根据调查或资料,简述中国民居的特点。
3. 画一张四合院的简图,标明房屋的名称和功用。

第七课　人际　交往　称谓

你知道称谓和历史、文化的关系吗
中国人的称谓随着时代的发展产生了哪些变化
血缘和宗法对中国人的称谓有什么影响

称谓　年龄　社交

中国人历来重视称谓,近年来的社会变迁也在一定程度上反映到称谓上。想当年,人人皆称"同志",继而称"师傅",以后便盛行"小姐"、"先生"、"老板",而在与学术有关的领域则皆称"老师"。有人曾对此变迁甚为不满,撰文陈述"同志"的重大意义,以呼吁回到过去的称谓上。遗憾的是,历史潮流、社会变迁并不以个人意志为转移。

客观地说,中国人对称谓是很敏感的。记得当年北京还在遍地喊"师傅"时,广州已习惯于称"先生"、"小姐"了。当时我出差由京至穗,一时改口不及,在商店叫出一连串的"师傅",女售货员根本就不答理。经人指点,方知是称谓有误。另外,中国人的称谓总是与年龄有内在的联系,我们习惯于把"小姐"与年轻姑娘划等号。据说某四川姑娘在商店里一边低头看货,一边高呼"小姐",待抬头望见售货员为一个五十开外的妇女时,慌忙改呼"阿婆",弄得旁边的人一片哄笑,双方当事人都很尴尬。看来,年龄是中国人称谓中的一个非常敏感的焦点。

中国人的称谓也包含挺复杂的学问,我对此深有体会。早年刚参加工作时,就曾被称谓弄得不知所措。由于没有问年龄的习惯,便跟着其他同事一起,称一个相貌相当年轻的中年人为"小张",不料当即被旁人斥为没大没小,不懂规矩。得到教训后,又毕恭毕敬地称一个大半谢顶且明显已步入中年的同事为"老杨",没想到他听了两次后就忍无可忍地对我说:"别'老'来'老'去的,把人都叫老了。"我心中暗暗叫苦,真够累人的,"老"也不行,"小"也不行,讲中庸的中国人在称谓上偏偏没有"中"字辈。无奈,只好以不变应万变,甭管对方是"老"还是"小",一律连名带姓呼出,尽管旁边的人仍有感觉别扭的,但好在当事人的反应尚属正常。

曾有一位男士愤愤不平地对我说,人们称某单位与他同龄的女同事为"小段",却称他为"老刘",对此他深感不公。这倒使我突然意识到,时代不同了,男女都一样了,女人怕被叫老了,男人也同样想年轻。人们对称谓敏感的反应表明,以"老"为尊的传统习惯与追求"年轻"的现代时尚正矛盾地交织在一起。

与通称"同志"、"师傅"的年代相比,现在的称谓名目繁多,弄得你在刚认识一个人时常常不知该叫对方什么才合适,人们对称谓也就变得越来越敏感了。尤其是对称谓所显示的身份意义、年龄意义更为在意,于是在当今社会,初次相识的社交就变得更复杂了。

称谓的变迁说明了什么?人们在追求身份、装束乃至心态与称谓达成一致。人们不再互称"同志",因为"同志"是与中山装和军装相配的,"先生"则与西装更为协调,而"小姐"与旗袍及各种时髦的女装更贴切。另外,一声"小姐"呼出,即使没有貌美的意思,至少有"年轻"的含义;"先生"的称谓则透着尊敬之意;"老板"的称谓则透着有钱。显然,人们在称谓中都在各自找寻着自我表现的最佳感觉,而反映在社交语言领域的称谓变迁,则从一个很微妙的角度展示着人们心态的变化。

摘自1996年10月4日《中国青年报》

作者:上官子木

对　　话

朱利安　中国人的称谓真是麻烦,在我们国家,人与人交往时,只要称"Mr.××"或者"Miss××"就行了,只不过有时候为了区别一个女人是否结婚了,才用"Mrs.××"的称呼。

平泽隆 在我们国家,对人的称谓虽然不复杂,但对不同身份、不同年龄、不同关系的人要用不同的敬语,现在有的年轻人就经常嫌麻烦。不过,我想这可能跟各个国家不同的文化背景有关系,朴英玉,你们呢?

朴英玉 是啊,在我们国家也有这样的情况。

朱利安 哎,我发现,有这种"麻烦称谓"的国家都是历史比较长,受传统文化影响比较深的国家,这是为什么呢?

老　师 朱利安的"发现"很有道理。看起来,中国的这些称谓是有点儿麻烦,但其中蕴涵着丰富而特殊的文化意义,这和中国几千年来形成的文化传统有着深远的关系。你们大家想一想:为什么课文中说,别的人可以叫"小张",而作者却不能叫?

朱利安 是不是这样称呼显得很没有礼貌,很不尊敬?

老　师 对。正像平泽隆刚才所说的,称谓上的变化跟各个国家不同的传统文化背景有很大的关系。中国古代是一个等级森严的社会,一个人的身份、地位、年龄、阅历非常重要,这些条件决定着一个人在跟别人交往时所能得到的待遇。中国社会一般是"以老为尊"、"以长为尊","以男为尊"。老者和地位高的人普遍受到尊敬,而年纪小的或者是初入门的学生一定要虚心听取各个方面尤其是老者的意见,要处处显出自己"谦恭"的态度,否则会被斥为"狂傲"。这种等级也体现在对不同人的称谓上。一个人对老师、上司,对比自己年纪大、资格老的人,绝对不能直呼其名。在提到自己的时候,一般要加上"愚"、"卑"、"窃"这样的谦辞,比如对老师,一定要说"学生……";对上司,一定要说"卑职……";对比自己年纪大的人,一定要说"愚弟……"。这种尊卑的顺序一定不能颠倒。历史发展到现代社会,有些很有礼貌的称呼得以保留,比如对老师、对父母还是不能称呼名字,但是那些旧的称呼已经没有了,人们只是以"老"来称呼那些年纪大、经验丰富、性格成熟的人,这些称呼也显示出他们在工作单位乃至社会上的特有的地位。有时候,为了显示一个人的地位,人们就在他的姓氏后面加上他的官职以示尊敬,比如"赵局长"、"方部长"什么的。那些被称为"小×"的人则依然要注意对别人的称呼。有时候,虽然你的年纪比较大,可是如果还有比你更老的人,那你也只能被叫做"小×"。

朱利安 怪不得很多人,尤其是男的愿意被称为"老×"。哎,为什么总是男的的称呼这么复杂呢?好像女的就不需要称呼似的?

老　师 这也跟中国古代的社会情况有关。我们前面也讲过,中国古代社会以男为尊,女的只是处于从属地位,即使有对女人的称呼,也是一些极为不尊敬的，比如男人称自己的妻子为"贱内"、"拙荆"。在现代社会这种现象当然不存在了，不过男人还是比女人更重视别人对自己的称呼。

朱利安　噢，我想起来了，我们国家也只是对女人有"Miss"和"Mrs."的区别，看来也是因为对女人的轻视。

平泽隆　这些我都懂，可是真的做起来就太累了，因为说话时总要考虑别人的情况。

老　师　你说的也正是中国人交往中的一个规矩。中国自古以来讲究"温良恭俭让"，所以总是照顾到对方的情况，总是自觉地将自己与对方的关系进行定位、比较，以便尽快地确定自己在交往中的方式和态度，这样一来，也能使对方感到自己受尊敬。孔子说："己所不欲，勿施于人。"说的也是这种考虑和比较。

平泽隆　为什么课文中的作者叫另一个人"老杨"，那个人却不高兴呢？这是尊敬的称呼啊？

朴英玉　课文中不是说了吗："时代不同了！"

老　师　对。社会在变化，人们的心态也在变化。现代社会的节奏需要活力，需要年轻，所以传统观念也在悄悄地发生着变化，特别是一些中老年人，他们更愿意加入到年轻人的行列，在称谓上自然也就不愿意与"老"为伍了。

朴英玉　所以课文里说：称谓的变迁"从一个微妙的角度展示着人们心态的变化"。

朱利安　你呀，就知道"课文说"。

老　师　朴英玉说得很对。如果你们了解一点儿中国的历史，你们就会有一些很有趣的发现：六七十年代，中国人相互称"同志"，后来是"师傅"，再后来是"小姐"、"先生"，现在呢？

朱利安　我知道，是"大款"、"老板"！

老　师　差不多。这些称谓都和当时的政治和经济背景有很深的关系，不同的时代形成不同的称谓，中国人传统的交往原则也随之改变了。所以我们说，称谓的变化实际上是中国社会变化的一个缩影。

老　师　关于称谓大家还有什么问题吗？

朱利安　对了，老师，有一次我在商店里，一个小姑娘叫我"叔叔"，可我并不是她的叔叔啊？

老　师　这个问题得从中国人的亲疏观念说起。中国是一个宗法观念很强的社会，非常重视血缘纽带关系，而且亲疏分明。一般来说，父系家族比母系家族要亲得多，家族里的每个人都有固定的称呼，不能混淆。不管遇到什么困难,同一个家族里的人要相互依存、相互照顾,而陌生人无论如何不能介入家族内部事务。可是人与人之间的联系多是陌生人之间的联系,所以,中国人就把这种血缘和纽带关系推而广之,用对家里人的称呼来称呼别人,这样一来就可以变陌生人为"熟人",大大缩短了人与人之间的距离。中国有句俗话:"一回生,二回熟。"就表明了人际交往中亲疏关系的变化。

朴英玉　中国人的人际交往和称谓真是既复杂又有学问。
老　师　是啊,这方面的知识还有很多,比如见面的话题,做客的礼节,送礼的原则等都有其特殊的文化含义,以后有时间我们再来讨论。
平泽隆　看来,我们得"活到老,学到老"了。

生　词

（课文部分）

1.	称谓	chēngwèi	人们由于亲属和别的相互关系,以及身份、职业等而得来的名称
2.	社交	shèjiāo	指社会上人与人的交际往来
3.	历来	lìlái	从来;一向
4.	皆	jiē	都,都是
5.	继而	jì'ér	副词,表示紧随着某一情况或动作之后
6.	盛行	shèngxíng	广泛流行
7.	甚	shèn	很;极
8.	撰	zhuàn	写作
9.	陈述	chénshù	有条有理地说出
10.	呼吁	hūyù	向个人或社会申述,请求援助或主持公道
11.	潮流	cháoliú	比喻社会变动或发展的趋势
12.	转移	zhuǎnyí	改变
13.	敏感	mǐngǎn	生理或心理对外界事物反应很快
14.	穗	suì	广州市的别称
15.	答理	dālī	对别人的言语行动表示态度(多用于否定句)
16.	内在	nèizài	事物本身所固有的(跟"外在"相对)
17.	开外	kāiwài	超过某一数量;以外(多用于年岁)
18.	哄笑	hòngxiào	起哄地大笑
19.	当事人	dāngshìrén	跟事物有直接关系的人
20.	尴尬	gāngà	处境困难,不好处理;(神色、态度)不自然
21.	焦点	jiāodiǎn	比喻事情或道理引人注意的集中点
22.	早年	zǎonián	指一个人年轻的时候

23.	不知所措	bùzhīsuǒcuò	不知道怎么办才好,形容受窘或发急
24.	相貌	xiàngmào	人的面部长的样子
25.	当即	dāngjí	立即;马上就
26.	斥	chì	责备
27.	毕恭毕敬	bìgōngbìjìng	十分恭敬
28.	谢顶	xièdǐng	头顶的头发脱落
29.	忍无可忍	rěnwúkěrěn	要忍受也没法忍受
30.	无奈	wúnài	无可奈何
31.	一律	yílǜ	适用于全体,无例外
32.	别扭	bièniu	(说话、作文)不通顺;不流畅;意见不相投
33.	愤愤不平	fènfènbùpíng	很生气的样子
34.	尊	zūn	地位或辈分高
35.	交织	jiāozhī	错综复杂地合在一起
36.	名目繁多	míngmùfánduō	事物的名称很多
37.	在意	zàiyì	放在心上;留意(多用于否定式)
38.	装束	zhuāngshù	打扮
39.	贴切	tiēqiè	(措辞)恰当;确切
40.	透着	tòuzhe	北京方言,表现出来
41.	微妙	wēimiào	深奥玄妙,难以捉摸
42.	展示	zhǎnshì	清楚地摆出来;明显地表现出来

(对话部分)

43.	交往	jiāowǎng	互相往来
44.	深远	shēnyuǎn	(影响、意义等)深刻而长远
45.	等级	děngjí	奴隶占有制度和封建制度下,在社会地位上和法律地位上不平等的社会集团;按质量、程序、地位等的差异而做出的区别
46.	森严	sēnyán	整齐严肃;(防备)严密
47.	阅历	yuèlì	由经历得来的知识
48.	谦恭	qiāngōng	谦虚而有礼貌
49.	谦辞	qiāncí	表示谦虚的言辞,如对话当中的"愚弟"、"卑职"、"窃"等
50.	从属	cóngshǔ	依从;附属
51.	定位	dìngwèi	把事物放在适当的地位并做出某种评价
52.	尽快	jǐnkuài	尽量加快
53.	节奏	jiézòu	比喻均匀的、有规律的工作进程
54.	活力	huólì	旺盛的生命力
55.	为伍	wéiwǔ	同伙,做伙伴
56.	大款	dàkuǎn	指收入极高或非常有钱的人
57.	纽带	niǔdài	指能够起联系作用的人或事物

58. 依存	yīcún	(互相)依附而存在
59. 介入	jièrù	插进两者之间干预其事
60. 一回生，二回熟	yīhuíshēng, èrhuíshóu	头次见面还生疏,再次见面就成了熟人。一般用做初次见面时的套语
61. 话题	huàtí	谈话的中心
62. 礼节	lǐjié	表示尊敬、祝颂、哀悼之类的各种惯用形式

注　释

【中庸】 儒家的一种主张,指待人接物采取不偏不倚、调和折中的态度。

【以不变应万变】 俗语。指胸有成竹,沉着应付各种变化。

【中山装】 一种中式服装,上身左右各有两个带盖子和扣子的口袋,下身是西式长裤,由孙中山提倡而得名。

【旗袍】 一种中式服装,妇女穿的一种长袍。原为满族妇女所穿。

【姓氏】 表示家族的字。在原始社会,姓和氏本有区别,姓起源于女系,氏起源于男系,后来姓氏则专指姓。

【贱内】【拙荆】 旧时在他人面前称自己妻子的谦辞。

【温良恭俭让】 语出孔子《论语·学而》。温:温和;恭:恭敬;俭:节俭;让:忍让。指为人要态度谦恭,举止文雅。这是儒家文化的一种体现。

【孔子】(前551—前479) 名丘,字仲尼,战国时期鲁国邹邑人。中国古代大思想家,教育家,是儒家文化的创始人。

【己所不欲,勿施于人】 语出孔子《论语·颜渊》。意思是自己不愿意的、不想要的,不要强加给别人。

练　习

（一）

一、根据句子的意思写出适当的词语

1. 不知道怎么办才好,形容受窘或发急。（　　　　）

2. 十分恭敬。（　　　　）

3. 要忍受也没法忍受。（　　　　）

4. 很生气的样子。（　　　　）

5. 事物的名称很多。（　　　　）

二、在下面的括号中填入适当的宾语

1. 盛行（　）（　）　　2. 呼吁（　）（　）　　3. 在意（　）（　）

4. 展示（　）（　）　　5. 介入（　）（　）

三、将下列左右两组词语用线条搭配起来

敏感　　　　　　变迁

形容	尴尬
关系	深远
顺序	贴切
历史	微妙
意义	颠倒
处境	话题

四、选择话题说一段完整的话，并用上下列生词

历来　继而　当即　一律　尚　乃至　尽快

（二）

一、根据课文内容判断正误

1. 有些人认为，中国不应该改变"同志"这个称谓，它意义重大。（　）
2. "小姐"这个称呼与年龄无关，可以称呼20岁—50岁的女性。（　）
3. 现在中国的称呼正是传统与现代矛盾交织的时候。（　）
4. 随着社会的发展，初次相识的社交趋于简单化了。（　）
5. 中国称谓的变迁从一个侧面反映了人们心态和社会的变迁。（　）

二、根据课文和对话内容回答下列问题

1. 为什么"我"在早年刚工作时，总是在称呼"老"与"小"上被弄得不知所措？那些被称呼的人的心态是怎样的？
2. 对话中说："称谓上的变化跟各个国家不同的传统文化背景有很大关系。"请举例说明这个观点。
3. 中国的宗法观念对称谓有什么影响？

三、请把课文和对话中出现的称谓按时代顺序排列成一个表格，并说明每一种称呼产生的背景（政治背景、经济背景、文化背景）

（三）

一、讨论

1. 很多人认为，称谓是一个人地位、名誉的象征，你怎么看这个问题？
2. 现代西方有些人认为，把对女性的称呼分为未婚的"Miss"和已婚的"Mrs."，是一种歧视妇女的行为，你怎么看这个问题？你认为称谓的不同与男女平等有什么关系？
3. 你认为现代社会的称谓是分类详细化、复杂化好还是统一化、简单化好？

二、实践

1. 请把你们国家古代的称谓和现代的称谓与中国的相比较，分析一下异同及其原因。
2. 几人一组，调查中国人做客的礼节、送礼的原则，并分析其文化因素。

第八课　气功　养生　太极拳

气功中的"气"和"意念"是什么意思
你了解太极拳里蕴涵的哲学思想吗
"动—静"、"刚—柔"这些哲学思想对中国人的生活有什么影响

揭开养生帷幕

我可以自豪地说：我算得上是一个健康老人。在茫茫人海，在崎岖的生活道路上，我遇到过多少坎坷不平，多少不幸遭遇，如今尝尽人生悲欢，走到了耄耋之年。幸运的是，我虽无金屋豪宅，美味佳肴，却拥有金钱买不到的健康陪伴着我。

近年来，不乏同龄人向我咨询有关保健长寿的事，好像我有什么秘诀似的。其实，我没什么秘诀，我只想坦率真诚地向人们摊开我的生活，让人们从中获得启示。

我有强烈的生存欲望，明知道生途多艰险，却偏要去冒险。就如同乘一叶扁舟，淋雨沐风，经受过多少次浪涌涛掀，但我硬是冲出来，变得更坚强了。

我爱大地,更爱人类;我爱大自然,更爱生活。我痛惜同龄人的衰弱、萎缩与早逝,遂以坚强的意志力和死亡搏斗。

要做人中的强者,首先要学会生活。在我,生活是生命的具体化,是生命的意义和价值的演示场。因此,我必须严肃地对待生活。我是一个严格的"自律主义"者,遵守着符合社会要求的戒律和自定的习惯规律。我的原则是名誉第一,情操至上,力求做到热情、积极、认真负责与公正;对大自然抱以虔敬之心,对人抱以忠诚之心;至于自己,则心怀坦荡,豁达乐观,不计名利,不计得失,乐得自在逍遥。我就是以这样的心态走进生活的。"助人为快乐之本"、"有恒为成功之本"是我少年时期接受的校训,现在我依旧秉承此训,只是胸怀心境更为博大了。

对长寿充满自信恐怕是健康的秘诀之一。

遗憾的是,我见到大多数的同龄人弯着腰、驼着背、缓着步、喘着气,并喟然叹曰:"老了,日薄西山了,气息奄奄了。""人到暮年,老无所用了。"该怎样扭转这种"短命意识"和悲观情绪呢?

我接受并十分珍惜那个气功术语:"意念。"意念能发出物质性的力量。人要有良性意念,摒弃不良意念。你的意念健康,健康就会陪伴在你的身边。

当然,光有良性意念,健康是会落空的。重要的是,结合良性意念进行锻炼。先从体操做起,打个太极拳,学套五禽戏,做点儿柔软健身操,不久就会提高你的"体能"。在一定的体能基础上进行气功的练习,你的身心就会起一定的变化。

气功重在性命双修,身心并练,动静配合。

我的经验是,"静"是养生的关键。静意味着休止,意味着封闭,意味着少消耗能源。

遗憾的是,人们太浪费能源了,不知道合理地节约地使用,以致一生忙碌,却都是毫无价值、毫无意义的。

因此,我说,宁静是养生的另一秘诀。

近十年来,我的健康,我的工作与学习,我的处事与做人,得益于静者良多。

我很容易入静,一放下工作与学习,瞬间就变成另外一个人。我做到拿得起、放得下,定时、定性、定量地学习与工作,坚持守时、准时、及时。

可是,我的同龄老友多在叹息:"我就是静不下来,脑子里老在翻云起雾,真难摆脱。"仔细分析,他们位高权大,既得利益太多,怎么舍得放下!可是既不肯舍,又怎能得?空的境界,何其难达!

因此,摈除功名利禄之心,洗涤你的灵魂,对一切均以平常心视之,这就是养生。

选自《中华气功》
作者:王凌波

对 话

黛安娜　在中国,我经常看到一些人在打太极拳、练气功,甚至有的年轻人也在练,我一直以为他们只是随便地锻炼身体呢!

美智子　是啊,打太极拳、练气功是挺锻炼身体的,我上学期就学了太极拳。

老　师　你学得怎么样?

美智子　开始的时候,我看别人打太极拳就像跳舞一样,心想,这种武术倒挺适合女孩子学的,所以就报了名。可谁知一学起来,就不是那么回事了。一套拳打下来,我早就累得满头大汗了,不过全身却舒畅多了,老师还说我"运气运得好"呢!

黛安娜　什么叫"运气"?

李昌勋　"运气"就是"气运丹田"。

黛安娜　这我就更不明白了。什么是"运气"?什么又是"气运丹田"呢?

老　师　你们大概都知道,气功是跟人身体内的"气"有关的,太极拳也需要"运气"。所谓"运气"就是要调动身体内的"气",集中人的全部精神,而"丹田"是人身体的一个部位,一般指肚脐以下一寸半或三寸的地方。人在练气功和太极拳的时候,要从"丹田"提气,精神集中,使这股"气"不分散,就像一个球一样在体内慢慢游走,支配人的动作。

黛安娜　老师,我明白了:如果心里想着别的,"气"就跑了。

美智子　是啊。我们太极拳老师还告诉我们:如果"运气"的时候心有杂念,这团"气"就会四处散开,不仅影响练功,对身体也有很大的坏处。

老　师　现在,你们已经明白了太极拳的基本原理。从形体动作上来看,太极拳和气功的确是一种慢慢悠悠的武术,给人一种错觉,好像很容易掌握。但是正像美智子和李昌勋所说,要想学好,必须学会运气,要"气运丹田",以"气"来贯穿所有的动作,不能松懈,不能分神,要想达到很高的境界确实是很难的。

李昌勋　不能分神的意思是不是必须得用自己的心去感悟,这样才能达到很高的造诣?

老　师　对。实际上这里面蕴涵着中国古代深刻的哲学思想,简单说来,就是要讲究"动静结合"。

黛安娜　我看还有点儿矛盾呢!

老　师　是么?你说说,有什么矛盾呢?

黛安娜　我觉得,"动"和"静"是两种完全不同的概念,怎么能配合在一起呢?

李昌勋	好像中国很多的哲学思想都是这样矛盾的,大概这就是"哲学"吧?
老　师	其实它们并不矛盾。你们常常看到人们在运动,在打太极拳,在做气功,这些都是形体上的动作,是外在的"动"态;但是气功的运行要靠"气"的支撑,这种"气"实际上是指人们内心的"意念",而掌握这种"意念"的关键是心静。
黛安娜	怎么样才算是心静呢?哎,美智子,你学太极拳的时候,你的心静吗?
美智子	反正当我打起太极拳的时候,脑子里什么都不想了,"心无杂念"嘛!
李昌勋	美智子,我想,你已经入"境"了。
老　师	你们已经找到感觉了。所谓心静,就是要摈除心中杂念,凝神聚气,进而发气为功,通贯全身,使其在体内运行自如。
李昌勋	也就是要把"静"化为"动"。
黛安娜	这个"动"、"静"我懂了。可是,我还是觉得太极拳练起来软软的,真的像女孩子在跳舞,难道它也蕴藏着跟它相对的概念吗?
老　师	关于太极拳,它所蕴涵的思想就更深了。你们看过那部叫《太极张三丰》的中国电影吗?这部电影就是说太极拳的来历的。太极拳讲求"以柔克刚",看起来它表面的动作绵软无力,可是它的威力也正蕴藏其中。中国有句有名的成语,叫"水滴石穿",你们知道是什么意思吗?
美智子	是说水滴虽然很小,可是时间长了,也能把石头穿一个洞。
老　师	你们想一想,水那么柔软,而石头那么硬,但是水却能积聚力量,最终战胜坚硬的石头。
黛安娜	噢,我懂了,这就是"以柔克刚"。太极拳的特点也正是"柔中带刚",看起来出拳的时候绵软无力,实际上每一招一式里都蕴藏着巨大的力量,"柔"和"刚"这两个看似矛盾的概念也就完美地统一起来了。
老　师	对。所以中国有一句成语是"刚柔相济",这种哲学思想对中国人思想观念的影响也是深远的。
黛安娜	真没想到,看起来这么简单的运动却有这么深刻的道理。
美智子	我觉得从人的性格来说,也是"柔中带刚"的人最厉害。
黛安娜	哎呀,你说的已经不是运动了!
老　师	其实,这些思想早已渗透到人们的日常生活中。千百年来,人们从思想上已经接受了这样的养生观,人们用这种思想使自己从现世的烦恼中解脱出来,即使不能完全摆脱,至少也是一种对自己的劝慰。这种养生观时刻提醒人们,自然博大无边,欲望永无止境,如果以有限的生命去追求无止境的欲望,必然会劳神伤身;只有追求心灵的净化,凝神聚气,用意念克服自己的欲望,做到心静、气畅、神舒,才能消除烦恼和忧虑。

李昌勋	我看中国很多武术流派都是以这些原则创立的。它们兼顾内外,把"动—静"、"刚—柔"这些思想内外协调并结合起来,以求达到最高的境界。
美智子	我想,很多"位高权大"的人之所以不能静下心来,也正是因为他们太看重这些外在的东西而自寻烦恼。如果他们能多用一点儿时间回归自然、感受清静,他们的烦恼就会少多了。
老 师	你们说得太好了。
黛安娜	看来,我总是有那么多的烦恼,多半儿是因为我内心不静,以后我也要练太极拳和气功。
美智子	以后我们一起练吧,这里面的学问太多了。
黛安娜	好。

生　词

(课文部分)

1.	养生	yǎngshēng	保养身体
2.	帷幕	wéimù	挂在较大的屋子里或舞台上的遮挡用的幕
3.	算得上	suàndeshàng	被认为是;算做
4.	茫茫	mángmáng	没有边际,看不清楚(多形容水)
5.	崎岖	qíqū	形容山路不平,也比喻处境艰难
6.	坎坷	kǎnkě	道路、土地坑坑洼洼。比喻不得志
7.	不幸	búxìng	不幸运;使人失望、伤心、痛苦的
8.	耄耋	màodié	指八九十岁的年纪,泛指老年
9.	幸运	xìngyùn	好的运气;称心如意
10.	美味佳肴	měiwèijiāyáo	味道鲜美的饭菜
11.	陪伴	péibàn	随同做伴
12.	乏	fá	缺乏
13.	咨询	zīxún	征求意见
14.	保健	bǎojiàn	保护健康
15.	秘诀	mìjué	能解决问题的不公开的巧妙办法
16.	坦率	tǎnshuài	直率
17.	真诚	zhēnchéng	真实诚恳
18.	启示	qǐshì	启发指示,指有所领悟
19.	欲望	yùwàng	想得到某种东西或想达到某种目的的要求
20.	明知	míngzhī	明明知道
21.	艰险	jiānxiǎn	困难和危险
22.	冒险	màoxiǎn	不顾危险地进行某种活动
23.	扁舟	piānzhōu	小船

24. 萎缩	wěisuō	干枯;(身体、器官等)功能减退并缩小
25. 搏斗	bódòu	比喻激烈地斗争
26. 演示	yǎnshì	利用实验或实物、图表把事物的发展变化过程显示出来,使人有所认识或理解
27. 自律	zìlǜ	自己约束自己
28. 符合	fúhé	(数量、形状、情节)相合
29. 名誉	míngyù	名声
30. 至上	zhìshàng	(地位、权力等)最高
31. 虔敬	qiánjìng	恭敬
32. 坦荡	tǎndàng	形容心地纯洁,胸襟宽畅
33. 豁达	huòdá	性格开朗;气量大
34. 名利	mínglì	指个人的名位和利益
35. 得失	déshī	所得和所失;成功和失败
36. 自在	zìzài	自由;不受拘束
37. 逍遥	xiāoyáo	没有什么约束,自由自在
38. 助人为乐	zhùrénwéilè	把帮助别人作为自己的快乐
39. 秉承	bǐngchéng	承受;接受(旨意或指示)。秉:拿着;握着
40. 胸怀	xiōnghuái	胸襟
41. 心境	xīnjìng	心情(指苦乐)
42. 博大	bódà	宽广;丰富(多用于抽象事物)
43. 驼背	tuóbèi	人的脊柱向后拱起,多由于年老脊椎变形、坐立姿势不正或佝偻等疾病引起
44. 喟叹	kuìtàn	叹气
45. 日薄西山	rìbóxīshān	薄:逼近,迫近。太阳要落山了。比喻衰老的人或衰微的事物正接近死亡
46. 气息奄奄	qìxīyǎnyǎn	呼吸微弱、生命垂危。比喻一事物即将崩溃或正在消亡
47. 暮年	mùnián	晚年
48. 术语	shùyǔ	某门学科中的专门用语
49. 意念	yìniàn	念头;想法
50. 摒弃	bìngqì	舍弃
51. 休止	xiūzhǐ	停止
52. 瞬间	shùnjiān	瞬:一眨眼。转眼之间
53. 利益	lìyì	好处
54. 摈除	bìnchú	排除;抛弃
55. 功名	gōngmíng	封建时代指科举称号或官职名位
56. 利禄	lìlù	(官吏的)钱财和爵禄
57. 洗涤	xǐdí	清洗

(对话部分)

58.	肚脐	dùqí	肚子中间脐带脱落的地方,也叫肚脐眼儿
59.	形体	xíngtǐ	身体(就外观说)
60.	错觉	cuòjué	由于某种原因引起的对客观事物的不正确的知觉
61.	贯穿	guànchuān	穿过;连通
62.	松懈	sōngxiè	注意力不集中;做事不抓紧
63.	分神	fēnshén	分心
64.	感悟	gǎnwù	有所感触而领悟
65.	造诣	zàoyì	学问、艺术等所达到的程度
66.	支撑	zhīchēng	抵抗住压力使东西不倒塌
67.	凝神	níngshén	聚精会神
68.	自如	zìrú	活动或操作不受阻碍
69.	蕴藏	yùncáng	蓄积而未显露或未发泄
70.	威力	wēilì	具有巨大推动和摧毁作用的力量
71.	积聚	jījù	积累
72.	刚柔相济	gāngróuxiāngjì	刚强的和柔和的相互补充,使恰到好处
73.	渗透	shèntòu	比喻一种事物或势力逐渐进入到其他方面(多用于抽象事物)
74.	止境	zhǐjìng	尽头
75.	净化	jìnghuà	清除杂质使物体纯净
76.	忧虑	yōulǜ	忧愁;担心
77.	清静	qīngjìng	(环境)安静;不嘈杂

注 释

【戒律】 佛教术语。指佛教信徒必须遵守的戒规与纪律。

【气功】 中国特有的一种健身术。基本分两类,一类是静立、静坐或静卧,使精神集中,并且用特殊的方式进行呼吸,促进循环、消化等系统的机能;另一类是用柔和的运动操、按摩等方法,坚持经常锻炼,以增强体质。

【太极拳】 中国一种传统拳术,流派很多,流传很广。其动作柔和缓慢,既可用于技击,又有增强体质和防治疾病的作用。

【五禽戏】 中国三国时期名医华佗发明的一种锻炼身体的体操,因动作模仿虎、鹤等五种动物而得名。

【空】 佛教术语。指一切皆由因缘而生,刹那生灭,本来没有实体。

【境界】 佛教术语。指因人的差异而所得的相应环境。

【杂念】 佛教术语。与"正念"相对,指与正确的思念背道而驰的思念。

练　习

（一）

一、在括号中填入适当的汉字

1. （　）（　）不平　　2. 美（　）佳（　）　　3. （　）（　）之年
4. 一叶（　）（　）　　5. 气息（　）（　）　　6. （　）高（　）大

二、选择正确答案

1. 形容水没有边际，看不清楚。
   A. 崎岖　　B. 坎坷　　C. 茫茫　　D. 坦荡
2. 形容山路不平。
   A. 崎岖　　B. 坎坷　　C. 茫茫　　D. 坦荡
3. 形容人的性格直率。
   A. 真诚　　B. 坦率　　C. 坦荡　　D. 豁达
4. 不顾危险地进行某种活动。
   A. 艰险　　B. 搏斗　　C. 不幸　　D. 冒险
5. 领会，理解。
   A. 启示　　B. 领悟　　C. 明知　　D. 感悟

三、辨析下列词语

1. 解脱
   摆脱
2. 清静
   安静
3. 领悟
   感悟
4. 坦荡
   坦率

（二）

一、判断正误

1. 耄耋之年是指人的年龄而言，大约是八九十岁的年纪。（　　）
2. "自律主义者"的意思是"我"守着社会要求的戒律和自定的习惯规律。（　　）
3. "运气"是自己跟自己生气的意思。（　　）
4. 太极拳和气功都是以"气"来支配所有的动作。（　　）
5. 中国古代哲学思想讲究"刚柔相济"、"以静治动"。（　　）

二、根据对话内容回答下列问题

1. 对话中说太极拳讲究"以柔克刚"，请举例说明这一观点。
2. 请说明气功、气和意念的关系。

3. 什么叫"气运丹田"？怎样"运气"？
三、在对话和课文中有很多相对立的概念,还有一些佛教术语,请把它们找出来,说明其关系和意义,并说出其他同类词语
　　1. 相对立的概念：

　　2. 佛教术语：

（三）

一、讨论
　　1. 有人说,课文中的"对一切均以平常心视之"的养生观不适合现代社会的生活,你的看法怎么样？
　　2. 养生就是积极地锻炼身体,使寿命延长吗？请谈谈你的养生观。
　　3. 请根据课文和对话中的内容,总结一下哪些古代哲学思想影响了中国人？它们有什么样的影响？

二、实践
　　1. 有机会学习一下太极拳,感受一下"气"的力量,然后谈谈自己的体会。
　　2. 查阅一下中国有关古籍,找出几条关于"动—静"、"刚—柔"的论述,并试着自己解释一下。
　　3. 调查几位中国人,请他们谈谈自己的养生观,回来后写一篇调查报告。

第九课 菜系 菜名 食文化

你知道北京都有哪些美食吗
中国人的饮食原料和饮食结构跟西方人有什么不同的地方
中国有哪些著名的菜系？它们各有什么特色
中国菜的名字是怎么起的

京中美食

算起来,我已在京客居十余年,若再加上在北大荒下乡的岁月,共做了二十多年的北方人。虽说出生在杭州,自幼在江南长大,在家里至今依然坚守着南方人的厨房,但从形式到内容都已是很不纯粹的了。日常饮食中,兼收并蓄地渐渐也夹杂了许多北方的菜式,葱姜蒜酱、杂粮面点一应俱全。遇上北菜的宴席,大啖牛羊肉而津津有味,烧烤炖涮来者不拒,天长日久,自己已被改造成了一道南北大杂烩。

京菜口味浓重,感觉上是男子汉的食物,穿肠过肚,都变成了力量。

京菜用料都是些普通又常见的东西，实实在在的，从不花里胡哨地唬人。

京菜不擅汤，因为席上不缺水，食客只喝酒，用酒代水，汤就可免了。

京菜再威猛，尾声必须有烙饼、饺子类的细软来应和，夫唱妻随似的很圆满。

然而，真正让我开了眼界的京菜，既非在萃华楼，也非北京饭店的谭家菜，却是京郊怀柔八道河乡交界河村的农家风味菜。

5月曾去怀柔，参加山野雕塑公园的奠基仪式，百十号人，说是村里管饭。到了中午，在钱绍武先生的院子里，果然忽啦啦摆上了七八张圆桌，村里的姑娘媳妇，大盘小盘地往上端着。远瞅去，餐桌如同希望的田野，一片绿色；走近了，更像是面对着一畦畦新鲜欲滴的田垄，野菜缤纷，让人眼花缭乱，真不知从何处下筷。耐心挨盘一一品尝，若是没有当过知青，定分不清哪是哪的叶，谁是谁的根了——鲜红的水萝卜蘸酱、小葱拌豆腐、凉拌花椒叶、炸香椿鱼、葫芦条子炖肉……几种山野菜只用开水焯了，撒上些盐和熟油，虽略略有些苦涩，却带着山风地气的馨香，原汁原味地清凉爽口。那葫芦条子圆溜细滑，长得像装在宝葫芦里头，可无休止地拉拽，没有穷尽，让人怀疑那一碗金色的葫芦条，只不过是由一只葫芦派生，一气儿贯通到底。可以想像，山民在秋天的葫芦架下剜刻葫芦，定是精彩的艺术表演了。

几乎全是素食的绿餐桌，却有金镶边。围着桌子一圈瓷碗，盛满了金黄色的小米粥，出溜出溜地吸着，加上一块块金灿灿的玉米饼子，山里的太阳也只好躲开去了。

山风吹过，云间飘洒下几丝细雨，就着野菜大口吞了，还有甘甜的空气。

晚饭的餐桌上，还有刚刚从山里采下来的碧绿的龙须菜，细长蓬松，真有些像胡须似的，凉拌了，其味生脆鲜美，禁不住撑了一肚子的绿草回家。

我还去过密云县冯家裕乡的西庄子村，住在农民朋友家里。有老乡自家做的豆腐，鲜润滑嫩；有木栅芽野菜馅饺子，清香可口；有油炸的野杏仁，酥甜溜脆；还有自家大鹅下的蛋，在坛里腌咸了，用刀切成四瓣，瓣瓣金黄流油……

能说北方没有美食么？民间餐饮，看似不登大雅之堂，却实惠实在，原汁原味，有一种原始的稚拙和素朴。若再加上正宗鲁菜和满汉全席，那该是什么气派呢？

若干年来，中国的八大菜系已错落分布在京城南北的每一个空隙，作为京菜的补充和烘托。粤菜标致时尚，按北人的口味，清汤寡淡，其实吃不出什么意思来，但可用来做应酬，即使不算美食也可算一种体面。川菜就很不同，浓重强烈，同北京人的脾胃一拍即合，风靡一时，属于真心拥护的，被视为知己。

也曾颇费周折，试图在京城寻觅一家像样的江南菜馆，寄托思乡之情也顺便解馋，却几次倒了胃口。几年中，京城热闹过好多家江浙菜馆，开张之初，味道还算纯正,但北方民众普遍不认,逐渐冷落下去,只得改弦更张,最后变成南北大拼盘完事。惟有三里河一家曾经经营宁波菜式的餐馆,因宁波泥螺等物接受的人很少,就改为"夜上海",上海菜加三十年代影星玉照,生意才重有起色;还有东四一家由绍兴人开的"孔乙己"餐馆,算是京城坚守江浙菜特色的屈指可数的酒店之一。

　　当然,以笔者本人的消费能力,豪华餐馆绝对不敢问津,尝试的多半是中档菜馆。其实,这类菜馆却常常是价廉物美、别有天地。无论是友人相邀还是自己买单,最喜欢的餐馆有两处,一家是和平里东街的"黑土地",那里以白肉血汤、酸菜粉和韭菜合子见长。另一家则是广外手帕口桥下的"布老虎"烤肉,它则以凉拌腰花、芥末墩、炸小鱼、油煎臭豆腐等精美冷盘小菜吸引食客,更绝的一招是炭炉烧烤牛羊肉。如今各式日韩烤肉已遍布京城,而"布老虎"却偏偏独辟蹊径,采用延边农家风味的黄泥炭炉,加网眼的炉食箅子,明炭明火,大张旗鼓地烧烤。调料有咸甜两种。火旺旺地烧起来,烤肉的香味就不可扼制地放肆起来。牛羊肉的用料都是新鲜优质的,拌上顶好的清香油,在箅子上一一铺开,只听得滋滋的响声。炉中的火焰在眼前跳跃,送进嘴里,明显就比那无烟无火的现代化操作烤出来的肉有味而好吃,何况那烧烤的过程更是有趣。每回去,常见顾客盈门。写到这里,忽然发现这两家竟然都是东北风味,恍悟自己曾在北大荒多年,青春的日子留下了对北方永久的回味,就这样从"南人"脱胎为地道的"北人"了。

选自 1997 年 10 月 31 日《精品购物指南》
作者:张抗抗

对　　话

朴英玉　中国好吃的东西实在太多了。我在中国呆了两年,自认为把中国的美食都吃遍了,现在才知道还差得远呢。

朱利安　"法国的服装,中国的菜"嘛。很多西方人都是从饮食开始了解中国的。在我们国家,中餐通常是很贵的,一般人不可能经常去吃。可我一到中国,就发现这里的中餐又便宜又地道,我这个非常喜欢中餐的人,真是如鱼得水,大饱口福了。

朴英玉　我说你这一阵怎么发福了呢!

朱利安　是啊!我的嘴经常和我的理智发生"战争",结果常常是嘴战胜了理智。中餐的魅力真是太大了,我实在是难以抵御啊!

老　师　中餐的魅力来自于很多方面。中国人历来很重视饮食,中餐不仅营养丰富,色香味俱全,而且其选料之广、烹调方法之多,以及因此而形成的菜系特色之明显,在世界上都是很少有的。

朱利安　我听说孔子有一句有名的话:"食不厌精,脍不厌细。"第一句话的意思我明白,就是食物越精细越好;第二句话的意思我就不太懂了。

老　师　第二句中的"脍"字是指切细的肉,也就是我们现在所说的肉丝。

朱利安　噢,我明白了,这句话是说肉丝切得越细越好。

老　师　孔子这两句话实际上也道出了中国菜的又一个特点,那就是非常的精美。孙中山先生也说过:"是烹调者,亦美术之一道也。"这是把烹调与绘画相提并论,认为两者都是充满美的艺术活动。

朴英玉　中国菜向来讲究色香味俱全,它漂亮的色彩和造型尤其能引起人们的食欲。

老　师　现在流行的"美食街"、"美食城"、"美食家"之类的词,也突出了中餐精美的特点,体现了饮食作为一种传统文化的内涵。透过这种饮食文化,我们可以清楚地感受到中华民族的民族特点、审美意识、风俗习惯,以及他们的聪明智慧和对生活的热爱。

朱利安　说起风俗习惯,我觉得中国人与西方人在饮食方面一个很大的不同在于饮食原料和饮食结构不一样。老师,您能具体说说中国人的饮食情况吗?

老　师　中国人的饮食原料大体上有粮食、蔬菜、肉类这三种,最大的特点是这三种原料的种类都非常繁多。这一是由于中国地域宽广,海域辽阔,各地的气候和地理条件差别很大,适于生长的动植物品种也就各不相同;二是历代都从国外引进了许多植物品种,比如汉代就从西域各国引进了黄瓜、芝麻、核桃、胡椒、生姜、大蒜等等,后来又引进了胡萝卜、丝瓜、苦瓜、土豆、辣椒什么的,这就又大大地丰富了食物的种类;三是因为中国是一个多民族的国家,每个民族都有自己的饮食特色,经过互相融合,互相影响,又不断扩充了饮食原料;四是中国的主要民族汉族在饮食上很少禁忌,而且对食物的制作非常讲究,同一种食物原料,能加工出许多不同的品种,这也使得食物的原料更丰富了。

朴英玉　我印象最深的就是中国的豆制品。同样是大豆,既可以生豆芽,又可以做豆腐、豆腐丝、豆腐皮、豆腐块、豆泡、腐竹什么的,还可以磨豆浆,又好吃又有营养。

朱利安　中国人饮食结构的特色我知道,就是以粮食为主食。

老　师　没错,这是一大特色。但各地的主食结构又因自然条件的差别而有所不同。

朴英玉　这一点我们出去旅游的时候感受最深了。雨水丰沛的江南水乡,以食稻

	米为主,而干旱少雨的北方地区则以小麦、玉米、薯类为主。
老　师	那你知道中国人饮食结构的另一个特色吗?
朴英玉	我觉得中国人的传统习惯是吃蔬菜多,吃肉类少,这是不是一个特色呢?
老　师	你的直觉是对的。这一方面与以前中国畜牧业不发达有关,另一方面,宗教对中国人的饮食结构也产生了直接的影响。比如佛教,它禁止宰杀动物,反对"杀生",提倡"放生",主张人们吃素食,认为这样做是积德行善的好事;还有道教,它追求长生不老,提倡"轻身"、"辟谷",认为多吃水果、蔬菜,不吃肉,有助于人们羽化成仙。正因为如此,很多教徒就都以素食为主,有的人甚至一点儿肉食都不吃。这种以粮食、蔬菜为主的饮食结构在中国延续了几千年,一直到现在,人们还把粮食叫做主食,把蔬菜、肉类等叫做副食呢。
朱利安	我觉得近年来中国人传统的饮食结构发生了很大的变化。我去朋友家吃饭,每次都是先吃很多所谓的"副食",等到主食上来,大家都吃不下了。前几天我和几位中国朋友在豆花庄吃饭,看到旁边的两位小姐根本就不要主食,光吃菜。
朴英玉	你说的这个豆花庄是四川风味的饭馆吧?那儿的菜可够辣的,比较适合我们韩国人的口味,你习惯吗?
朱利安	没问题。我来中国以后,吃辣味的能力提高得很快。
老　师	川菜在中国是一种比较大众化的菜系,成本不高,价格适中,口味又有特色,很受欢迎,所以川菜馆遍及全国,几乎每个城市都有。
朴英玉	老师,您刚才提到的菜系是什么意思呀?
老　师	所谓菜系,就是自成体系的烹调技艺。这是由于历史条件、饮食习惯、物产、气候等等条件的不同而在中国的各个区域内形成的风味不同的地方菜。人们通常所说的八大菜系是指川菜、鲁菜、粤菜、苏菜、湘菜、浙菜、闽菜、徽菜,其中影响最大、普及面最广的是川、鲁、粤、苏四大菜系。
朱利安	我最喜欢川菜了,您先给我们介绍一下川菜的情况吧。
老　师	川菜发源于四川省,它发展和成熟得比较早,到清代时,已经形成了一个地方风味十分浓郁的菜系了。它的特点除了你们熟知的善用麻辣之外,其风味清鲜与醇浓并重,且调味多样,菜式丰富;另外,川菜取材广泛,善于运用一些普通的原料,制作出多种美味佳肴。比如一块普通的猪肉,在川菜厨师手里,就能做出鱼香肉丝、回锅肉、酱爆肉丁、锅巴肉片、粉蒸肉、蒜泥白肉、咕噜肉、扣肉、水煮肉等几十种不同味道的菜肴,并且每个菜都具有自己的个性。
朱利安	怪不得听人说吃川菜可以吃三百六十五天,天天不重样,一日三餐,餐餐

花样翻新呢。

朴英玉　看你谗的，恨不得马上就来一桌川菜吧？别着急，咱们还是再说说鲁菜吧。我知道鲁菜发源于山东，这里有黄河横贯东西，而且东临大海，西有平原，气候温和，又是中国古代文明的发祥地之一，它的历史想必也很悠久。

朱利安　你的地理知识还挺丰富嘛，这是不上课偷偷出去旅游的结果吧？

朴英玉　看你说的。我都是利用假期出去旅游，从来没有不上课。

老　师　朴英玉刚才说得很有道理。鲁菜发源于山东。从现有的文献、文物所提供的资料来看，鲁菜在烹调技艺的发展和独特风格的形成上，在全国一直是处于领先地位的。从北魏贾思勰的《齐民要术》中，我们就可以清楚地看到，当时这一地区的人民已经将煎、烧、炒、烤、煮、蒸、腌、腊、炖、糟等技术广泛地应用于各种食品的制作中了。

朱利安　刚才朴英玉说山东东面临海，那里的海产品一定少不了，可是现在一提到海鲜，人们马上就想到粤菜，是不是山东人不会做海鲜菜呀？

老　师　这是一种误解。鲁菜制作海鲜有它的独到之处，尤其是对海珍品的烹制，如鱼翅、海参、螃蟹、虾类、贝类等，都堪称一绝。

朴英玉　除了历史悠久、善做海鲜以外，鲁菜还有什么特点呢？

老　师　鲁菜鲜咸适口，清爽脆嫩，汤醇味正，原汁原味，所以曾经大量进入宫廷，成为皇帝后妃们的御膳珍馐。现在，鲁菜还带有宫廷菜的余韵，它用料精细、讲究，善于用高档的材料，做出一些厚味大菜。另外，鲁菜还有烹调方法全面、精于制汤、以汤调味等特点，这些都是鲁菜久负盛名的重要原因。

朴英玉　老师刚才提到鲁菜的海鲜做得很好，据我所知，粤菜的特长也是做海鲜，与鲁菜相比，它有什么特色呢？

老　师　粤菜发源于广东，虽然起步较晚，但由于它博采众长，取材广泛，又有很多独到之处，所以近年来红遍四方。广东人做海鲜讲究选料鲜活，追求其鲜嫩的原味，口味偏重清淡爽滑，做法则以蒸、煮、炒、溜等居多，这与鲁菜的口味浓郁是有区别的。

朱利安　广东人胆子特别大，只要对身体无害，什么都敢吃，这是不是也算粤菜的一个特点？

老　师　当然算一条。粤菜选料广博，奇而且杂，鸟兽蛇虫都可以入馔。其中的蛇菜更是粤菜中的佼佼者，像眼镜蛇、金环蛇这种剧毒蛇，经过粤菜厨师的烹制，做成"三蛇龙虎会"、"龙虎凤蛇羹"等菜肴，成了秋冬时节广东最有代表性的名菜。

朴英玉	川菜里最辣的"毛肚火锅"我都敢吃,可就是不敢问津粤菜中的这些鸟兽蛇虫。
老　师	这就是饮食观念和饮食习惯的问题了。不过你不用害怕进粤菜馆,粤菜中的绝大部分都是人们可以普遍接受的。此外,粤菜还非常善于使用本菜系特殊的调味料,以突出地方风味,像蚝油、豉汁、果汁、沙茶酱、鱼露等,都是粤菜特有的。粤菜的配菜也非常丰富,有一些独特的烹调技法,它还善于做出各种粥品,点心的品种不仅非常多,而且也很精美。这些都使得粤菜别具一格,饮誉中外美食界。
朱利安	老师,您是江苏人,苏菜是不是您的家乡菜?
老　师	正是。南北大运河正好从江苏通过,沿岸的城镇成了南北文化的交汇地点。为了适应南北不同的口味,苏菜形成了自己的一大特点,就是味兼南北,既讲究清淡入味,尤其强调本味,又能做出像火腿炖肘子、狮子头这样调味浓郁的佳肴。
朴英玉	江苏一带河湖密集,盛产水产品,苏菜在这方面肯定有一手。
朱利安	我吃过一次苏菜,感觉它不仅色香味俱佳,而且还特别注重造型美观,生动逼真,逗人喜爱,特别是它雕刻萝卜花的技艺十分高超,能刻出各种花卉的形状,与盛菜的器皿搭配在一起,组成一个和谐、完美的整体,给人以美的享受,使人食欲大增,但又觉得不忍心下箸破坏这件精美的工艺品。
老　师	你们说的这些都是苏菜的特点。另外,中国有句俗话,叫"南甜北咸,东辣西酸",这并不是说南方人都特别爱吃甜的东西,而是指出了苏菜的一个特点,即习惯用糖来给菜调味。我的一个老乡,做菜时就几乎到了每菜必放糖的地步,当然,她只是放一点点,调调味道而已。
朱利安	老师,北京人比较喜欢的烤鸭和涮羊肉什么的,算什么菜系的呀?
老　师	它们不属于什么菜系,是自成一统的名菜,现在也有人认为这是已经逐渐形成的北京菜的一部分。另外还有像富贵典雅的孔府菜、有益健康的素菜、原料珍贵的北京宫廷菜、雅俗共赏的饺子宴等等,都是中国烹饪百花园里的朵朵奇葩。
朴英玉	我觉得中国的菜好吃,中国的菜名也非常有意思。老师,您能给我们介绍一下中国菜起名的规律吗?
老　师	没问题。中国菜起名的方法主要有这样几种:第一,味道加原料,像鱼香肉丝、麻辣鸡、酸辣汤等;第二,烹调方法加原料,像软炸虾仁、红烧排骨、清蒸鲤鱼等;第三,器皿加原料,像沙锅白菜、铁板牛肉、气锅鸡等;第四,原料本身的名字做菜名,像肉片鲜蘑、冬菇油菜、腰果虾仁等;第五,调料

朱利安	加原料,像酱牛肉、糖醋里脊、京酱肉丝等;第六,地名加原料,像西湖醋鱼、北京烤鸭什么的。
朱利安	有没有人名加原料的菜名?
老　师	有啊,我一说出来,你肯定听说过,像东坡肘子、宫保鸡丁、麻婆豆腐等等。
朱利安	我常吃宫保鸡丁,特别喜欢,但一直不知道"宫保"是个人名。他是什么人呢?
老　师	传说清朝时四川有个叫宫保的人,他很喜欢用辣子、鸡丁、花生一起炒菜,风味独特,后来就慢慢流传开来了,人们就把这个菜叫做宫保鸡丁。
朴英玉	原来是这样。看来我也可以发明一道名菜,就叫做"英玉土豆丝",怎么样?
朱利安	就你那炒土豆丝呀,还是再好好练练吧。
老　师	更有意思的是,逢年过节、喜庆吉祥的时候,中国人还喜欢经过想像和夸张,给菜肴起一些好听的名字,比如"全家福"、"四喜丸子"、"龙凤呈祥"、"年年有余"等,这些菜名具有诗情画意,听起来让人产生美感,同时也反映了中国人凡事图吉利的传统心理。
朱利安	中国菜名字好听,味道又好吃,说得我的肚子都快饿瘪了,咱们还是找一个地方边吃边谈吧。
朴英玉	好主意!这可是一次教学实习,老师也一定要参加呀!

生　词

(课文部分)

1.	坚守	jiānshǒu	坚决守卫,不离开
2.	纯粹	chúncuì	不掺杂别的成分
3.	兼收并蓄	jiānshōubìngxù	把内容不同、性质相反的东西都吸收进来
4.	一应俱全	yìyīngjùquán	所有的东西都有了
5.	啖	dàn	吃
6.	津津有味	jīnjīnyǒuwèi	形容有滋味,有趣味
7.	来者不拒	láizhěbújù	不拒绝任何到来的人或物
8.	天长日久	tiānchángrìjiǔ	时间长,日子久
9.	杂烩	záhuì	用多种菜合在一起烩成的菜。比喻拼凑而成的事物
10.	花里胡哨	huālihúshào	形容颜色过分鲜艳繁杂。比喻不实在
11.	唬人	hǔrén	虚张声势、夸大事实来吓人或骗人
12.	擅	shàn	长于;善于

13. 威猛	wēiměng	力量强大
14. 细软	xìruǎn	纤细柔软
15. 应和	yìnghè	相互联系或照应
16. 眼界	yǎnjiè	所见事物的范围;也指见识的广度
17. 奠基	diànjī	奠定建筑物的基础
18. 畦	qí	有土埂围着的一块块排列整齐的田地
19. 眼花缭乱	yǎnhuāliáoluàn	眼睛看到纷繁复杂的东西而感到迷乱
20. 蘸	zhàn	在液体、粉末或糊状的东西里沾一下就拿出来
21. 焯	chāo	把蔬菜放在开水里稍微煮一下就拿出来
22. 馨香	xīnxiāng	芳香
23. 派生	pàishēng	从一个主要事物的发展中分化出来
24. 一气儿	yíqìr	不间断地(做某事)
25. 贯通	guàntōng	连接
26. 剜	wān	挖
27. 镶边	xiāngbiān	把一物体围在另一物体的边缘
28. 金灿灿	jīncàncàn	形容金色的光很耀眼
29. 腌	yān	把生的鱼、肉、蔬菜等食物加上盐、糖、酒、酱油等放置一段时间
30. 稚拙	zhìzhuō	幼小而笨拙;也形容简单朴实
31. 错落	cuòluò	好多东西交错在一起
32. 烘托	hōngtuō	附加其他事物使主要事物更加突出
33. 标致	biāozhì	相貌、姿态美丽
34. 寡淡	guǎdàn	没有味道
35. 一拍即合	yìpāijíhé	一打拍子就合上了曲子的节奏。比喻双方很容易一致
36. 风靡一时	fēngmíyìshí	形容事物在一段时间内很风行
37. 周折	zhōuzhé	指事情经过很多曲折,不顺利
38. 试图	shìtú	打算
39. 倒胃口	dǎowèikǒu	因为不喜欢而不想再吃
40. 改弦更张	gǎixiángēngzhāng	琴声不和谐,换了琴弦,重新安上。比喻改革制度或改变方法
41. 玉照	yùzhào	敬辞,称别人的照片
42. 起色	qǐsè	好转的样子
43. 屈指可数	qūzhǐkěshǔ	弯着手指计算数目。比喻数量少
44. 问津	wènjīn	询问渡口。比喻探问价格或情况
45. 价廉物美	jiàliánwùměi	价格便宜,质量又很好
46. 别有天地	biéyǒutiāndì	另外有一种境界或风格
47. 买单	mǎidān	结账
48. 独辟蹊径	dúpìxījìng	独自开辟一条路。比喻独创一种新风格或方法
49. 箅子	bìzi	有空隙而能起间隔作用的器具,如竹箅子、铁箅子

50.	大张旗鼓	dàzhāngqígǔ	比喻声势和规模很大
51.	扼制	èzhì	控制
52.	放肆	fàngsì	言行轻率,没有顾忌
53.	盈门	yíngmén	门口被挤满
54.	恍悟	huǎngwù	忽然醒悟
55.	回味	huíwèi	从回忆中体会
56.	脱胎	tuōtāi	指一事物由另一事物孕育变化而产生

（对话部分）

57.	如鱼得水	rúyúdéshuǐ	比喻得到了跟自己很投合的人或对自己很合适的环境
58.	抵御	dǐyù	用力量制止对方的进攻
59.	相提并论	xiāngtíbìnglùn	把不同的人或事物混在一起来谈论或看待
60.	禁忌	jìnjì	不能说的话或不能做的事
61.	丰沛	fēngpèi	雨水充足
62.	宰杀	zǎishā	杀牲畜、家禽等
63.	有助于	yǒuzhùyú	对某人或某事有帮助
64.	遍及	biànjí	普遍地达到
65.	横贯	héngguàn	山脉、河流、道路等横着通过去
66.	发祥地	fāxiángdì	指民族、文化等起源的地方
67.	误解	wùjiě	不正确的理解
68.	独到	dúdào	与众不同的
69.	堪称	kānchēng	可以称为
70.	御膳珍馐	yùshànzhēnxiū	御膳:皇帝吃的菜,指宫廷菜肴;珍馐:珍奇贵重的食物
71.	余韵	yúyùn	遗留下来的韵味、情致
72.	久负盛名	jiǔfùshèngmíng	长久以来一直有很大的名望
73.	博采众长	bócǎizhòngcháng	大量地采纳其他人或事物的长处
74.	佼佼者	jiǎojiǎozhě	胜过一般水平的人或物
75.	别具一格	biéjùyìgé	另有一种风格
76.	饮誉	yǐnyù	享有很大的名望
77.	交汇	jiāohuì	聚集到一起
78.	逼真	bīzhēn	极像真的
79.	搭配	dāpèi	按一定的要求安排分配
80.	而已	éryǐ	表示不过如此
81.	自成一统	zìchéngyìtǒng	在某种学问上或技术上有独创见解或独特的做法,自己成为一个完整的体系
82.	典雅	diǎnyǎ	优美不粗俗
83.	雅俗共赏	yǎsúgòngshǎng	文化高的人和文化低的人都能欣赏
84.	烹饪	pēngrèn	做饭做菜
85.	奇葩	qípā	奇特而美丽的花朵

86. 诗情画意　　shīqínghuàyì　　　　诗画一样的美好意境
87. 瘪　　　　　biě　　　　　　　　物体表面凹下去,不饱满

注　释

【北大荒】　指黑龙江省的嫩江流域和三江平原的广大荒芜地区。解放后进行了开垦,现在已建立了许多农垦区,盛产小麦、大豆、甜菜等。

【杂粮】　中国各地区的主粮(大米、白面)以外的粮食,一般指粗粮,如玉米、小米、大麦、赤豆、绿豆等。

【萃华楼】　北京著名的山东风味饭馆,位于繁华的王府井大街。

【谭家菜】　粤菜中的一个品种,原是谭氏家庭菜,后来渐渐流传到各地,以做鱼翅菜肴见长。现在在北京饭店可以品尝到谭家菜。

【知青】　知识青年的简称。在"文化大革命"(1966—1976)期间,把大、中学生统称为知青。

【满汉全席】　清代最大的宴席,集中了满族和汉族的菜肴。

【辟谷】　亦称"断谷"、"绝谷",即不吃五谷的意思。据称是中国古代的一种修养方法,后为道教继承,当做"修仙"的方法之一。

【《齐民要术》】　书名,北魏农学家贾思勰撰,约成书于公元533—544年间,是我国至今保存完整最早的一部古代农书,书中比较系统地总结了6世纪以前黄河中下游地区劳动人民丰富的农业生产经验,显示出当时我国农业生产水平已达到了相当的高度。

练　习

(一)

一、在括号内填上适当的字
　　1. 兼收并(　　)　　2. (　　)者不拒　　3. 不登大(　　)之堂
　　4. 久负(　　)名　　5. (　　)指可数　　6. 大张(　　)(　　)
　　7. 如(　　)得水　　8. 相提并(　　)　　9. 诗(　　)画(　　)
　　10. 一应(　　)全

二、写出与下列词语意义相同、相近或相反、相对的词语
　　1. 纯粹——　　　　　　2. 冷落——
　　3. 略略——　　　　　　4. 时尚——
　　5. 买单——　　　　　　6. 放肆——
　　7. 繁多——　　　　　　8. 扩充——
　　9. 发源——　　　　　　10. 浓郁——
　　11. 密集——　　　　　　12. 典雅——

三、根据句子的意思写出相应的词语
　　1. 给琴更换琴弦,重新安上。比喻改革制度或改变方法。(　　　　　)
　　2. 大量地采纳其他人或事物的长处。(　　　　　)

3. 胜过一般水平的人或物。（　　　　）
4. 另有一种风格。（　　　　）
5. 文化高的人和文化低的人都能欣赏。（　　　　）
6. 独自开辟一条路。比喻独创一种新的风格或者新的方法。（　　　　）
7. 弯着手指头就可以计算。形容数目很少。（　　　　）
8. 眼睛因为看到纷繁复杂的东西而感到迷乱。（　　　　）
9. 另外有一种境界或风格。（　　　　）

（二）

一、根据对话内容判断正误

1. 漂亮的色彩和造型是中国菜的最大特点。（　）
2. 中国人饮食结构的一大特色是以粮食为主食。（　）
3. 以前中国人吃蔬菜比吃肉多的原因是中国人认为蔬菜对健康有利。（　）
4. 在鲁菜中没有以海鲜为原料的菜肴。（　）
5. 粤菜的口味比较清淡滑爽，而且选料广博。（　）
6. 中国菜的名字都与菜的原料或烹调方法有关系。（　）

二、选择正确答案

1. 苏菜口味的特点是：
   A. 浓重强烈　　B. 清淡滑爽　　C. 清淡与浓郁并存
2. 在四大菜系中最善于用普通材料制作出美味菜肴的是：
   A. 川菜　　B. 鲁菜　　C. 粤菜　　D. 苏菜
3. 中国人饮食原料的种类很丰富，原因之一是：
   A. 中国地处温带，气候差别小，适合植物的生长
   B. 中国历代都从国外引进新的植物品种
   C. 中国历代都从国外进口大量的食品
4. 北京人爱吃的涮羊肉属于：
   A. 苏菜　　B. 鲁菜　　C. 川菜　　D. 自成一统
5. 在四大菜系和其他名菜中，选料最广博的一种是：
   A. 北京菜　　B. 粤菜　　C. 宫廷　　D. 川菜

三、根据课文及对话的内容回答问题

1. 课文作者的饮食情况有什么特点？是怎么形成的？
2. 京菜有什么特点？
3. 课文作者为什么喜欢吃北京的农家风味菜？
4. 课文作者为什么说自己从"南人"脱胎为"北人"了？
5. 说说中国人饮食结构的特点、形成原因及最新变化。
6. 说说四大菜系的不同特色及其形成这些特点的地理原因。

（三）

一、讨论
1. 说说你喜欢的中国菜和饭馆，并指出它们的特点。
2. 你对广东人饮食选料广博有什么看法？你认为应该怎么样看待不同地区、不同人的不同饮食习惯？
3. 你在国外吃到的中国菜与中国国内的中国菜有什么不同？是什么原因造成的？
4. 你认为中国的饮食有什么优点和缺点？
5. 你们国家的饮食与中国的饮食有什么不同之处？
6. 谈谈你对健康与饮食、现代文明与饮食的关系的理解。

二、实践
1. 至少调查五个中国人和五个其他国家的人，请他们谈谈自己的口味和日常安排饮食的情况。
2. 每人照着菜谱做一两个中国菜，然后全班聚餐一次。

第十课 茶 品茶 茶文化

你最喜欢喝哪种茶
茶在你们国家的日常饮料中占什么位置
你觉得茶和文化有关系吗

趣在品中

　　茶,饮时多,品时少。案头茶一杯,花茶、绿茶、乌龙茶均可,边看稿件边伸手取来,双唇启而茶入口,知是茶味而非白水,仅此而已。此时茶,是水也;茶经喉下肚,是饮也。日常饮茶就是如此。

　　品茶之时也有,只是偶尔为之。因茶脱"饮"之俗而为"品",需要心境的闲适和环境的优雅。偏偏我等俗人,整天忙于繁务之间,一时寻得这闲适与优雅,便会高兴得不知如何是好。

　　一日,读丰子恺的《缘》。文中写的是弘一法师,因在缘缘堂偶见一本名为《理想中人》的书而结识了该书作者谢颂羔的事。面对这一佛徒、一基督徒相对谈笑而坐的情景,丰先生不由想起了"世间的缘的奇妙"在于"无论何事都是大大小小、千千万万的缘所凑合而成,缺了一点就不行。世间的因缘何等奇妙不可思议!"读到这里,心有所动,眼前似乎现出了当时大师相会的情景,看到了丰先生正在思索着的一双眼睛。此时,我的手触到了茶杯,我忽然冒出一个念头:他们是不是有清茶相伴?是的,一定会有的。我举起杯,轻啜慢品,一丝芳香,淡淡地在齿间游动。它的味道与刚才读《缘》时的味道十分相似,叫人欲说又说不清楚。

我喜欢听民乐。《秋江夜泊》是由箫演奏的古曲,音色清越、空灵,节奏舒缓、流畅,是取唐朝诗人张继《枫桥夜泊》的意境。每听这首乐曲,便自然要沏上一杯茶,大都是绿茶。随着那低缓悦耳的音符的流动,脑际便映画出乐中那如梦如幻的景致:夜,已深了,渔火明灭变幻,引逗着初霜的枫叶,客人未眠,茶香未尽,水波轻荡着小船,应和着岸上的钟声。此时,自己仿佛便正是那船上的远来之客。

读书听音乐的时候,茶是配角。如果缺了茶,读与听便似乎缺了一味佐料而显得寡淡。茶的参与,使这种读与听的活动丰富起来并变得意味深长。然而,也有一回是专为品茶的,那是在今春的武夷山。

武夷山,秀甲东南。"桂林山水甲天下,不及武夷一小丘。"郭沫若先生的这句诗不能说是公正,但武夷之神韵,也可见其不俗。这里的一山一石便是一景。武夷山盛产岩茶,其中尤以大红袍最为有名。我们落脚于野趣天成的武夷山庄。山庄水榭旁,设有一露天茶室,竹桌竹椅陈放其间。与友五人晚饭后相约聚此。招待我们的是位少妇,她为我们泡上一壶岩茶。茶具皆为陶器,小巧玲珑:小壶蓄水不多,随倒随蓄;茶杯更小,直径约三厘米许。少妇知我们来自北方,便细声细语地讲起这功夫茶的茶道来。武夷山儒佛道三教遗留下来的文化很丰富,茶文化便也染有了这驳杂的色彩。品茶,讲究的要有音乐相伴,小小茶杯轻贴唇边,慢吸少许,茶流入舌的两边。此时再轻吸一口气,将茶液提到上齿,聚而从舌面漫流后润下齿,再而入喉。一小口茶几乎把满口的部位都浸到了,茶香也就一点儿不浪费地被品茶人消受掉。我们遵其言而做,觉得果然与往日之饮大有不同,香内含苦,苦中溢香,唇齿香满,沁入心肺,妙不可言。我们问起茶室主人喝过大红袍没有,她笑答没喝过。她告诉我们,正宗的大红袍茶只是从这里的三棵茶树上采的,每年仅产几两,大都供茶研所研究用。现在市场上的大红袍茶,都不可能是这三棵树出产的。我们今天喝的是肉桂,也属岩茶之上品。我们又问:"茶本雅物,为何叫个大红袍的名字?"主人讲了两则故事,其中一则是:一秀才赴京赶考路过武夷山,途中腹痛,饮"腊面"(岩茶早期称谓)而愈,高中状元后到武夷山祭祀"腊面",并带"腊面"回京,治好了太后的腹胀之症。皇帝要给"腊面"起个名字,忽见状元所着红袍,便钦赐武夷"腊面"美名"大红袍"。主人讲得兴致很高,我却有些失趣。好好的天赐雅物,却被这权势得失与争斗的俗气熏蒸了一番,并借此抬高身价,真是可惜可怨!

　　有人认为,品茶是一种成熟之美,静穆之美。我想,它不是只属于中老年人的事情。任何一个希望从凡俗的杂务中逃脱一时,想让心灵与智慧和自然融为一体的人,都不妨去品品茶。此时,只要几滴茶液入口,你便会有所体味。若要不信,请君一试。

摘自 1997 年 8 月 22 日《北京日报》
作者：育　葵

对　　话

黛安娜　我早就听说过,中国是茶的故乡,所以来中国的时候我就想,第一,学习汉语,第二,去游览长城,第三,一定要亲口尝一尝中国茶。

朱利安　对,我也有同样的感觉。我来中国后的第一件事就是逛中国的茶店,可是,每家茶店里都有很多种茶,不知道买哪一种好,所以我只好对服务员小姐抱歉地说:我下次再来买。老师能给我们介绍一下吗?

老　师　好哇。茶是中国人生活中最传统、最普遍的饮料。茶的品种有上千种之多,按照制作的方法大体分为:绿茶、红茶、乌龙茶、紧压茶、花茶五大类。

朱利安　老师,中国人常说的"龙井"是绿茶吗?

老　师　对,而且是现今绿茶中声名最显赫的一种,它产于杭州西湖南岸的狮峰、龙井、五云山和虎跑山。其中龙井的品质最优,因色泽青绿而闻名。龙井茶还有"明前"茶、"雨前"茶之分。泡饮时,茶叶的芽直立,水色清醇,而且幽香四溢,是茶中的极品。龙井产茶,唐代已经有记载,清代的乾隆皇帝十分喜欢喝龙井茶,称赞它是茶中的上品。

黛安娜　老师刚才说的"明前"和"雨前"两种茶是什么意思?有什么不一样吗?

老　师　这是根据采摘茶叶的不同时间而命名的。在清明前采制的茶叫"明前",谷雨前采制的叫"雨前",它们都是龙井茶中的极品。

黛安娜　噢,原来龙井茶还这么讲究呀!我常听人说起碧螺春茶,它也是绿茶吗?为什么叫这样一个名字?

老　师　是的,碧螺春也属于绿茶,因产于太湖洞庭东山碧螺峰而得名。它的茶芽细嫩卷曲像青螺,芽叶上披满馥郁的绒毛,当地人称它为"吓煞人香"。传说清康熙皇帝认为此名不雅,于是根据产地名称和它自身的特点,改成了现在这个名字。

朱利安　老师刚才介绍的都是绿茶,我最喜欢的是红茶,您能不能介绍一下?

老　师　当然可以。红茶是在绿茶的基础上才有的(大约在明末清初)。在制作红茶时有一个发酵的过程,所以红茶味厚略带焦苦,有淡淡的麦芽香。

黛安娜　老师,是不是绿茶是绿色的,红茶是红色的?

老　师　茶中的红和绿不是绝对的,不过总的来说,绿茶色泽清绿,口味清淡、香醇、飘逸;红茶色泽黄红,味道发苦,回味无穷。听说西方人特别是英国人很喜欢喝红茶,是这样吗?

朱利安　是的,不过英国人喝红茶时,不像中国人那么随便,很多人有加牛奶和糖的习惯,来中国以后,我仍然保留着这个习惯。

老　师　说起喝茶,中国人也有自己的习惯和讲究。通常是不拘什么壶碗,都是捏一撮茶叶放在里面,用开水一冲,稍闷一会儿就开始喝。讲究的人则不然,要用好壶好水,壶要"养"过一段的紫砂陶,水要活的山泉水。头道茶水不能喝,要倒掉,还要涤器、闻香、观色、细细啜饮,追求的是一种闲适的生活态度。一般老百姓也不是没有讲究,客人来了一定要沏茶奉茶,给客人倒茶不能倒满,以半碗为宜,茶壶的壶嘴也不要对着客人,这都是礼貌做法,都是讲究,只是更重实际罢了。

黛安娜　是不是中国人想借茶表示自己对客人的热情?

朱利安　不一定吧?以前我看过一部中国电影,是反映清代生活的,那里面的官员刚一端起茶杯,仆人立即高声喊道"送客——"。在中国好像有这样的习惯,主客交谈,如果主人厌烦了,把茶杯一端,客人就得知趣告退。

黛安娜　那是古代的习惯,不代表现在。我常去中国朋友家做客,都是主人和我一边聊天一边喝茶,哪有主人一端茶杯就是下逐客令的规矩呀!咱们还是听老师介绍一下别的品种吧。

朱利安　你说的对。前边课文里提到"大红袍",它属于哪种茶呢?

老　师　"大红袍"是乌龙茶中的上品,是产于福建武夷山的岩茶。它综合了红茶与绿茶的加工技术,经过半发酵制成的,它浓香持久,至今仍只是中国的特产,别的国家是没有的。除了"大红袍"以外,福建安溪的"铁观音"也很著名。

朱利安　观音不是佛教中的一位菩萨吗?怎么成了茶的名字了?

老　师　关于"铁观音",民间还有一个传说呢。在安溪松林头乡有一位姓魏的人,信佛,每天清晨必定以一杯清水供奉观音菩萨。一天,他偶然看见岩石上有一棵茶树,树叶的叶面闪着光亮,就把它移到了盆中培植,采制后的茶香味极佳,这个姓魏的人坚信是观音菩萨所赐。同时又因为这茶的叶子很厚,颜色深黑似铁,所以取名为"铁观音"。这个名字后来成为安溪一带所产茶叶的总称。

朱利安　想不到茶的名称这么有意思,这回我可以放心大胆地进茶叶店了。

黛安娜	不一定吧？我还有问题呢。我在读中国的文学作品时,有时看到作品中的人物说"来一杯香片",老师,"香片"也是茶吗？
老　师	看来,广泛的阅读是学习汉语的好方法,也是了解中国文化的捷径。"香片"是中国的北方人对花茶的别称,它是将香花熏入素茶中而制成的。既有茶香又带鲜花的芬芳,尤其以茉莉花茶最著名,是北方人最喜欢饮用的茶。
黛安娜	对了,我们教室楼门口卖的袋泡茶就是茉莉花茶,下课后我一定去买一杯,"先尝为快"。
老　师	另外还有一种茶叫紧压茶,又叫黑茶,以茶砖为主,主要是为了便于长途运输和贮藏,供应边远地区而制造的。云南的普洱茶也类似,形状像碗,比较有名。
朱利安	上次我到一位教授的家里请教问题,见他喝的是一杯很清淡的茶,我不太理解,但是出于礼貌,没好意思问。老师您能解释一下吗？
老　师	这位教授喝的一定是绿茶,一方面因为绿茶的色泽最清淡,另一方面因为中国的知识分子最喜欢绿茶。
朱利安	为什么最喜欢绿茶？
老　师	这是因为绿茶的特点和中国文人心目中追求的人生最高境界——清淡、朴素相吻合。他们相信,拥有这种心境的人是从容的、轻松的,而欲望和贪心太多的人就不可能清淡朴素,更不可能从容和轻松。这样的观点显然是受了道教、佛教的影响。老子曾说过要"道法自然",就是说一切都应当依照大自然的规律;又说要"见素抱朴",就是认为生活应当朴素单纯,每个人的心里应当排除各种杂念,人生应当纯粹而明朗。这样的观念不仅影响到了做人,而且一直影响到了饮食。中国传统文人喜爱茶,特别是绿茶,正是看中了茶的这种象征意味。他们认为喝茶是一种高雅文化,正是这种历史原因形成的心理。
朱利安	老师,我明白了。看来,要想了解茶的文化意义,真得到中国来寻找。现在我觉得自己更喜爱喝茶了。
黛安娜	老师,我建议我们班去一趟茶馆,体验一下品茶的滋味,怎么样？
老　师	好极了。在茶馆里能够体验到课堂上没有的特殊气氛,一定能加深你们对茶文化的理解。

生　词

（课文部分）

1. 品　　　　pǐn　　　　　　辨别好坏

2.	案头	àntóu	几案上或书桌上
3.	仅此而已	jǐncǐ'éryǐ	只不过如此罢了
4.	闲适	xiánshì	清闲;安逸
5.	优雅	yōuyǎ	美好;文雅
6.	繁务	fánwù	多而复杂的工作
7.	法师	fǎshī	旧时对和尚、道士的称呼
8.	凑合	còuhe	将就
9.	何等	héděng	相当于现代汉语"多么"
10.	不可思议	bùkěsīyì	不可想像,不能理解(原来是佛教用语,含有神秘、奥妙的意思)
11.	触到	chùdào	接触;碰;抵
12.	轻啜慢品	qīngchuòmànpǐn	啜:喝。一般指喝茶、喝酒的时候,轻轻地品尝滋味。也作轻啜慢饮
13.	民乐	mínyuè	民间乐器;民间音乐
14.	音色	yīnsè	由于波型和泛音的不同所造成的声音的属性。也叫音品、音质
15.	清越	qīngyuè	(声音)清脆悠扬
16.	舒缓	shūhuǎn	从容缓和
17.	流畅	liúchàng	流利;通畅
18.	沏	qī	(用开水)冲、泡
19.	低缓	dīhuǎn	低沉缓慢
20.	脑际	nǎojì	脑海(就记忆、印象说)
21.	映画	yìnghuà	反映;出现
22.	如梦如幻	rúmèngrúhuàn	像梦中,像幻觉,不是真实的
23.	景致	jǐngzhì	风景
24.	渔火	yúhuǒ	渔船上的灯火
25.	明灭	míngmiè	时隐时现,忽明忽暗
26.	变幻	biànhuàn	不规则地改变
27.	引逗	yǐndòu	引诱;挑逗
28.	荡	dàng	摇动;摆动
29.	配角	pèijué	戏剧、电影等艺术表演中的次要角色。比喻做辅助工作的人
30.	佐料	zuǒliào	辅助材料,原指做菜时的调味料
31.	意味深长	yìwèishēncháng	意思深远,寓意深刻
32.	甲	jiǎ	居首位的,超过所有其他的
33.	神韵	shényùn	精神韵致(事物内部的本质特征)
34.	盛产	shèngchǎn	出产非常多
35.	落脚	luòjiǎo	临时停留或暂住
36.	野趣天成	yěqùtiānchéng	天然形成的,自然野外的情趣

37.	水榭	shuǐxiè	临水的供人游玩和休息的房舍
38.	小巧玲珑	xiǎoqiǎolínglóng	形容小而灵巧精致
39.	蓄	xù	储存,本文指往壶里倒水
40.	驳杂	bózá	混杂不纯
41.	消受	xiāoshòu	享受
42.	溢	yì	充满而流出来
43.	沁入心肺	qìnrùxīnfèi	(香气、液体)渗入内心
44.	妙不可言	miàobùkěyán	无法用语言表达的奇妙
45.	赶考	gǎnkǎo	旧时指去参加科举考试
46.	钦赐	qīncì	赐:给。旧时指皇帝给予的
47.	失趣	shīqù	没有趣味
48.	权势	quánshì	权柄和势力
49.	熏蒸	xūnzhēng	两种烹调方法
50.	一番	yìfān	量词
51.	静穆	jìngmù	安静肃穆
52.	凡俗	fánsú	平凡庸俗
53.	逃脱	táotuō	摆脱
54.	融为一体	róngwéiyìtǐ	融合成为一个整体
55.	体味	tǐwèi	体会

(对话部分)

56.	显赫	xiǎnhè	(权势、声名)盛大
57.	清醇	qīngchún	(气味、滋味)清而纯正
58.	幽香四溢	yōuxiāngsìyì	清淡的香味四面散放出来
59.	命名	mìngmíng	给予名称
60.	细嫩	xìnèn	柔嫩(指皮肤、肌肉等)
61.	卷曲	juǎnqū	弯曲
62.	馥郁	fùyù	香气浓郁
63.	煞	shà	极;很
64.	雅	yǎ	高尚,不粗俗
65.	飘逸	piāoyì	洒脱,自然,与众不同
66.	拘	jū	没有限制
67.	撮	cuō	量词。用于极少的坏人或事物
68.	涤	dí	洗
69.	厌烦	yànfán	嫌麻烦而讨厌
70.	知趣	zhīqù	知道如何处理事情,不惹人讨厌
71.	捷径	jiéjìng	近路
72.	先尝为快	xiānchángwéikuài	以先尝到为快乐
73.	贮藏	zhùcáng	储藏

74. 出于	chūyú	考虑到,因为
75. 贪心	tānxīn	不能满足的欲望
76. 排除	páichú	除掉;消除
77. 杂念	zániàn	不纯正的念头、想法

注　　释

【俗人】　世俗的人;一般人(相对僧、尼、道士等出家人而言)。

【缘】　佛教认为人与人之间由命中注定的遇合的机会。

【因缘】　佛教指产生结果的直接原因和辅助促成结果的条件和力量。

【《枫桥夜泊》】　唐代诗人张继的名作,全诗是:"月落乌啼霜满天,江枫渔火对愁眠。姑苏城外寒山寺,夜半钟声到客船。"

【功夫茶】　福建、广东一带的一种饮茶风尚,茶具小巧精雅,沏茶、饮茶有一定的程序、礼仪。

【状元】　科举时代的一种称号,元代以后称殿试第一名为状元。

【清明】【谷雨】　中国表明气候变化的二十四个农事季节之一,在农业生产上有重要的意义。二十四节气分别指:立春、雨水、惊蛰、春分、清明、谷雨、立夏、小满、芒种、夏至、小暑、大暑、立秋、处暑、白露、秋分、寒露、霜降、立冬、小雪、大雪、冬至、小寒、大寒等。

练　　习

(一)

一、在括号内填入适当的字

1. 低(　　)悦耳　　2. (　　)入心肺　　3. (　　)不可言

4. (　　)此而已　　5. 小巧(　　)　　6. (　　)深长

二、选择正确答案

1. 参加事务的计划、讨论、处理。

　　A. 加入　　B. 加强　　C. 商量　　D. 参与

2. 不可想像,不能理解。

　　A. 想入非非　　B. 幻想　　C. 不可思议　　D. 白日做梦

3. 临时停留或者暂住。

　　A. 落脚　　B. 落地　　C. 下落　　D. 落实

4. 声音低缓而且好听。

　　A. 慢条斯理　　B. 低缓悦耳　　C. 不绝于耳　　D. 美妙

5. 几种不同的事物合成一体。

　　A. 融为一体　　B. 团结一致　　C. 密不可分　　D. 志同道合

三、解释下列词语

1. 意味深长

2. 小巧玲珑

3．仅此而已

4．融为一体

5．妙不可言

（二）

一、判断正误

1．"天赐"就是由皇帝亲自赐给。（　　）

2．"大红袍"的意思是喝茶时必须穿上一件大红袍子。（　　）

3．"功夫茶"的意思是一杯茶喝很长时间。（　　）

4．秀才和状元是中国古代两位名人的名字。（　　）

5．中国人在听音乐时不喝茶，喝茶时不听音乐。（　　）

二、选择正确答案

1．根据课文的内容，茶可分为：
　　A．两种　　B．五种　　C．三种　　D．四种

2．武夷山的岩茶属于：
　　A．乌龙茶　　B．红茶　　C．花茶　　D．黑茶

3．清明、谷雨是：
　　A．两种天气　　B．两个节气　　C．两种茶　　D．两个节日

4．碧螺春茶产于：
　　A．江苏太湖洞庭东山　　B．福建安溪　　C．广西桂林　　D．云南昆明

5．下面哪几种茶是由皇帝命名的：
　　A．大红袍　　B．明前茶　　C．雨前茶　　D．碧螺春

三、根据课文和对话内容回答问题

1．请谈一谈饮茶和品茶有何不同？

2．课文的作者认为"品茶是一种成熟之美，静穆之美"，你怎么理解？

3．茶在中国有什么象征意味？

（三）

一、讨论

1．谈一谈你对"缘"的理解。

2．读书或者听音乐的时候如果有茶，会使读和听的活动变得意味深长，你是否有同感？

3．课文作者称茶为"天赐雅物"，你有何见解？

二、实践

1．请分别品尝几种不同类别的茶，选出你最喜欢的茶，并说明原因。

2．喝一次功夫茶，并把喝茶的程序、礼仪等记录下来。

3．写一篇关于中国茶与文化的报告。

第十一课 酒 饮酒 酒文化

你认为爱喝酒和交朋友有关系吗
你们国家的人对酒的态度如何
你认为酒与文化有什么关系

饮酒文化

　　产地不同、传承各异的中国酒,构成了风味独特、品种繁多、品不胜品的庞大系列,向人们诉说着华夏民族历史的悠久和生息地域的广阔。只要看一看古往今来那些诱人的酒名,什么剑南烧酒、杭州露白、山西羊羔酒、潞州珍珠红、相州碎玉、西京金浆醪……便会令人胃口顿开,甚至有几分醺醺然了。值得庆幸的是,尽管经历了数千年,但许多名酒并未失传。像曹操所谓"何以解忧,惟有杜康"中的杜康酒,李白所谓"兰陵美酒郁金香,玉碗盛来琥珀光"中的兰陵酒,杜牧所谓"借问酒家何处有?牧童遥指杏花村"中的杏花村汾酒等等,至今还飘出透着诗意的酒香,使人们为之陶醉。

　　从质地和口感上讲,这些历史悠久的传统名酒,以及许多后来居上的当代名酒,各有各的特色,各有各的妙处。大曲酱香型的茅台酒、剑南春、泸州老窖、古井贡酒、洋河大曲,药香型的竹叶青,以及黄酒中的绍兴加饭、花雕等等,均为其中极品。但可惜的是,即使笔者是最擅知味的品酒师,也不大可能把自己在品尝这些美酒佳酿时的奇妙味觉享受借文字道出,以邀读者共享。所以,本文着墨的侧重点,在于中国人饮酒时所形成的独特的"酒文化"。毫不夸张地说,这种围绕杯中物所形成的特殊行为模式和文化氛围,比起中国酒的独特口感来,更具有地道的中国味道。

饮酒方式之所以能够随着历史的演进,而被纳入不同的文化模式之中,赋予不同的文化涵义,实与酒的自身特点有关。酒是一种助兴之物,它并不能改变人们原有的心态,而只能通过对中枢神经系统的刺激来增强这种心态。欣喜的时候,你会觉得"白日放歌须纵酒"(杜甫《闻官军收河南河北》);抑郁的时候,又会觉得"举杯消愁愁更愁"(李白《宣州谢朓楼饯别校叔书云》);发奋的时候,可以像苏舜钦那样"汉书下酒";颓废的时候,又可以像陶渊明那样挂印隐退。正因为酒可以对人产生这样复杂多变的作用,便使它足以充任具有多重阐释可能的文化信息载体,来适应人类在各个文明阶段的不同需要。

中国酒究竟为何人所发明,已难于确考。传统酒业供奉的祖师爷,一般为杜康和仪狄。在这里,弄清酒的确切肇始年代并不重要。真正重要的是,我们尚可以准确地知道:酒一经产生,便对华夏民族的性格产生了巨大的影响。有关酒和民族性格的问题,受到了文化人类学家的重视。露丝·本尼迪克特在《文化模式》中,甚至据此把原始文明分为两类——"酒神型的"和"日神型的",她说:在酒神型的文明中,"人们用喝发了酵的仙人掌果汁的办法,在礼仪上获得那种对他们来说是最有宗教意义的受恩宠状态……在他们的习惯做法和诗歌中,喝醉酒和宗教信仰是同义词。喝醉酒能把那种朦胧的梦幻和明察洞鉴混而为一,它使整个部落感到一种和宗教信仰相关的兴奋。"历史残留的材料表明,商人相当迷信原始巫术,而这种盛行的巫术恰恰又是和饮酒之风密不可分的。据文字学家考证,甲骨文和金文中的与施行巫术有关的"祭"、"奠"、"礼"等字,均从酒中脱出。之所以如此,又正如张光直在《商代的巫与巫术》一文中所推测的:"酒也是一方面供祖先神仙享用,一方面也可能是供巫师饮用,以帮助巫师达到通神的精神状态的。"正因为这样,在后人心目中,夏、商两代,尤其是后者,既是迷信天命的朝代,又是醉生梦死的朝代,这二者之间就有了合乎逻辑的内在联系。不过,这个处在"酒神阶段"的国家上上下下一片迷狂,醉心于原始宗教,并因而败给了另一个较为清醒理智的国家——周,却是在所难免的。

特别值得注意的是:一旦过去那种醉醺醺的文化模式随着文明的进程而被否定,酒本身也就被赋予了新的价值内涵,以执行新的文化功能。它所造成的形神相分的欣快幻觉,不再被用来谋求人与神的相通,而转过来被用于化解人与人的隔膜和差别。尽管等级是森严的,礼法是刻板的,但只要循规蹈矩,人们毕竟可以相安无事地饮酒作乐,尽欢而散。在这里,适度的酒精仍足以给人带来快乐,只不过它已变成了一种理性限度之内的快乐,而不是非理性的快乐。

"没有不散的宴席。"由此,古人又发出了兴叹,人生的欢乐聚会是何等有限而短暂:"对酒当歌,人生几何,譬如朝露,去日苦多。"这些名句,既有因酒精所带来的欢乐而慨叹人生如寄,又有因对青春不再的忧思而更要开怀畅饮。酒在中国文化中的内涵又被大大深化了。如果说,在夏、商两朝,它主要被借以加强人与神之间的联系,那么,经过了魏晋文人的发掘,它的主要功用则在于帮助体验人和自身的关系。此时,酒之所以能促使人挣脱种种社会的羁绊而赢得自由的心态,如张翰所谓"使我有身后名,不如即时有一杯酒",再如李白所谓"天子呼来不上船,自称臣是酒中仙",那倒未必是因为受酒精的麻醉而产生了超越世界的幻觉,而是因为受饮酒的启发而领悟了个体生命的本真性和不可替代性。

且让我们再引两首诗看看。"扰扰驰名者,谁能一日闲?我来无伴侣,把酒问青山。"(韩愈《把酒》)"日日无穷者,区区有限身。若非杯酒里,何以寄天真?"(李敬中《劝酒》)照这样子喝酒,真可以说是越喝越清醒了!

作者:刘 东(有删节)

对 话

平泽隆　酒真是一种奇怪的东西,在西方还曾经禁过酒,酒和生活的关系太密切了!

老　师　是啊!你在中国喝过酒吗?

平泽隆　当然喝过,特别难忘的一次是在洛阳我朋友的家中。暑假,我的这位朋友带我去他的家乡洛阳旅行,他的父母在家里请我吃饭、喝酒。

老　师　喝得高兴吗?

平泽隆　非常高兴,而且非常难忘。中国人太热情了,他们全家一直劝我喝酒,一杯又一杯,后来,我都忘了自己是怎么回的宾馆。

老　师　一般来说,中国人认为,客人喝得多,甚至喝醉了,才是友好的表现。所以主人常常不断地劝客人喝酒,直到客人喝尽兴了,才觉得尽到了主人的责任。

平泽隆　哦,我明白了。

黛安娜　老师,我发现,北京很多饭店的名字里都有一个"酒"字,大一点儿的叫"大酒店",小一点儿的叫"酒家",好像饭菜并不是最重要的。

老　师　你说得对!这说明酒在人们生活中占相当重要的地位。

平泽隆	是啊,我几乎每天都能听到"酒"字。前几天,我的中国朋友结婚,只说请我去"喝喜酒",却没说是请我去参加他的婚礼,真有点儿奇怪。
老　师	你朋友的意思就是请你去参加他的婚礼,婚礼一般都要喝酒,所以他说请你去喝他的喜酒。在中国,不仅结婚、过生日要喝酒,一些重要的节日也要喝酒,甚至在祭祀祖先、缅怀故人时也少不了酒。
黛安娜	老师,中国的女人喝酒吗?
老　师	一般来说,中国的男人都喜欢喝白酒,而女人大多没有喝酒的习惯,只能喝一点儿葡萄酒或啤酒。
黛安娜	在欧洲有很多人喜欢葡萄酒,包括很多男人,可以说葡萄酒和他们的日常生活有着密切的关系,而喝白酒的人并不太多。老师,中国人喝酒加冰吗?
老　师	一般不加,相反,有的酒还要加热以后才喝,比如一些黄酒和白酒。
平泽隆	日本也有这样的习惯。老师,中国什么酒最有名?
老　师	大多是一些白酒,像贵州的茅台、四川的五粮液等,都是酒精度数很高的烈性白酒。其他像红葡萄酒、长城干白葡萄酒、北京啤酒、燕京啤酒、青岛啤酒等也很有名。
黛安娜	我的同屋还买过一些药酒,打算回国后送给她的爸爸,她爸爸的身体不太好。
老　师	中国的传统医药常常用到酒,李时珍是中国古代著名的医药学家,在他著的《本草纲目》中,对酒有比较详细的阐述。他认为酒具有通血脉、御寒气的功效,而且还有辅助和增强其他中药药效的作用,少饮可以治病除疾。所以,有的中药要和酒一起吃,有的中药和酒放在一起做成了药酒,所谓药酒就是用酒浸渍中药而制成的。
黛安娜	看来,酒对人身体的确有好处。
老　师	你说得对,但也不能过量。
平泽隆	老师,中国有"无酒不成席"的说法,可是在大街上却很少看见烂醉如泥的人,这是为什么呢?
老　师	我想,这和中国人的饮酒习惯有关。中国人爱喝酒,但不酗酒,与朋友聚餐喝酒,虽然彼此劝酒,但都适可而止,很少过量;一个人独饮时,更少有过量的时候。从深层次来讲,这与中庸思想对文化心理的影响有关。
平泽隆	这一点我很欣赏。老师,我听说中国很多文人都特别喜欢饮酒,是这样吗?
老　师	是的,特别是古代的文人墨客,或对月独酌,或把酒临风,在当时的文化习俗中,这是文人的一种风雅。

黛安娜　那他们喝酒与文学创作有关系吗？

老　师　有啊！很多有名的诗、文就是他们饮酒以后，灵感萌发，即兴挥笔写就的。如唐代大诗人李白，有"斗酒诗百篇"的说法，意思是说李白喝很多酒以后就能写出很多好诗；宋代文学家、大诗人苏东坡，爱酒成癖，他有一首流传后世的诗就是在湖上喝酒时写成的，名字叫《饮湖上初晴后雨》；三国时的曹操是有名的政治家，也是一位有名的诗人，他挥师南下，夜游湖上，曾写下"何以解忧，惟有杜康"的有名诗句。

黛安娜　杜康是名酒吗？

老　师　对，相传杜康是中国最早发明酒的人，后人以他的名字命名的"杜康酒"，是中国很有名的一种白酒。

黛安娜　中国文人的作品里关于酒的内容多吗？

平泽隆　一定有很多，因为我早就听说酒与中国的诗词有很密切的关系，老师，是真的吗？

老　师　确实是这样。中国的历代文人都似乎与酒结下了不解之缘，流传着许多逸闻趣话。

黛安娜　老师，能给我们介绍一下吗？

老　师　当然可以了，不过这可不是"一下"就能说完的，这样的例子真是不胜枚举。辛弃疾是南宋有名的词人，他在《西江月》中曾有这样的描写："昨夜松边醉倒，问松我醉如何。只疑松动要来扶，以手推松曰去！"松是辛弃疾醉酒时惟一的朋友，它不只可以和人对饮，在词人的醉眼中还能走过来扶他，比李白的"举杯邀明月，对影成三人"更进一步。

平泽隆　真有意思，没想到酒对作诗会有这么大的作用。听说晋代的陶渊明也是位好喝酒的诗人，对吗？

老　师　你说得对。关于陶渊明的嗜酒，还有一个有意思的传说。陶渊明在任彭泽县令的时候，因为怕饮酒不能得到满足，就命令所有的官田都种上酿酒的黄米，后来因为夫人的强烈抗议，只好留下一块田种稻子。陶渊明前后的中国文学家几乎都好酒，好像只有借着酒，他们才能在心灵中保持一片自己的田园，拥有一个可以自由向往的美好天地。正因为这种酒与田园关系的新发展，才启发了隋代的惟美文学与唐代的浪漫文学。

黛安娜　我觉得中华民族的文化是飘着酒香的文化，因为它和酒一样，不但芳香而且醉人。

老　师　你用酒的芳香和醉人来形容中国文化的特点，是一个很独特的比喻。

黛安娜　没想到酒能对中国的文人产生这么大的影响。

平泽隆　这真是个有意思的文化现象，研究研究可以写一篇论文了。

老　师　　的确如此。
黛安娜　　老师,我想我是不能成为一名诗人了。
老　师　　为什么?
黛安娜　　我不能喝酒哇!

生　词

（课文部分）

1.	传承	chuánchéng	传授和继承
2.	品不胜品	pǐnbúshèngpǐn	太多,不能全部品尝
3.	生息	shēngxī	生存;生活
4.	醺醺然	xūnxūnrán	喝醉了的样子
5.	庆幸	qìngxìng	为事物意外地得到好的结局而感到高兴
6.	陶醉	táozuì	很满意地沉浸在某种境界或思想活动中
7.	质地	zhìdì	品质
8.	妙处	miàochù	美好的地方
9.	佳酿	jiāniàng	美酒
10.	着墨	zhuómò	用文字来描述
11.	模式	móshì	形式;样式
12.	氛围	fēnwéi	气氛;情调
13.	演进	yǎnjìn	演变;进化
14.	纳	nà	放进去
15.	赋予	fùyǔ	给予
16.	涵义	hányì	含义(词句包含的意思)
17.	助兴	zhùxìng	帮助增加兴致
18.	抑郁	yìyù	心有忿恨而烦闷
19.	颓废	tuífèi	意志消沉,精神委靡
20.	隐退	yǐntuì	从官场退出
21.	充任	chōngrèn	充当;当
22.	阐释	chǎnshì	阐述;解释
23.	肇始	zhàoshǐ	开始
24.	礼仪	lǐyí	礼节;仪式
25.	恩宠	ēnchǒng	恩惠宠爱
26.	梦幻	mènghuàn	梦中经历的情境
27.	明察	míngchá	对什么事情都看得很清楚
28.	洞鉴	dòngjiàn	清楚地看到
29.	残留	cánliú	遗留
30.	巫术	wūshù	witchcraft;sorcery 幻想依靠超自然力以影响或控制客观事

物的一种手法,起源于原始社会

31. 祭奠	jìdiàn	为死去的人举行仪式表示追悼
32. 推测	tuīcè	猜测;想像
33. 享用	xiǎngyòng	高兴地、满意地使用
34. 醉生梦死	zuìshēngmèngsǐ	糊里糊涂地生活,像喝醉酒和做梦一样
35. 逻辑	luójí	课文中指客观的规律性
36. 迷狂	míkuáng	着迷,发狂
37. 醉心	zuìxīn	因为强烈爱好而专心去做
38. 理智	lǐzhì	辨明是非、控制自己行为的能力
39. 难免	nánmiǎn	很难避免
40. 进程	jìnchéng	事物变化或进行的过程
41. 功能	gōngnéng	作用
42. 幻觉	huànjué	不真实的虚假的感觉
43. 谋求	móuqiú	设法寻求
44. 化解	huàjiě	解除;消除
45. 隔膜	gémó	情意不相通,不了解
46. 刻板	kèbǎn	呆板没有变化
47. 循规蹈矩	xúnguīdǎojǔ	遵守规矩
48. 毕竟	bìjìng	到底
49. 相安无事	xiāng'ānwúshì	和平相处,没有冲突
50. 适度	shìdù	合适的程度
51. 限度	xiàndù	最低或最高的数量或程度
52. 兴叹	xīngtàn	发出感叹的声音
53. 朝露	zhāolù	早晨的露水
54. 慨叹	kǎitàn	感叹
55. 人生如寄	rénshēngrújì	人生好像交给了别人,自己不能决定
56. 忧思	yōusī	忧愁的思绪
57. 畅饮	chàngyǐn	痛快地喝
58. 深化	shēnhuà	加深
59. 发掘	fājué	把埋藏的东西挖出来
60. 体验	tǐyàn	通过实践体会
61. 挣脱	zhēngtuō	摆脱
62. 羁绊	jībàn	缠住了不能脱身
63. 麻醉	mázuì	比喻通过某种手段,使人认识模糊,意志消沉
64. 超越	chāoyuè	超过

(对话部分)

65. 缅怀	miǎnhuái	追想以往的事。本文指追想已经死去的亲人
66. 阐述	chǎnshù	论述

67. 血脉	xuèmài	中医指人体的血管和血液循环
68. 功效	gōngxiào	作用和效果
69. 辅助	fǔzhù	帮助
70. 浸渍	jìnzì	泡在液体中
71. 烂醉如泥	lànzuìrúní	形容酒喝得太多,醉得一塌糊涂
72. 酗酒	xùjiǔ	大量喝酒
73. 适可而止	shìkě'érzhǐ	达到一定程度就停止,不过分
74. 墨客	mòkè	文人
75. 独酌	dúzhuó	一个人喝酒
76. 把酒临风	bǎjiǔlínfēng	迎风喝酒
77. 风雅	fēngyǎ	高雅
78. 萌发	méngfā	开始出现
79. 即兴	jíxìng	对眼前的事物有感受,临时发生兴致而创作
80. 不解之缘	bùjiězhīyuán	不能分开的缘分
81. 逸闻	yìwén	没有正式记载的传说
82. 不胜枚举	búshèngméijǔ	太多,无法一一举出来
83. 嗜	shì	爱好

注　释

【何以解忧？惟有杜康】　作者是三国时代的政治家、诗人曹操,诗名为《短歌行》,诗的前八句是:"对酒当歌,人生几何？譬如朝露,去日苦多。慨当以慷,幽思难忘。何以解忧？惟有杜康。"

【借问酒家何处有？牧童遥指杏花村】　作者是唐代诗人杜牧,诗名为《清明》,全诗是:"清明时节雨纷纷,路上行人欲断魂。借问酒家何处有？牧童遥指杏花村。"

【陶渊明】　东晋大诗人。曾因不满当时世族地主把持政权的黑暗现实,决心去职归隐。其诗多描绘自然景色及在农村生活的情景。

【韩愈】　唐代著名文学家,与柳宗元同为古文运动倡导者。以散文著称于世,被列为"唐代八大家"之首。其诗歌创作具有独特风格,自成一家。他的诗文对后代文学影响极大。

【《饮湖上初晴后雨》】　宋代著名文学家苏东坡所写,全诗为:"水光潋滟晴方好,山色空蒙雨亦奇。欲把西湖比西子,淡妆浓抹总相宜。"

练　习

(一)

一、写出与下列词语意义相同或相近的词语

1. 洞鉴(　　　)　　2. 推测(　　　)　　3. 领悟(　　　)
5. 郁抑(　　　)　　6. 隔膜(　　　)

二、解释下列词语
1. 循规蹈矩
2. 相安无事
3. 羁绊
4. 人生如寄
5. 醉生梦死

三、选择正确答案
1. 传授和继承：
   A.传承 B.传播 C.传布 D.承接
2. 阐述并解释：
   A.注释 B.说明 C.阐释 D.阐明
3. 月光不明;不清楚,模糊：
   A.黑暗 B.朦胧 C.乱哄哄 D.含糊
4. 呆板没有变化：
   A.刻苦 B.刻板 C.停滞 D.保守
5. 设法寻求：
   A.谋求 B.谋划 C.谋生 D.谋利

（二）

一、选择正确答案
1. 李白是_____著名的诗人。
   A.隋代 B.宋代 C.唐代 D.当代
2. 传统酒业供奉的祖师爷一般为_____。
   A.杜康 B.陆羽 C.陶渊明 D.仪狄
3. 和巫师施行巫术有关的_____字均从"酒"字中脱出。
   A.祭 B.奠 C.岳 D.礼
4. "何以解忧,惟有杜康"的作者是_____。
   A.曹操 B.陆游 C.白居易 D.苏东坡
5. 著名医学家李时珍的著作是_____。
   A.《本草纲目》 B.《商代的巫与巫术》 C.《文化模式》 D.《神农本草》

二、判断正误
1. 酒能改变人们原有的心态。（   ）
2. 从古至今,中国人饮酒已形成了独特的"酒文化"。（   ）
3. 露丝·本尼迪克特把原始文明分为两类,即"酒神型"的和"日神型"的。（   ）
4. "没有不散的宴席"这句话是感叹吃饭的时间太长。（   ）
5. 杜康是中国古代的一个人的名字,而不是酒的名字。（   ）
6. 饮酒文化发生和发展的过程,可以看做是中华文明史的缩影。（   ）
7. 兰陵酒、杏花酒、汾酒是古代就有的美酒,茅台酒、剑南春酒是当代的名酒。（   ）
8. 酒从产生的时候起,就没有对华夏民族的性格产生影响。（   ）

9. 酒和民族性格没有丝毫的关系。（　　）

三、回答下列问题

1. 你知道哪些中国的古今名酒？有什么特点？
2. 谈谈古代巫师是怎么利用酒的？
3. 总结一下你们国家的人喝酒的特点，并和中国人比较一下有什么不同。
4. "没有不散的宴席"这句话说明了什么道理？

（三）

一、讨论

1. 你认为酒对人们生活的影响是怎样的？
2. 很多诗人都喜欢喝酒，你对这个现象怎么看？你认为酒和写诗有必然的联系吗？
3. 谈谈你对酒与文化的关系的认识。

二、实践

1. 调查一下中国有哪些名酒，这些酒有没有典故或来历。
2. 找出若干与酒有关的文学作品（诗、词、散文等），并分析作者对酒的态度。

第十二课 节日 节俗 节气

传统的年文化的含义是什么？它受到了哪些冲击
中国人为什么那么重视春节
清明节有些什么活动
端午节是怎么来的
中秋节有什么文化内涵

年 文 化

在中国民间，最深广的文化，莫过于"年文化"了。

西人的年节，大致是由圣诞到新年，前后一周。中国的旧历年（现称春节），则是早早地从吃一口那又稠又香又热的腊八粥时，就依稀地听到了年的脚步。这年的行程真是太长太长，直到转年正月十五闹元宵，在狂热中才画上句号。算一算，前后共四十天。

中国人过年，与农业关系甚为密切。农家的事，以大自然四季为一轮。年在农闲时，便有大把的日子可以折腾；年又在四季之始，生活的热望熊熊燃起。所以，对于中国人来说，过年是非要强化不可的了。或者说，年是一种强化的生活。

这样,一切好吃好穿好玩以及好的想法,都要放在过年。平日竭力勤俭,岁时极尽所能,为的是使生活靠向理想的水平。过年是人间生活的顶峰,也是每个孩子一年一度灿烂的梦。

世界上每个民族都有自己的崇拜物,那么中国人崇拜什么?崇拜太阳?崇拜性?崇拜龙?崇拜英雄?崇拜老子?崇拜男人?崇拜祖先?崇拜皇帝和包公?……非也!中国人崇拜的是生活本身。"过日子"往往被视为生存过程。在人们给诸神众佛叩头烧香时,并非信仰,亦非尊崇,乃是祈望神佛降福,能过上美好而又富裕的生活。这无非是借助神佛的威力,实现向往的目标,至高无上的仍是生活的本身。

在过年的日子里,生活被理想化了,理想也被生活化了。这生活与迷人的理想混合在一起,便有了年的意味。等到过了年,人们走出这年所特有的状态,回到原来的生活里,年的感觉也随即消失,好似一种幻觉消散。是呵,年,实际是一种努力生活化的理想,一种努力理想化的生活。

于是,无论衣食住行、言语行为,生活的一切,无不充溢着年的内容、年的意味和年的精神。且不说鞭炮、春联、福字、年画、吊钱、年糕、糖瓜、元宵、空竹、灯谜、花会、祭祖、拜年、压岁钱、聚宝盆等等这些年的专有的物事,单说饺子,原本是日常食品,到了年节,却非比寻常,从包饺子"捏小人嘴"到吃"团圆饺子",都深深浸染了年的理想与年的心理。

而此刻,瓶子表示平安,金鱼表示富裕,瓜蔓表示延伸,桃子表示长寿,马蜂与猴表示封侯加官,鸡与菊花都表示吉利吉祥……生活中的一切形象,都用来图解理想。生活敷染了理想,使之顿时闪闪发光。

对于崇拜生活的民族来说,理想是一种实在的生活愿望。

生活中有欣喜满足,也有苦恼失落;有福从天降,也有灾难横生。年时,站在旧的一年的终点上,面对一片未知的生活,人人都祈盼福气、惧怕灾祸。于是,千百年来有一句话,把这种年文化心理表现得简练又明确,那便是:驱邪降福。

这样,喜庆、吉祥、平安、团圆、发财、兴隆、加官、进禄、有余、长寿等等年时吉语,便由此而生。这些切实的生活愿望,此刻全都进入生活。无处没有这些吉言,无处不见这些吉祥图案。一代代的中国人,还由此生发出各种过年方式,营造出浓浓的年的环境与氛围。长长四十天,天天有节目,处处有讲究,事事有说法,这色彩与数字都有深刻的年的内涵,这便构成了庞大、深厚、高密度的年文化。

年是自然的,年文化是人为的,它经过精心安排,比如:年前一切筹备的目标都是家庭,人也往家里奔,年夜大团圆的合家饭是年的最高潮;过了年,拜年从家庭内部开始,到亲戚、再到朋友,逐步走向社会;到了正月十五闹元宵,就纯属社会活动了。这年的行为趋势,则是以家庭为核心,反映了对家庭幸福的祈望。

年文化又是极严格的。它依照自己特定的内涵,从生活中寻找合适的载体。拿物品来说,苹果代表平安,自然就成为年节走红的礼品;梨子有离别意味,在过年时便被冷落一旁;年糕可以用来表示高高兴兴,它几乎成了年的专利品;而"鞋"字与"邪"字谐音,于是,便在人们口中尽量避免提及。年,就这样把它可以利用的一切,都推到生活的表面,同时又把自己内在的含义凸现出来。故而,年文化十分鲜亮。

浓浓的年文化,酿出深深的年意年味。中国人过年追求这种年意与年味,当然也就去加强年文化了。

中国人对生活的态度十分有趣。比如闹水的龙和吃人的虎,都很凶恶,但在中国的民间,龙的形象并不可怕,反而要去耍龙灯,人龙一团,喜庆热闹;老虎的形象也不残暴,反被描绘得雄壮威武、憨态可爱,虎鞋虎帽也就跑到孩子身上。通过这种理想方式,生活变得可亲可爱。同样,虽然生活的愿望难以成真,但中国人并不停留在苦苦期待上,而是把理想、愿望与现实生活拉在一起,用文化加以创造,将美丽而空空的向往,与实实在在的生活神奇地合为一体。一下子,生活就变得异样地亲近、煌煌有望和充满生气了。这也是我们过年时对生活一种十分特别而又美好的感觉。

这一切都源于中国人对生活的崇拜。

中国人不把理想与现实分开,将理想悬挂云端,使之可望而不可及;而是把物质的和精神的生活视为一体,相互推动,相互引发,用生活追求愿望,用愿望点燃生活,尤其在新春伊始、祈望未来之时,这种生活观被年文化发挥得淋漓尽致无限迷人。

一代代中国人就这样,对年文化不断加强,共同认同,终于成为中国人的一股巨大亲和力和凝聚力之所在。每一次过年,都是一次民族文化的大发扬,一次民族情结的加深,也是民族亲和力的自我强化。于此,再没有别的一种文化能与年文化相比。

年文化是与中华民族共存的文化。

然而,应当承认,年文化受到空前猛烈的冲击。原因是多方面的:

一是西方文化的冲击。现在中国人的家庭中,年轻人渐渐成为一家之主,他们对闯入生活的外来文化更有兴趣;二是人们的社会活动和经济行为多了,节日偏爱消闲,不愿再遵循传统的繁缛习俗;三是年文化的传统含义与现代人的生活观念格格不入;四是年画、鞭炮、祭祖等方式一样样从年的活动中退出。有一种说法,过年只剩下吃合家饭、春节电视晚会和拜年三项内容,而拜年还在改变为"电话拜年",如果春节晚会再不带劲,真成了"大周末"了。

没有年意了!没有年味了!恐怕这是当代中国人一种很深的失落,一种文化的失落。

可是,当我们在年前忙着置办年货时,或者在年根底下,在各地大小车站,看着成千上万人拥挤着要抢在大年三十回到家中——我们会感到年的情结依然如故,于是我们明白,真正缺少的是年的新的方式与新的载体。

是我们自己把年淡化了。

如今,春节已是一半过年,一半文化。但由于长久以来,一直把年文化当做一种"旧俗",如今依然不能从文化上认识年的精神价值,所以在年日渐淡薄之时,我们并无忧虑。难道只有等待社会文明到了相当程度,才会出现年的复兴?

复兴不是复旧,而是从文化上进行选择和弘扬。现在要紧的是,怎样做才能避免把传统扔得太快。太快,会出现文化上的失落与空白,还会接踵出现外来文化的"倒灌"和民族心理的失衡。

建设年文化,便是一个太大的、又不容忽视的文化工程。

摘自 1996 年 2 月 15 日《文汇报》
作者:冯骥才

对　　话

朱利安　真没想到中国人的年还有这么丰富的内涵呢。

朴英玉　以前中国朋友告诉我,中国人过年主要就三件事:吃团圆饭、看电视台的春节联欢晚会、串门儿,现在我才真正理解了年文化的含义。

老　师　实际上,整个春节的活动就像一场戏。一进入腊月,戏就拉开了序幕,过节的气氛越来越浓。到了除夕和初一,这场戏达到高潮。这个高潮稍稍平息下来,很快又出现了一个新的高潮——正月十五的元宵节,然后,这场戏才接近尾声。

朱利安　有个问题我一直不太清楚,就是中国人这么重视春节,除了它是旧历新年的开始以外,还有什么其他的原因吗?

老　师　当然有。中国人重视春节,既有传统的因素,又与国情有关。正像前面课文里讲的:"中国人过年,与农业关系甚大。"中国是个农业国,一直按照农历来安排农业生产,春节期间不管对南方还是北方来说,都是农闲季节,忙碌了一年的人们总算可以放松一下,有了比较充裕的休息和娱乐时间。春节一过,一年紧张的生产和劳动就又要开始了,所以,春节是一年中难得的调节休整阶段。

朴英玉　春节正好在秋天之后,食物比较丰富,这是不是一个原因呢?

老　师　你说得很有道理。从经济角度来说,春节是在粮食等农作物收获之后,

	给人们提供了比较丰厚的物质基础,为改善生活创造了条件。
朱利安	老师,好像中国人过春节的历史也比过元旦长得多,是吗?
老　师	没错。中国人过春节已经有几千年的历史了,而采用阳历只有几十年的历史。所以在中国人的心目中,阳历年只是一个一般的节假日,而春节则格外的隆重。
朴英玉	传统对一个民族生活习惯的影响可真够大的。春节过后,就进入万物复苏的春天了,我记得好像有个叫"春分"的节日,对吗?
老　师	不,春分只是一个节气。春天里最重要的传统节日恐怕要数清明节了。
朴英玉	噢,我想起来了,清明节好像是人们上坟扫墓、祭奠亡灵的日子。
老　师	对。清明节不仅是我国汉族最大的祭祀节日,而且也是农历的二十四个节气之一。民间有俗话说:"清明前后,种瓜点豆。"说明这时农村已经进入了春耕大忙季节。
朱利安	那中国人在清明节是怎样祭祀祖先的呢?
老　师	传统的方法是子孙们来到墓地,摆上供品,焚香烧纸钱,磕头祭拜,再给坟头添加一些新土。现在城市实行火葬,死者的骨灰盒或放在公墓的灵堂内,或埋在公墓里。清明时节,子孙们会来献上一束鲜花或一个小花圈、一个小花篮,表示怀念之情。
朴英玉	老师,清明节除了祭祖扫墓以外,还有什么别的活动吗?
老　师	有啊,比如踏青、放风筝、荡秋千、植树什么的。
朱利安	"踏青"是什么意思呀?听起来怪浪漫的。
朴英玉	哎,这个我知道,踏青就是春游。因为清明前后植物都开始返青了,所以就有了这么一个好听的名字。
朱利安	噢,难怪我们去年春游就安排在清明节前后呢。哎,可我记得中国的植树节是在3月12日,清明节种树是不是太晚了?
老　师	对北方地区来说并不晚。由于南北方气温的差异,长江以北地区大都要到清明前后才开始种树,所以种树也就成了清明节的一项活动了。
朴英玉	老师,那夏天有什么传统的节日呢?
老　师	夏季是生命力最强盛的时候,也是农业社会中人们最忙碌的季节,所以人们还真没有什么时间去从从容容地享受节日的快乐。不过人们并没有忘记过节,有一些小小的节日活动在忙里偷闲地进行,这可能正好反映了农业社会生产、生活的运行特点:一个小小的节日,也可以让人们得到休息,从而激发劳动的热情。夏天里的节日最值得一提的就是端午节。
朱利安	我第一次听说这个节日。它是在哪一天呀?

老　师	农历的五月初五。它是为纪念战国时代楚国的爱国诗人屈原而产生的。屈原的政治改革触犯了楚国贵族的利益,被流放到偏僻的地区。当他听到楚国的首都被秦国占领的消息后,在端午这天绝望地投江自杀了。传说屈原死后,当地的百姓们出于对屈原的热爱,纷纷划着船去打捞他的尸体,还往水里扔粽子,好让鱼龙吃饱了不再吃屈原的尸体。后来,每到五月初五人们就有了吃粽子的习俗。
朴英玉	去年夏天我在中国南方旅游时看到一种叫赛龙舟的活动,也跟纪念屈原有关吗?
老　师	当然有关。赛龙舟是端午节的一项传统活动,其由来正如前面所说,人们当时划船去打捞屈原的尸体,后来人们用赛龙舟这样的方式来纪念屈原。哎,你们吃过粽子吗?
朴英玉	吃过学校食堂卖的豆沙和小枣粽子,是用糯米做的,外面用苇叶包着,有一股清香味。不过关于粽子的故事我还是头一次听说。
老　师	粽子的品种还有很多,下次端午节你们到我家来,我给你们露一手。
朱利安	那太好了,我盼着快点儿到端午节。老师,您再跟我们说说秋天的节日。
老　师	好啊。大家最熟悉的秋天的传统节日就是中秋节了。你们知道它在哪一天吗?
朱利安	是农历八月十五。去年的中秋节我和同屋一起吃月饼了。
朴英玉	月饼我也吃过。老师,中秋节吃月饼有什么象征意义吗?
老　师	月饼跟月亮一样是圆的,人们也是用它表示团圆的意思吧。中国人常把"月缺月圆"视为悲欢离合的象征。据天文测算,阴历八月十五这一天的月亮是一年中最圆、最亮的,人们因为月圆而联想到家人的团圆,所以又把中秋节叫团圆节。
朱利安	我发现一到中秋节,即使不是休息日,很多中国同学也都要赶回家去。
老　师	这正好说明全家团圆是中秋节最主要的民俗信仰,具体活动有吃团圆饼、吃团圆饭、喝团圆酒等,充分表现了中国人追求团圆的生活理想。
朴英玉	我觉得中国人的传统节日不仅内容丰富多彩,而且还都挺有人情味儿的。
老　师	你们有没有发现中国的传统节日还有一个特点,就是与农历和节气关系密切。这主要是因为中国自古以农耕为主,在长期的生产活动中,人们制定了农历和二十四节气,并根据农历和节气来安排生产和生活。比如一年中最大的节日春节,就是在农历的头一年的岁末和下一年的岁首。
朱利安	中国的传统节日文化内涵真丰富,够我们去熟悉了解的。不过要是这些节日都能放假就好了。

生 词

（课文部分）

1.	稠	chóu	液体中所含的某种固体成分很多(与"稀"相对)
2.	依稀	yīxī	模模糊糊,不很清楚
3.	行程	xíngchéng	进行的过程
4.	狂热	kuángrè	一时所激起的极度的热情
5.	折腾	zhēteng	本文中指过年时时间很充裕,可以做很多事
6.	热望	rèwàng	热切的希望
7.	熊熊	xióngxióng	本文中形容希望像火一样燃起
8.	强化	qiánghuà	加强;使坚强、巩固
9.	勤俭	qínjiǎn	勤劳而又节省
10.	信仰	xìnyǎng	对某人或某种主张、主义、宗教极度相信和尊敬,拿来作为自己行动的榜样和指南
11.	祈望	qíwàng	恳切地请求和希望
12.	无非	wúfēi	只;不超出某种范围以外
13.	威力	wēilì	强大的使人害怕的力量
14.	向往	xiàngwǎng	因为热爱、羡慕某种事物或境界而希望得到或达到
15.	至高无上	zhìgāowúshàng	最高,没有更高的
16.	意味	yìwèi	情调;情趣;趣味
17.	充溢	chōngyì	充满
18.	浸染	jìnrǎn	沾染;感染
19.	延伸	yánshēn	延长;施展
20.	图解	tújiě	利用图形来分析或求得解答
21.	敷染	fūrǎn	涂上和染上(色彩)
22.	失落	shīluò	精神上产生的空虚或失去寄托;遗失、丢失
23.	横生	héngshēng	意外地发生
24.	惧怕	jùpà	害怕
25.	灾祸	zāihuò	自然的或人为的灾害
26.	兴隆	xīnglóng	兴盛
27.	进禄	jìnlù	提高俸禄(即工资)
28.	营造	yíngzào	有计划地制造
29.	庞大	pángdà	很大
30.	深厚	shēnhòu	浓重而又丰厚
31.	高密度	gāomìdù	本文中指文化的内容非常丰富
32.	人为	rénwéi	人所做的
33.	筹备	chóubèi	事先进行计划、准备

34. 纯属	chúnshǔ	完全属于	
35. 趋势	qūshì	事物发展的动向	
36. 核心	héxīn	中心；主要部分	
37. 走红	zǒuhóng	受欢迎	
38. 冷落	lěngluò	受到冷淡的待遇	
39. 凸现	tūxiàn	明显地表现出来	
40. 酿	niàng	利用发酵作用制造；本文中指制造出一种过年的意味	
41. 残暴	cánbào	狠毒；凶恶	
42. 雄壮	xióngzhuàng	强壮	
43. 威武	wēiwǔ	力量强大	
44. 憨态	hāntài	天真而略显傻气的神态	
45. 神奇	shénqí	非常奇妙	
46. 异样	yìyàng	不同寻常的；特殊的	
47. 煌煌	huánghuáng	形容明亮。本文中指光明	
48. 悬挂	xuánguà	借助工具使物体附着于某处的一点	
49. 可望而不可及	kěwàng'érbùkějí	只能够看见而不能够接近。形容看来可以实现而实际难以实现	
50. 淋漓尽致	línlíjìnzhì	本文中指发挥得详尽透彻	
51. 亲和力	qīnhélì	本文中指使人亲近和团结的力量	
52. 凝聚力	níngjùlì	泛指使人或物聚集到一起的力量	
53. 情结	qíngjié	深藏心底的感情	
54. 繁缛	fánrù	多而琐碎	
55. 格格不入	gégébúrù	有矛盾，合不来	
56. 淡薄	dànbó	本文中指观念或气氛不浓厚	
57. 弘扬	hóngyáng	发扬光大	
58. 接踵	jiēzhǒng	后面的人的脚尖接着前面的人的脚跟。形容接连不断	

（对话部分）

59. 序幕	xùmù	比喻重大事件的开端	
60. 平息	píngxī	平静或停止	
61. 尾声	wěishēng	指某项活动快要结束的阶段	
62. 忙碌	mánglù	忙着做各种事情	
63. 休整	xiūzhěng	本文中指休息、调整	
64. 万物复苏	wànwùfùsū	指春天时所有的生物都苏醒过来了	
65. 扫墓	sǎomù	在墓地祭奠、培土和打扫	
66. 亡灵	wánglíng	人死后的灵魂	
67. 春耕	chūngēng	春季播种之前，翻松土地	
68. 返青	fǎnqīng	指植物越冬后转为绿色并恢复生长	
69. 强盛	qiángshèng	强大而昌盛	

70. 忙里偷闲	mánglǐtōuxián	在忙碌中抽出一点儿空闲时间	
71. 激发	jīfā	刺激使奋发	
72. 流放	liúfàng	把犯人放逐到边远的地方去	
73. 偏僻	piānpì	离城市或中心区远,交通不便	
74. 绝望	juéwàng	希望断绝,毫无希望	
75. 露一手	lòuyìshǒu	(在某一方面或某件事上)显示本领	
76. 悲欢离合	bēihuānlíhé	泛指聚会、别离、欢乐、悲伤的种种遭遇	
77. 联想	liánxiǎng	由于某人或某事物而想起其他相关的人或事物	
78. 民俗	mínsú	民间的风俗习惯	
79. 人情味儿	rénqíngwèir	指人通常具有的情感	

注　释

【腊八粥】　农历十二月为腊月,腊月初八,佛教寺院煮的供佛的粥。十二月初八是佛祖释迦牟尼的成道日,所以寺院取香谷及果实熬粥来供佛。后来渐渐变成民间习俗,成为春节的"序曲"。

【元宵】　农历正月十五日叫"上元节",这天的晚上叫"元宵",唐代以来就有观灯的风俗,所以又叫"灯节"。

【老子】　春秋时期的思想家,道家学派的创始人。相传所著《老子》一书,用"道"来说明宇宙万物的演变,"道"可以解释为客观的自然规律。老子的学说对中国哲学的发展有很大影响。

【包公】(公元999—1062)　名包拯,北宋庐州合肥(今安徽)人。他任开封府知府时,以廉洁著称,执法严峻,不畏权贵,老百姓称他为"包青天"。他的事迹长期在民间流传,成为文学、戏曲作品的重要题材。

【纸钱】　一种旧的风俗,指在祭祀时烧化给死人在阴间当钱用的纸锭之类。

【粽子】　用箬竹的叶子包裹糯米而煮成的食品,是端午节的传统食品。

练　习

(一)

一、在括号内填上适当的字

1. 忙里(　)闲　　3. (　)(　)尽致　　2. 可(　)而不可(　)

4. 万物复(　)　　5. (　)高无(　)　　6. (　)欢(　)合

7. 雄壮(　)武　　8. (　)(　)不入　　9. 依然如(　)

二、根据句子的意思写出相应的词语

1. 一时所激起的极度的热情。(　　　)

2. 没有外在刺激而出现的虚假的感觉。(　　　)

3. 利用图形来分析或求得解答。(　　　)

4. 天真而略显傻气的神态。(　　　)

5. 多而琐碎。(　　　)

6. 后面的人的脚尖接着前面的人的脚跟。形容接连不断。(　　　　)
7. 泛指使人或物聚集到一起的力量。(　　　　)
8. 能使人亲近和团结的力量。(　　　　)
9. 毫无希望。(　　　　)
10. 离城市或中心区远,交通不便。(　　　　)

三、在括号内填上适当的词语

强盛的(　　) 　　偏僻的(　　) 　　激发(　　) 　　信仰(　　)
绝望的(　　) 　　忙碌的(　　) 　　测算(　　) 　　平息(　　)
丰厚的(　　) 　　迷人的(　　) 　　遵循(　　) 　　弘扬(　　)
失落的(　　) 　　狂热的(　　) 　　不容(　　) 　　引发(　　)
走红的(　　) 　　　　　　　　　 　惧怕(　　)

(二)

一、根据课文内容判断正误

1. 作者说"年是一种强化的生活",意思是大家过年时都很忙。(　　)
2. 人们去给诸神众佛磕头烧香,主要是希望神佛保佑自己过上好日子。(　　)
3. 中国人过年的最高潮是年初一的相互串门拜年。(　　)
4. 过年的时候,人们比较喜欢买苹果、梨子,而不太喜欢买鞋子和瓶子等东西。(　　)
5. 作者认为在民间艺术中老虎的形象非常可爱,这是中国人热爱生活的表现。(　　)
6. 作者认为年文化受到的冲击主要来自于电视节目的丰富。(　　)
7. 作者觉得现代的中国人对过年已经毫无兴趣了。(　　)
8. 作者主张完全放弃旧的年俗,采用新的过年方式。(　　)

二、根据对话内容选择正确的答案

1. 真正的春节活动是从哪儿开始的:
   A. 喝腊八粥　　B. 吃年夜饭　　C. 初一串门拜年
2. 中国人之所以更重视春节的原因之一是:
   A. 过春节可以与亲朋好友聚会
   B. 中国人过春节的历史非常悠久,而且时间比其他节日都长
   C. 过春节可以放很长时间的假
3. 清明节最主要的一项活动是:
   A. 祭祖扫墓　　B. 种瓜点豆　　C. 踏青植树
4. 端午节的主题是:
   A. 吃粽子　　B. 赛龙舟　　C. 纪念屈原
5. 中秋节最主要的民俗信仰是:
   A. 欣赏圆月　　B. 家庭团圆　　C. 庆祝丰收

三、根据课文和对话的内容回答问题

1. 简述一下中国人过年的大致经过。
2. 为什么中国人逢年过节时喜欢给神佛磕头烧香?
3. 年文化受到冲击的原因是什么?

4. 中国人把春节视为最重要的节日,其原因有哪些?
5. 清明节是个什么样的节日?
6. 中秋节和月亮有什么关系?
7. 为什么中国的传统节日和农历、节气的关系那么密切?

(三)

一、讨论
1. 你认为"年文化"都包括一些什么内容?
2. 你怎样理解"年是一种努力生活化的理想,一种努力理想化的生活"这句话?
3. 你认为怎么样才能使人们对过年重新感兴趣?
4. 在你的国家有传统的节日受到冲击的情况吗?有解决的好办法吗?
5. 给同学们介绍一下你们国家的传统节日。
6. 你觉得节日在人们的生活中到底能起什么作用?

二、实践
1. 观看反映中国传统节日的录像片,谈谈你最感兴趣的地方。
2. 就以下题目至少调查五个中国人:
   ① 你最感兴趣的传统节日是什么?为什么?
   ② 你一般怎样度过春节?你觉得有意思吗?
   ③ 你认为怎样过春节最有意思?
3. 有机会的话,到中国人家里过一个传统节日。

第十三课　南乐　北乐　雅乐

音乐对社会、人类有什么影响
中国的音乐有什么地域差别
你了解中国现代音乐的发展吗

琴

严格来说，只有那种古老的、平铺式的弹弦乐器才可称为琴。最初为五弦，按"宫"、"商"、"角"、"徵"、"羽"定调，传说为神农氏所创。曾见湖北随县曾侯乙墓出土的十弦琴，形制已十分完备优美，虽无缘弹拨，却也并不为它数百年的沉寂感到哀恸，因为它古雅老旧的声韵，毕竟已经凝固在历史的空气里，拂之不去了。时光推展到现代，人们早已不再让神农氏的发明专美，凡是能出声的乐器，皆笼而统之，名之曰琴。于是，有了风琴、钢琴、提琴、口琴、胡琴、电子琴……令这个本来并不沉寂的世界，又增添了许多艺术化的声响。

雅尼，这位希腊裔的美国现代音乐大师，便是一位调和五味的高手。我虽无缘进入他在北京太庙创造的"人间天堂"，但坐在电视机前聆听，依然充分调动了我的神经。电子合成器的音符在现代射灯的光流中如蝴蝶般翻飞，长笛亦在夜晚的大殿前发出不辨今古的清幽之声。雅尼的乐队,令听众晓得了错落配合的高妙,像节日的礼花在浩渺的夜空里纷繁起落,明灭灿烂。然而,时间一久,便会觉出几丝甜腻,进而生出几缕疲倦,仿佛它只是一种强制性的刺激。但这类似感官享受的极至,恰恰成了盛世的时尚。

看中国古代一些盛世之音,无不琴瑟嘈切、钟磬和鸣、裙带飘逸、光华眩目。此等乐音,在我看来,倒有点儿像浮生的一场大梦,美则美矣,却多少令人感到几分不真实。倘在如此绚烂得单调的梦中蓦然醒来,那时的寂寞,一定是彻骨的寒凉。

每当这时,《高山》、《流水》这样的古琴独奏曲,便会不失时机地来抚慰我的心灵了,那全然是另一种味道。那种近乎冷静的宁静与悠远,如江南的月夜一般空阔,如台阶上的湿泥一般清香。它们足以令人们已经慵倦的神经感到几许凉爽,使被盛宴中的鱼山肉海塞满的胃肠体验到山间野菜的清芬甘甜。如果说歌舞宴乐是一种表演艺术,那么伯牙的弄琴独奏,便是一种自言自语式的倾诉。与春风得意、气势排场的盛世之韵相比,空谷流韵一般的绝俗轻音倒是常诞生于岁月的动荡低迷时刻。如果说豪华乐队的绮丽之音常常像酒一样令人迷醉,那么这种最简单的抚琴独奏便往往表达出一种孤高与清醒。尽管这样的琴曲中不乏哀婉、沉郁以及冷凝,但他们毕竟如人的呼吸一样,传达着心灵的温热。而早在汉魏六朝,琴更是在士的阶层中广为流传。在那样的时代里,琴已然成了一些智者话语的延伸、心灵的凭借。没有豪华的铺陈,亦不必追求高妙的技法,一切都归之于简单,却又处处搔得到心灵的痛痒,令真实的心情与无边的哲思如一片轻巧的羽毛融入深远的碧天。

老子曰:"大音希声。"最简单的,也最神奥。

选自1998年8月27日《北京晚报》
作者:祝 勇

对　话

老　师　你们以前都听过中国的音乐吗?

朱利安　我只听过一首流行歌曲,叫《心太软》,别的就不知道了。

美智子　我倒是听过一首中国的小提琴协奏曲,是《梁祝》,不过跟外国的一些音乐好像没什么区别。刚才课文的作者那么欣赏中国的乐器和乐曲,我想我们外国人知道得很少,更无从了解中国的音乐了。

老　师　我们先来谈谈中国的民族音乐。很早的时候,人们就有了对音乐优劣的评论。大思想家孔子在听了《韶》乐以后,陶醉地说:"余音绕梁,三月不闻肉味。"可见《韶》是一部非常优秀的音乐作品。

朱利安　我也常有这样的感觉。有的时候听到一首好歌,一部交响乐,都能让我激动不已,真的是"茶不思,饭不想"。

老　师　中国的古人也同样认识到了音乐的这种感染力,中国古代有一部专门论述音乐的著作《乐记》,里面有很多地方都提到了音乐对人产生的巨大作用,比如说——

美智子　等等,老师,我想起来了,我在古代汉语课上学过:"凡音之起,由人心生也……感于物而动,故形于声;声相应,故生变;变成方,谓之音;比音而乐之,及干戚羽旄,谓之乐。"还有,说音乐是"入人也深,化人也速"。

朱利安　你的记忆力真好!我早就忘得差不多了。

老　师　是不错。不过,你说的后半句是汉代的《乐论》中的说法。这些话的意思你们都能懂吗?

朱利安　这是告诉我们,音乐的产生是和人们的感情息息相关的,音乐是人类情感的体现,它对人类的影响和改变也是巨大的。

老　师　你说得非常好。正是因为认识到音乐的这种特点,所以古代的统治者深受儒家文化的影响,对音乐的创作要求极为严格,以确保自己的统治。只有那些"平和"、"庄重"的雅乐才能登堂演奏,而那些描写爱情的音乐、轻言慢语的音乐统统被认为是"靡靡之音"、"乱世之音",是要绝对禁止的。音乐在古代中国人的生活中占据着重要的地位。你们听没听过"伯牙摔琴谢知音"的故事?

朱利安　知道。伯牙把钟子期视为惟一的知音,因为只有钟子期能听懂他的音乐,后来钟子期死了,伯牙就把琴摔碎了,来答谢纪念他的知音。

老　师　对。古代的士大夫以音乐会友,以音乐表达自己的抱负;平民百姓更是以音乐、以歌声来追求爱情,展现生活。

美智子　中国的音乐有没有地域的区别呢?

老　师　当然有。我们刚才说的那些"靡靡之音"很多就是南方的音乐,它们的节奏大多是慢的,曲调也大多是柔美的;而北方的音乐则要粗犷豪放得多。我们从出土的音乐文物中就可以清楚地看到这个特点,古代北方的乐器是编钟,气势宏大;南方多为瑟、筝,音色细腻。我们只要看一看从古至今中国的民歌,也会发现这样的"南乐"与"北乐"的差异:同样是一首叫《茉莉花》的民歌,南北无论是从曲调上,还是从歌词上,都风格迥异,一个委婉柔美,一个轻快利落。

美智子　好像中国古代的诗词歌赋也有这样的南北之分,即婉约和豪放。

老　师　其实,古代的诗词都是能配乐演唱的,它们和音乐是密不可分的,所以自然也会有风格上的不同。

朱利安　这种差异可能跟南北方不同的地理环境有关。你们想,江南水乡,风景秀丽,气候宜人,所产生的音乐自然是风格婉约;北方高山峻岭,挺拔傲岸,音乐也就带有豪放的色彩了。

老　师　你说的很有道理。

朱利安　老师,刚才您给我们介绍的好像都是理论,能不能给我们讲一讲具体的中国音乐呢?

老　师　好。我们先从中国独特的乐器谈起吧。

美智子　我学过中国的二胡,只有两根弦,学起来很难。

老　师　你说的只是众多民族乐器的一种,二胡属于弓弦乐器,同类的乐器包括各种不同样式和用途的胡琴,比如高胡、板胡等,它们在民乐演奏中一般是低音部分,另外还有弹拨乐器,包括扬琴、阮、月琴、筝等。在中国民乐中最热闹的恐怕要数吹管乐器和打击乐器了,你们熟悉的唢呐、锣鼓、钹都是这一类。

朱利安　以前听中国音乐,总觉得乱七八糟、挺闹的,原来这里面有这么多组成部分。老师,您能告诉我们几支著名的曲子吗?

老　师　比如《二泉映月》是一首二胡曲,二胡的声音悠扬沉郁,音色纯正,特别适合表情达意;再比如琵琶曲《十面埋伏》,音调高亢,气势磅礴;还有古筝曲《高山流水》,真的让你恨无知音;扬琴曲《步步高》,喜庆吉祥。此外,还有很多。总之,不同的乐器特点各异,演奏出来的音乐也就各不相同,而且中国的古音只有"宫"、"商"、"角"、"徵"、"羽"五个音,大概相当于今乐中的"DO"、"RI"、"MI"、"SO"、"LA",没有"FA"、"TI"和高音"DO",而且结尾一般以"DO"做结束音符。

美智子　我听的那首《梁祝》算不算中国民族音乐呢?

老　师　《梁祝》是中国最有名的民间爱情故事,这部音乐作品虽是西式的协奏曲,可是也汲取了民乐的精华,所以很快就被国人接受了。

朱利安　看来,中国的音乐也吸收了外来的成分。

老　师　是的,否则在现代社会是无法继续发展的。像现在年轻人喜欢的流行歌曲就是这种借鉴和融和的最好反映。

美智子　老师,我听一个中国朋友说,中国的民族音乐正走在低谷,为什么?

老　师　任何一种事物都有其发展和衰落的过程。中国的民族音乐经过几千年的洗礼,正在接受现代社会来自各个方面的挑战,我想,本着优胜劣汰的自然规律,那些优秀的有生命力的音乐自然会流传下去,而那些平庸的、没有什么特点的作品自然会被人们遗忘。

美智子　老师,您说得对。我想,那些流传下来的音乐也会吸收别的音乐的精华,从而变得更加悦耳动听。

朱利安　以后,我也要多了解中国的音乐,多学中国歌,先从民歌学起。

老　师　对,音乐是没有国度的,你们可以通过音乐交更多的朋友。

生　词

(课文部分)

1.	弦	xián	乐器上发声的线,一般用铜线、丝线或钢丝等制成
2.	调	diào	乐曲以什么音做do,就叫做什么调。例如以C做do就叫做C调,以"上"做do就叫做"上"字调
3.	形制	xíngzhì	器物或建筑物的形状和构造
4.	沉寂	chénjì	十分寂静
5.	哀恸	āitòng	极为悲痛
6.	古雅	gǔyǎ	古朴雅致(多指器物或诗文)
7.	韵	yùn	好听的声音
8.	凝固	nínggù	比喻固定不变
9.	拂	fú	甩动;抖
10.	专美	zhuānměi	独自享受美名
11.	笼而统之	lǒng'értǒngzhī	缺乏具体分析,不明确;含混
12.	裔	yì	后代
13.	五味	wǔwèi	指甜、酸、苦、辣、咸。泛指各种味道
14.	聆听	língtīng	听
15.	音符	yīnfú	乐谱中表示音长或音高的符号
16.	翻飞	fānfēi	上下飞的样子
17.	高妙	gāomiào	高明巧妙
18.	浩渺	hàomiǎo	形容水面辽阔
19.	纷繁	fēnfán	多而复杂
20.	腻	nì	腻烦;厌烦
21.	缕	lǚ	量词,用于细的东西
22.	强制	qiángzhì	用政治或经济力量强迫
23.	盛世	shèngshì	兴盛的时代
24.	瑟	sè	中国古代弦乐器
25.	嘈	cáo	(声音)杂乱
26.	磬	qìng	中国古代打击乐器,形状像曲尺,用玉或石制成
27.	眩目	xuànmù	(光彩)耀眼
28.	浮生	fúshēng	指短暂虚幻的人生(对人生的消极看法)
29.	绚烂	xuànlàn	灿烂

30. 蓦然	mòrán		不经心地;猛然
31. 彻骨	chègǔ		透到骨头里。比喻程度极深
32. 独奏	dúzòu		由一个人用一种乐器演奏,有时也用其他乐器伴奏
33. 抚慰	fǔwèi		安慰
34. 全然	quánrán		完全地
35. 悠远	yōuyuǎn		距离远
36. 慵倦	yōngjuàn		困倦
37. 倾诉	qīngsù		完全说出(心里的话)
38. 排场	páichǎng		表现在外面的铺张奢侈的形式或局面
39. 绝俗	juésú		完全与世俗脱离
40. 动荡	dòngdàng		比喻局势、情况不稳定
41. 低迷	dīmí		低落
42. 绮丽	qǐlì		鲜艳美丽(多用来形容风景)。本文形容音乐的动听
43. 迷醉	mízuì		迷恋,陶醉;沉迷
44. 孤高	gūgāo		高傲;不合群
45. 哀婉	āiwǎn		悲伤婉转
46. 沉郁	chényù		低沉郁闷
47. 凭借	píngjiè		依靠
48. 铺陈	pūchén		铺叙
49. 搔	sāo		用指甲挠
50. 痛痒	tòngyǎng		比喻疾苦
51. 哲思	zhésī		哲学上的思考
52. 碧	bì		青绿色
53. 神奥	shén'ào		神秘;奥妙

(对话部分)

54. 协奏	xiézòu	指由一个独奏者和一个管弦乐队合作演奏大型乐曲,乐曲一般由三个乐章组成
55. 交响乐	jiāoxiǎngyuè	由管弦乐队演奏的大型乐曲,通常由四个乐章组成,能够表现多样的、变化复杂的思想感情
56. 息息相关	xīxīxiāngguān	呼吸相关联。比喻关系密切
57. 确保	quèbǎo	确实地保持或保证
58. 平和	pínghé	(性情或言行)温和
59. 占据	zhànjù	用强力取得或保持(地域、场所等)
60. 答谢	dáxiè	受了别人的好处或招待,表示谢意
61. 抱负	bàofù	远大的志向
62. 曲调	qǔdiào	戏曲或歌曲的调子
63. 柔美	róuměi	柔和而优美
64. 粗犷	cūguǎng	粗豪;豪放

65. 宏大	hóngdà	巨大;宏伟
66. 细腻	xìnì	(描写、表演等)细致入微
67. 迥异	jiǒngyì	差别很大
68. 委婉	wěiwǎn	(言辞、声音)婉转
69. 利落	lìluo	(言语、动作)灵活敏捷,不拖泥带水
70. 婉约	wǎnyuē	委婉含蓄
71. 配乐	pèiyuè	诗朗诵、话剧等按照情节的需要配上音乐,以增强艺术效果
72. 密不可分	mìbùkěfēn	关系紧密,不能分开
73. 宜人	yírén	适合人的心意
74. 傲岸	ào'àn	高傲;自高自大
75. 乱七八糟	luànqībāzāo	形容混乱;乱糟糟的
76. 悠扬	yōuyáng	形容声音时高时低而和谐
77. 高亢	gāokàng	(声音)高而洪亮
78. 磅礴	pángbó	(气势)盛大
79. 汲取	jíqǔ	吸取
80. 借鉴	jièjiàn	跟别的人或事相对照,以便取长补短或吸取教训
81. 衰落	shuāiluò	(事物)由兴盛转向没落
82. 洗礼	xǐlǐ	比喻重大斗争的锻炼和考验
83. 挑战	tiǎozhàn	故意激怒敌人,使敌人出来打仗
84. 优胜劣汰	yōushènglièltài	优秀的事物保留下来,低劣的事物则被淘汰
85. 悦耳	yuè'ěr	好听

注　释

【宫、商、角、徵、羽】　中国五声音节上的五个级,相当于现行简谱上的1、2、3、5、6。

【神农】　中国古代传说中的人物,相传他教人从事农业生产,又亲尝百草,发明医药。

【太庙】　古代帝王祭祀祖先的庙。

【春风得意】　唐代诗人孟郊《登科后》诗:"春风得意马蹄疾,一日看尽长安花。"形容考上进士后得意的心情。后来用"春风得意"称进士及第,也用来形容人官场腾达或事业顺心时洋洋得意的样子。

【士】　古代处于大夫和庶民之间的阶层。东汉、魏、晋、南北朝时期,地主阶级内部逐渐形成的世代读书做官的大族叫"士族",他们在政治经济方面享有特权。

【大音希声】　希声:指听不到的声音。指最美妙的声音是无声之音。语出《老子》。

【伯牙摔琴谢知音】　语出《列子·汤问》。伯牙弹琴的时候,只有钟子期理解其中的含义。后来钟子期去世,伯牙深感失去了知音,就把琴摔碎了。人们常用这个故事来比喻知音难觅。

练 习

(一)

一、选择正确答案

1. 极为悲痛
   A. 哀恸   B. 哀婉   C. 沉寂   D. 低迷
2. 听起来使人感动或者感觉有兴趣
   A. 悦耳   B. 动听   C. 陶醉   D. 聆听
3. 低沉郁闷
   A. 沉寂   B. 沉郁   C. 低迷   D. 衰落
4. 声音婉转
   A. 哀婉   B. 婉约   C. 委婉   D. 悠扬
5. 高傲，自高自大
   A. 孤高   B. 庄重   C. 豪放   D. 傲岸

二、说出下列生词的意思并造句

1. 专美
2. 密不可分
3. 确保
4. 息息相关
5. 笼而统之

三、课文中有很多词语，本来不是用来描述音乐或声音的，但是作者却用在这里描写音乐，请找出这些词语，说说它们的本义，并想一想这样用的好处

(二)

一、根据课文和对话内容判断正误，并说出正确答案

1. 中国最早意义上的琴，只是指传说中神农氏发明的弹弦乐器。（   ）
2. 作者认为一些盛世之音虽然绚烂华丽，但是听久了，也会觉得甜腻。（   ）
3. 在汉魏六朝，琴是普通老百姓使用的乐器。（   ）
4. 在中国古代，音乐是不受统治者重视的，因为它只是娱乐工具。（   ）
5. 在中国古代，统治者认识到音乐的教化作用，所以严格区分"雅乐"与"俗乐"。（   ）

二、在老师指导下解释下面两段话的含义，并谈谈你自己的看法

1. 凡音之起，由人心生也。
2. 其(指音乐)入人也深，化人也速。

三、根据所学内容回答下列问题

1. 请用3—5句话总结一下课文作者对音乐的看法。
2. 请说说中国音乐的地域特点。
3. 请简单介绍一下中国民间乐器的种类。

4. 请说出几首中国民乐的曲名。

（三）

一、讨论

1. 课文和对话中都提到"伯牙摔琴谢知音"的故事,请谈谈你对这个故事的看法以及你对"知音"的理解。
2. 你认为随着社会的发展,民乐是应消亡还是发展,为什么？如果是发展,应该怎样发展？
3. 你认为音乐和政治有关系吗？为什么？

二、实践

1. 把课文、对话中提到的古曲找来听听,了解其中的故事和所包含的文化含义。
2. 了解一种民间乐器的构成特点。
3. 如果有条件的话,试着学一种中国民间乐器。

第十四课 寺庙 宫观 神佛

寺庙里为什么有很多莲花图案
佛教寺庙与道教宫观有什么区别
寺庙的基本布局是什么样的？都供些什么神
你认识白云观里的神仙吗

莲花与佛教

  莲花，又称荷花、芙蕖、芙蕖，也称菡萏，盛开于春夏之际，花色有红有白。它素净雅致，皎洁无瑕，亭亭玉立于水波之中，迎风摇曳，散发着丝丝清新的幽香，再加上绿盖叠翠、青盘滚动的荷叶，给人以斯华独灵、流光溢彩的美感。莲花是一茎一花，根茎在水下的污泥之中，而花却婷婷地向天而放，形成了污浊与圣洁的对比，所以人们称"出淤泥而不染"的莲花仙子，是人世间富有灵性的观赏花卉。自古至今，莲花都被人们誉为名花。人们对莲花"中通外直，不蔓不枝，香远益清，亭亭净植"的高雅、艳而不妖的芳姿更是赞誉不绝。

  佛教自西汉末年传入我国，至今已有两千年的历史了。有趣的是，随着佛教的传播，它与莲花的不解之缘越结越深。今天，如果人们涉足华夏大地上的佛教寺院,一定会对其中无所不在的莲花留下深刻的印象。寺庙内各种建筑构件上大都有莲花的造型,从墙面房梁到帷幔幛条,从石栏柱头到殿堂漏窗,从殿堂壁画到佛像装饰,都离不开莲花的图案。大雄宝殿和观音殿等殿堂中的释迦牟尼和观音菩萨手中所持的是莲花,而且他们所站立或趺坐的台础也都是莲花,所以被称为"莲花座"或"莲台"。

地处热带的古印度人对清新高雅的莲花早就有所偏爱,并有种莲、赏莲的风气。从古印度遗留至今的佛教遗址中,人们可以看到大量的莲花图案,而且都整齐对称,有优美的写实感。在阿旃陀石窟艺术中,宗教艺术雕塑家所塑造的佛陀都是手执莲花,以表达佛陀自身清净、超凡脱俗的境界。在斯里兰卡的狮子岩壁画中,有一幅"天女散花图",图画中的仙女们个个体态丰腴,人人手持花盘,盘内装有朵朵莲花,驾着祥云飞翔,把象征吉祥幸福的莲花洒向人间。

莲花之所以与佛教有着如此深厚的缘分,甚至成为佛教的象征,其重要原因是莲花的习性和佛教的教义有关系。正如宋代周敦颐在《爱莲说》中,称莲花"出淤泥而不染","濯清涟而不妖",可以说是对莲花习性的形象而又准确的概括。莲花一茎一花的不凡气质,和佛教所主张的不受现实世界秽土的污染、超凡脱俗、达到清净无碍的境地的理想,有着天衣无缝的契合。所以佛教在古印度初创时期,就注意了民俗中爱莲的心理,把佛教的主张、教义等和莲花紧紧联系在一起,以吸引更多的信徒。另外,佛教教义还认为,世间是不完美的,充满污染与苦恼,有着生、老、病、死四苦,人们只有通过修行,才能开发智慧,增进觉悟,从而到达解脱的彼岸,而这一过程正好与莲花"出淤泥而不染"的习性相似。佛教教徒选择莲花为佛教的象征,其意义可能就在于此。

佛祖释迦牟尼的出生也和莲花紧密相关。释迦牟尼是迦毗罗卫国净饭王的儿子,他降生时,宫廷里出现祥瑞之相,百鸟群集,鸣声相和,四季花卉竞相开放,尤其是沼池内的莲花,竟突然开放,大如车盖,分外妖娆。所以早期的佛教雕塑中,常以莲花的形象代表佛祖,后来出现了佛祖的塑像,其形态仍和莲花连在一起,他的坐姿是"莲花坐":两腿交叠,足心向上;他的底座是"莲花座",由往上开放的莲花花瓣组成,娴静而典雅。

莲花从佛祖的象征而逐渐引申为整个佛教的象征。在佛教经典中,莲花的名字也频频出现。如大乘佛教有一部著名的经典,经名就叫《妙法莲花经》,简称《莲经》,象征教义的圣洁。阿弥陀佛的手中常拿着一朵莲花,寓意莲花能接引众生去西方极乐净土世界,因此,"莲邦"就成为了西方极乐世界的异名。观音菩萨的手中往往也持有莲花,以莲花比喻洁净,达到净化各种不合佛法之事、普济众生的目的,所以佛经中又把观音菩萨说成是莲花的化身。佛讲经说法时的座位称为"莲座",又叫"莲台"。在我国的寺院庙宇中,无论是佛、菩萨,还是罗汉,大都是坐在莲台上的。

　　随着佛教的东传,历代高僧将莲花视为珍宝。晋代高僧慧远就在江西庐山东林寺率众僧开凿莲池,亲植莲花,成为传扬千古的佳话。而后,慧远法师所种的莲花随着佛教的传播,传到了日本,种植至今。1992年11月,日本僧众代表又将当年名叫"青莲华"的莲花种子送回庐山东林寺,使得平凡而素雅的"青莲华"竟成了中日佛教徒友好关系的传递物。当年慧远法师率众弟子一百二十三人在阿弥陀佛像前建斋立誓,专修念佛法门,共期往生西方。慧远法师率众弟子所结念佛社名叫"莲社",是中国最早的佛教联社,成为净土宗的开端,因而净土宗也就被称为"莲宗"。到了唐代,僧尼都以莲花为标志,一直流传至今。

摘自1996年《文化世界》(有删节)

作者:明　栋

对　话

黛安娜　　平泽,听说你周末常常喜欢骑车出去游览,能不能给我们介绍几个你认为比较好的地方?

平泽隆　　当然可以。我最喜欢参观北京的名胜古迹,那里风景好,又有许多各具特色的传统建筑,还能学到许多文化知识。我对宗教挺感兴趣的,北京城里城外的一些寺庙、宫观,我几乎都去过了。

黛安娜　　寺庙和宫观有什么不同吗?

平泽隆　　这个——好像它们都是佛教供奉神灵的地方,老师,我说得对吗?

老　师　　你没有完全说对。准确地说,"寺"有两个意思,一是指古代的官署,像有名的大理寺、太常寺、太仆寺、鸿胪寺什么的;二是指佛教信徒们供奉佛祖的地方。"庙"的作用就更多了,有的庙供奉的是祖宗,有的庙供奉的是前代的贤哲,比如宗庙、孔庙、关帝庙、岳庙等等;有的庙则供奉的是神佛。至于宫观嘛,那主要是指道教祭祀神灵的地方,是道宫和道观的合称,但有的时候也指古代帝王游玩或休息的离宫别馆。

黛安娜　　这么复杂呀!我原来以为这些庙啊、寺啊、观啊什么的都是一回事呢。

平泽隆　　我在一本书上看到过,佛教大约是在西汉后期由古印度传入中国的,中国最早的寺庙是那时候建的吗?

老　师　　西汉处在佛教的初传时期,还没有正式的寺庙。中国最早的寺庙是建于东汉永平十一年(公元68年),位于现在的河南省洛阳市郊外的白马寺,它被称为"中国第一古刹"。

黛安娜　　那白马寺已经有两千年的历史了。老师,现在白马寺还在吗?

老　师	不仅在,而且经过多次的维修,现在显得更漂亮了。我来给你们讲一个关于白马寺的故事吧。古书上说,公元64年,汉明帝夜里梦见一个高大的金人在宫廷中飞行,并看见他的脖子里有日月的光芒。第二天早晨,汉明帝询问众位大臣,太史傅毅回答说:"我听说西方有一个神,名字叫佛,陛下所梦见的可能就是他。"汉明帝听了,信以为真,派了十几个人去西域求佛。这些人走到大月氏国(现在的阿富汗一带),正好遇到在这里传教的印度僧人迦叶摩腾和竺法兰,他们得到了佛像和经书,就用白马驮着,返回洛阳。汉明帝让两位僧人住在鸿胪寺,同时下令择地建庙,这就是著名的白马寺。
黛安娜	这个故事真神奇。这么说,唐僧并不是第一个去西天取经的人喽?
老　师	故事毕竟只是故事,并不能真正解释佛教传入中国和修建白马寺的经过。不过有一点可以肯定,白马寺是汉传佛教的"祖庭",是佛教在中国早期传播和进行佛事活动的中心,所以1961年就被国务院列为全国重点文物保护单位了。
平泽隆	我去过不少寺庙,发现一般寺庙的建筑都是坐北朝南,这是建造寺庙的一般规律吗?
老　师	可以这么说。中国汉传佛教的寺院,一般都是把主要建筑安排在南北中轴线上,把附属设施安排在东西两侧。寺庙的大门叫做"山门"。
黛安娜	我常听武打电影里面提到"山门"这个词,还以为是一座山的门呢。
老　师	这个名称确实与山有关系。俗话说,天下名山僧占多,寺庙大部分都建在山林之中,所以人们就这样叫了。山门一般有三座,与普通的门不一样,是殿堂式的,所以也叫"山门殿"。
平泽隆	老师,我常看到山门殿里面有两尊金刚力士像,一副怒目圆睁的样子,挺吓人的,他们是在保护着什么吧?
老　师	他们手里拿着金刚杵,在守护着佛法,随时准备击退胆敢侵犯佛法的人。从山门往北,就是第一重殿——天王殿,里面供着面朝南的大肚弥勒佛。
黛安娜	我最喜欢这个弥勒佛了,整天笑咪咪的,好像永远没有烦心的事。
老　师	在佛教传说中,他是释迦牟尼的弟子,将要继承佛位,象征着未来和光明,所以人们都很喜欢他。
平泽隆	我记得在他的背后还有一个面向北的菩萨,那是谁啊?
老　师	那是韦驮天的像。传说他是南天王的大将,非常勇武,常在东西南三洲巡游,守卫佛法,保护和帮助出家人,所以宋代以后的寺庙也把他奉为守护神,称他为"韦驮菩萨"。
平泽隆	在这个殿的两边,是四大天王的像吧?

老　师	对。传说他们居住在须弥山的山腰,任务是"各护一天下",所以又被称为"护世四天王"。到了近代,又出现了所谓的"风调雨顺"之像,就是增长天王魔礼青,身青色,手执青光宝剑一口,职"风";广目天王魔礼红,身红色,掌碧玉琵琶一面,职"调";多闻天王魔礼海,身绿色,拿一把混元珍珠伞,职"雨";持国天王魔礼寿,身白色,握着紫金龙和花狐貂,职"顺"。这显然是中国化了的佛像。
黛安娜	老师,从天王殿往北该什么殿了?
老　师	那就是正殿——大雄宝殿了。
平泽隆	听名字,这应该是最重要的殿,供最重要的佛了吧?
老　师	你猜对了。这里供的就是佛教的缔造者和最高精神领袖释迦牟尼。
黛安娜	"大雄"这两个字是什么意思呢?
老　师	"大雄"是对佛的道德和法力的尊称,指的是佛有非凡的法力,能降伏恶魔。
平泽隆	老师,有些寺庙的大雄宝殿中除了供奉释迦牟尼外,还供着别的佛像,那是怎么回事呢?
老　师	这主要与各个时代佛教崇尚内容的变化和宗派的不同有关,情况比较复杂。比如供三尊佛的,就有好几种安排。其中有一种是供三身佛,三身表示释迦牟尼的三种不同的身:中尊为法身佛,这是体现绝对真理的佛身;左尊为报身佛,是以"法身"为基础,经过修习而获得的佛果之身;右尊是应身佛,指佛为教化世间众生而现的身,也就是释迦牟尼像。
平泽隆	在这三尊佛的周围,还有十八罗汉像呢。
黛安娜	他们一定是在保卫释迦牟尼。
老　师	对,他们是释迦牟尼的弟子。传说佛在涅槃前,嘱咐身边的十八罗汉不要涅槃,要常住世间,为众生带去福德。
平泽隆	我记得在佛像的背后还有什么佛像。
老　师	那叫"海岛观音",大都供着观音、文殊、普贤的像。观音是大慈大悲的菩萨,能拯救人类的苦难;文殊是智慧、辩才和威猛的象征;普贤则代表着"德"与"行"。
黛安娜	佛教尊崇的神灵可真不少,我得找一个周末,带着今天的笔记,去一座寺庙好好地实地观察一番,这样也许就容易记住了。
平泽隆	那还不容易。北京城里就有一个白云寺,离我们不远,哪天我带你去看看。
老　师	哎,慢着,你刚才说白云什么?
平泽隆	啊,对不起,我说错了,应该是白云观。

老　　师	对,而且你们要注意,白云观可不是佛教的寺庙。
黛安娜	老师前面讲过,叫"观"的是道教供奉神灵的地方。老师,您再给我们说说道教的宫观是什么样的,好吗?
老　　师	这正是我下面要说的。就拿白云观来说吧,它的建筑格局是以八卦方位来布局的。它以子午线为中轴,坐北朝南形成中路,东西两路互相对称,形成一个建筑群。
平泽隆	这种布局与佛寺基本是一样的,但殿堂的名称和所供奉的神就完全不一样了。
老　　师	是这样。道教是多神教,它有严格的等级制度,讲究上下尊卑,这一点在宫观的建筑形式上也反映出来。
黛安娜	这么说,白云观的中路一定供奉着地位高的神仙,东西两边是不太重要的神仙。
老　　师	正是这样。白云观的中路殿堂不仅奉祀的是道教中的尊神,如三清四御、玉皇大帝什么的,而且殿堂的外观和殿内的陈设都比东西两路高大、华贵、宽阔。东西两路的建筑风格比较接近于民间的四合院,供奉的多是民间传说中的人物,如八仙等。
平泽隆	老师,请您具体介绍一下白云观中路殿堂供奉的主要神仙。
老　　师	好吧。白云观中路的主要建筑大致分为五进。进了山门,便是灵官殿,里面所供的神仙王灵官,是山门的护法神,他在人间和天上都担任着"警察"的职务。接着就是玉皇殿。
黛安娜	这里供的一定是玉皇大帝。
老　　师	对。再往下是七真殿,供奉着道教重要流派之一——全真道的创立者王重阳,以及他的七大弟子。这里也是白云观道士们的主要宗教活动场所。
平泽隆	我记得再往后是丘祖殿。这里供奉的是什么神呀?
老　　师	这里可以说是白云观的中心建筑。它供奉的丘处机,是王重阳的七大弟子之一,创立了全真龙门派,元太祖曾把他尊为神仙,封他为国师,令他掌管天下道教。从这以后,白云观就成为了全国的道教中心。丘处机八十七岁去世后,就安葬在这座丘祖殿的下面。
黛安娜	已经讲了四座宫殿了,该到最后一座了。
老　　师	中路的最北端是一座双层建筑,上层叫三清阁,下层叫四御殿。三清阁供奉着道教的三位最高尊神,就是元始天尊、灵宝天尊和道德天尊。道德天尊也就是人们所熟悉的太上老君,他是先秦哲学家老子的化身。
黛安娜	下层的四御殿里有四位神仙吧?

老　师	对，三清之下，就是四御。他们是地位仅次于三清的四位天神。
平泽隆	道教崇奉的神仙可真不少，这有什么原因吗？
老　师	道教的目的是修炼性情，长生不老，羽化成仙，所以成神成仙是道教的中心思想。
黛安娜	我懂了，这些神仙就是道教中心思想的具体表现。我真想马上去看一看这些神仙长什么样子。
平泽隆	那咱们这个周末就去，怎么样？
黛安娜	一言为定！

生　词

（课文部分）

1. 芙蕖	fúqú	荷花
2. 菡萏	hàndàn	荷花
3. 素净	sùjìng	颜色朴素，不鲜艳刺目
4. 雅致	yǎzhì	美观而不俗气
5. 皎洁	jiǎojié	明亮而洁白
6. 无瑕	wúxiá	完美，没有缺点或污点。瑕：玉上面的斑点，比喻缺点
7. 亭亭玉立	tíngtíngyùlì	形容美女身材细长或花木等形体挺拔。"婷婷"也作亭亭
8. 摇曳	yáoyè	摇荡
9. 幽香	yōuxiāng	清淡的香气
10. 叠翠	diécuì	绿色的林木一层又一层
11. 斯华独灵	sīhuádúlíng	只有这种花富有灵气
12. 流光溢彩	liúguāngyìcǎi	形容事物颜色鲜艳，富有光泽
13. 污浊	wūzhuó	不干净
14. 圣洁	shèngjié	极其庄严、崇高而又纯洁
15. 灵性	língxìng	文中指荷花具有智慧
16. 蔓	màn	植物不断地向周围滋长
17. 高雅	gāoyǎ	高尚而不粗俗
18. 艳而不妖	yàn'érbùyāo	艳丽而没有邪气
19. 芳姿	fāngzī	美好的姿态
20. 赞誉	zànyù	称赞
21. 涉足	shèzú	指进入某种环境或范围
22. 构件	gòujiàn	组成建筑物某一结构的单元
23. 帷幔	wéimàn	挂在较大的屋子里或舞台上做遮挡或装饰用的幕布
24. 幛条	zhàngtiáo	题上词句的整幅绸布
25. 趺坐	fūzuò	佛教徒盘腿端坐，左脚放在右腿上，右脚放在左腿上

26.	偏爱	piān'ài	在几个人或几件事物中特别喜爱其中的一个或一件
27.	遗址	yízhǐ	毁坏年代较久的建筑物所在的地方
28.	写实	xiěshí	真实地描绘事物
29.	超凡脱俗	chāofántuōsú	超越凡人,脱离凡俗
30.	丰腴	fēngyú	丰满
31.	祥云	xiángyún	表现宗教内容图案中的吉利的云
32.	缘分	yuánfèn	迷信的人认为人与人之间由命中注定的遇合的机会;泛指人与人或人与事物之间发生联系的可能性
33.	不凡	bùfán	不平凡;不平常
34.	秽	huì	肮脏
35.	无碍	wú'ài	没有阻碍
36.	天衣无缝	tiānyīwúfèng	比喻事物没有一点儿不周密的地方
37.	契合	qìhé	符合
38.	信徒	xìntú	信仰某一种宗教的人
39.	苦恼	kǔnǎo	痛苦烦恼
40.	修行	xiūxíng	佛教徒或道教徒虔诚地学习教义,并照着教义去实行
41.	彼岸	bǐ'àn	佛教认为有生有死的境界好比此岸,超脱生死的境界好比彼岸
42.	祥瑞	xiángruì	指好事情的兆头或征象
43.	竞相	jìngxiāng	互相争着(做)
44.	妖娆	yāoráo	娇艳美好
45.	娴静	xiánjìng	文雅安静
46.	频频	pínpín	多次
47.	寓意	yùyì	寄托或包含在里面的意思
48.	普济众生	pǔjìzhòngshēng	佛教用语,指广施法力,使众生得到救济
49.	化身	huàshēn	佛教称佛或菩萨暂时出现在人间的形体
50.	高僧	gāosēng	佛教称谓,指德行较高的僧人
51.	传扬	chuányáng	广泛散布
52.	佳话	jiāhuà	流传一时,当做谈话资料的好事或趣事
53.	立誓	lìshì	庄严地说出表示决心的话或对某事做出保证

(对话部分)

54.	供奉	gòngfèng	虔诚地献给(神佛)
55.	官署	guānshǔ	旧时指政府机关
56.	祖宗	zǔzōng	一个家族的上辈,多指较早以前的
57.	贤哲	xiánzhé	有德行、有才能、有见识的人
58.	祭祀	jìsì	备好供品向神佛或祖先行礼,表示崇敬并求保佑
59.	维修	wéixiū	保护和修理
60.	陛下	bìxià	对君主的尊称

61. 中轴	zhōngzhóu	指把平面或立体分成对称的两部分后位于中间部分的直线
62. 杵	chǔ	一头粗一头细的圆木棒
63. 击退	jītuì	打击使之后退
64. 巡游	xúnyóu	沿着一定的路线行进并察看
65. 风调雨顺	fēngtiáoyǔshùn	指风雨适合农时
66. 缔造	dìzào	创立;建立
67. 非凡	fēifán	超过一般;不寻常
68. 降伏	xiángfú	用强力压制使驯服
69. 恶魔	èmó	佛教称阻碍佛法及一切善事的恶神、恶鬼
70. 崇尚	chóngshàng	尊重;推崇
71. 宗派	zōngpài	宗教的分支
72. 涅槃	nièpán	佛教用语,指所幻想的超脱生死的境界;也用做"死"(指佛或僧人)的代称
73. 大慈大悲	dàcídàbēi	佛教用语,指僧人造福众生应有的品德,即爱护众生,使众生得到快乐(慈),怜悯众生,使众生减除痛苦(悲)
74. 辩才	biàncái	辩论的才能
75. 尊崇	zūnchóng	尊敬;推崇
76. 实地	shídì	在现场(做某事)
77. 流派	liúpài	指学术思想、文艺创作或宗教方面的派别
78. 安葬	ānzàng	埋葬
79. 羽化	yǔhuà	道教徒认为仙人能飞升变化,就把成仙叫做羽化
80. 一言为定	yìyánwéidìng	一句话说定了,不再更改

注　释

【阿旃陀石窟艺术】　佛教绘画,位于印度德干高原文达雅山的阿旃陀石窟内,绘有公元前1、2世纪—公元6、7世纪创作的壁画。

【斯里兰卡】　即 SriLanka。

【佛】　梵文 Baddha(佛陀)的简称,意译为"觉者"。佛教教义认为,凡是能做到自觉、觉他(使众生觉悟)、觉行圆满者皆名为"佛"。

【大乘佛教】　佛教派别之一。"乘"指运载工具。该派别自称能运载无数众生从生死大河之此岸到达涅槃境界之彼岸,"救度一切众生",所以称为"大乘"。

【罗汉】　梵文 Arhat 的简称,是小乘佛教理想的最高果位。佛教寺院常有十八罗汉和五百罗汉的塑像。

【净土宗】　亦称"莲宗",中国佛教宗派之一,以东晋慧远为初祖,因慧远在庐山设"莲社"和信奉往生净土而得名,在中国佛教界影响很大,并在元代传入日本。

练 习

(一)

一、在括号中填入适当的字
1.（　）淤泥而不（　）　2.（　）凡（　）俗　3.不解之（　）
4.风调雨（　）　5.亭亭（　）（　）　6.天衣无（　）
7.流光（　）彩　8.分（　）妖（　）　9.一（　）为定

二、模仿课文和对话中的句子用下列句型造句
1.形成了……的对比
2.(有趣)的是……
3.从……到……,从……到……,都
4.之所以……其重要原因是……
5.其(意义)就在于……
6.将(把)……视为……
7.以……为……
8.……一番

(二)

一、根据课文内容判断正误,并说出正确答案
1.人们赞誉莲花,只是因为它的外表非常美。（　）
2.佛教产生于中国。（　）
3.佛教与莲花的关系是从唐代开始的。（　）
4.莲花之所以成为佛教的象征,原因之一是莲花的习性正好代表了佛教的教义。（　）
5.在佛教的塑像中,只有佛祖释迦牟尼的座位是莲花座,其他佛和菩萨都没有莲花座。（　）
6.晋代高僧慧远法师把佛教传到了日本。（　）

二、根据对话内容选择正确答案
1.被称为"寺"的地方,它的作用之一是:
　A.供奉神佛　B.供奉祖宗　C.古代帝王游玩或休息的地方
2.被称为"中国第一古刹"的是:
　A.鸿胪寺　B.白马寺　C.白云观
3.佛教寺庙中建筑物安排的基本形式是:
　A.坐南朝北　B.坐西朝东　C.坐北朝南
4.在佛教寺庙的天王殿中,供奉着的神佛是:
　A.释迦牟尼　B.观音菩萨　C.大肚弥勒佛
5.在白云观中,供奉着最重要的神仙的建筑物是被安排在:
　A.中路　B.东路　C.西路

143

6. 白云观中的七真殿,供奉着道教的重要人物:
   A. 玉皇大帝　　B. 王重阳　　C. 丘处机

三、根据课文和对话的内容回答下列问题
1. 为什么说莲花的造型和图案在佛教寺庙中无处不在?
2. 是什么原因使莲花和佛教结下如此深厚的缘分?
3. "寺"、"庙"、"宫观"有什么不同的地方?
4. 简单介绍一下佛教寺庙的基本结构以及各座殿堂所供奉的神佛。
5. 简单介绍一下白云观的基本结构以及各殿堂所供奉的神仙。

(三)

一、讨论
1. 你最喜欢什么花?它有什么象征意义吗?
2. 你们国家的人民所信奉的主要宗教是什么?与宗教有关的建筑有什么特点?大概结构是什么样的?
3. 你信教吗?谈谈你对宗教的看法。
4. 请你讲一个你们国家的宗教故事。

二、实践
1. 去参观一座佛教的寺庙和一座道教的宫观,观察其建筑结构及所供奉的神佛,找出与课文或对话的内容不一样的地方。
2. 去图书馆借一些介绍佛教和道教教义的书籍,阅读后谈谈你的理解。
3. 自己设计几个问题,然后至少调查五个人,了解他们信教的情况及对宗教的看法。

第十五课 刺绣 陶瓷 剪纸

中国传统工艺品有什么文化含义
中国传统工艺品的艺术性表现在什么地方
中国传统工艺品有哪些种类

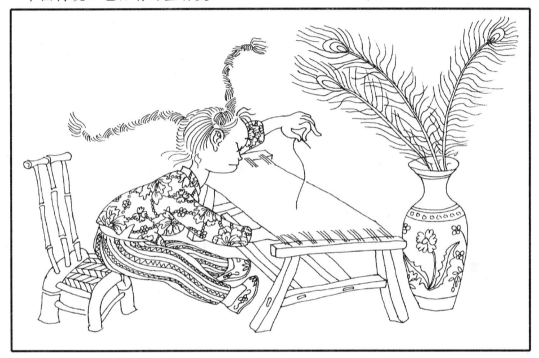

中国民间绣品中的吉祥图案

  古代刺绣中的图案一般是"图必有意,意必吉祥"。吉祥图案所表达的中华民族恒久的主题,可归纳为"福禄喜庆"、"长寿安康"、"诸事顺遂"、"五谷丰登"等。吉祥图案一般分为植物和动物两大类,偶尔也有人物的。

  古人的人生愿望之一是子孙绕膝,世代香火不断,所以在绣品中经常有以多籽的葫芦为主题,以枝繁叶茂、曲折爬绕的藤蔓及散点的小葫芦为铺垫的图案。人们以葫芦的子粒众多象征多子;以藤蔓的葱茏茂盛、缠绕绵长象征家族绵延兴旺。

  以佛手、石榴、桃子组成的图案称"三多",象征多福、多子、多寿。佛手形象奇特可爱,颇能打动人们的审美之心,它因名称、产地(原产印度)而在人们的观念中与佛教联系起来,有佛相助自然诸事顺遂、吉祥如意。石榴是多子多福的象征,因而石榴常被用做生子、多子的祝吉之物。桃子有仙桃、寿桃之称,人们说吃了可以延年益寿。传说西王母瑶池中所种的桃子是世界上最好的,吃一个可以增寿六百年。后世人常以桃祝人寿诞,也有用鲜果、面桃代替的。

古代人称狮子为百兽之王,古代又有太师、少师的官位,是指导皇帝的高官。人们就用"狮"代替"师",比喻人间的权势、富贵。大小两只狮子的图案被称为"太师少师图",以祝人官运亨通,是权威的象征。"狮子滚绣球"在民间也表示喜庆、吉祥。民间传说雌雄两只狮子一起戏耍时,它们的毛缠在一起,滚而成球,从中生出勇敢的小狮子。因而,绣球也成为吉祥之物。

相传老虎是瑞兽,可以祛邪避妖。旧时,儿童头上戴的帽子、脖子上的围嘴儿、身穿的衣服、脚蹬的鞋子、头枕的枕头,常用老虎的造型,取虎虎有生气的意思,而且形式多变,造型多样。但无论怎样变化,除了威武之外,它大张的嘴巴、铜铃般的眼睛,并不给人以可怕的感觉,反倒觉得可爱、亲切,其用意在于使孩子像老虎一样健康、茁壮成长。

在中国民间婚俗中,采用吉祥图案更为普遍。订婚时,姑娘赠给情人的荷包汗巾上,绣有"凤串牡丹"的吉祥图,表示爱情的专注;结婚时,新房里常贴上画着喜鹊、凤凰、鸳鸯的画图或剪纸,常见的有"喜鹊登梅"、"龙凤呈祥"、"鸳鸯戏水"等。关于这一类的吉祥图案还有很多,如蝙蝠与铜钱绣在一起,比喻"福在眼前",取福——蝠的谐音和铜钱有眼之意;以葱、藕、菱、荔枝组成的图案,分别取谐音聪、明、伶、俐。在古代的嫁妆中必须有鞋和镜,表示同偕到老之意……

古刺绣中的吉祥图案,丰富、精巧、美观,在无言地展示着人们的智慧和创造。刺绣品上造型千姿百态的吉祥图案是当时人们交流感情的纽带,用以传达美好的祝愿,给人们带来喜悦、幸福和吉祥。

选自1996年6月16日《中国文化报》
作者:杨少杰

对　话

朱利安　我觉得工艺品这东西总是缺乏一种"阳刚"之气,总是不能跟雕塑、油画、书法这样的大家之作相提并论,可奇怪的是,它一直经久不衰,流行至今,尤其是中国的工艺品,在世界上都那么受欢迎。这是为什么?

美智子　好看呗。像中国的刺绣、陶瓷,你们国家古老的挂钟,我们国家的泥塑"阿福",都是那么精致,谁见了不喜欢啊?

老　师　是啊,我想这就是手工艺品的艺术魅力吧!虽然它们只是一些小巧之作,但是它们的感染力和那些大家之作是一样的,人们看到它们,引起感

	情上的共鸣,从而喜爱它、接受它。
美智子	老师,我觉得我们国家的工艺品跟中国的工艺品有一点儿类似的地方,就是图案之中还蕴涵着丰富的意义,一般都跟人们的生活愿望有关系。
老　师	对。不知你们注意到没有,这些工艺品都是在民间创造并流传的,实际上就是人们把在生活中看到过的、经历过的事情真实地反映在工艺品的创造中,比如原始社会中国工艺品上的图案,是渔猎等生活场景。人们通过这种创造体现自己的情感、愿望,所以这些小工艺品是劳动人民心声和审美情趣的真实反映;同时,它们与中国的其他艺术——比如文学、绘画、雕刻是紧密相关的。
朱利安	说它们反映了人们的美好愿望,这个我懂,比如我们课文中说,绣品中的吉祥图案,都有它特定的意义,可是为什么说这些工艺品与中国那些高雅艺术紧密相关呢?
老　师	事实上,很多优美的文学、绘画和雕刻作品就取材于这些民间创作的工艺品。这些工艺品的审美风格,也大大地影响了中国古代很多艺术家的创作。
美智子	是不是就像中国刺绣中那些动物,都是那么可爱。本来老虎是多么可怕的动物啊,可是人们却把它绣成虎头虎脑的样子,人见人爱,这大概就是一种审美风格吧。
老　师	对啊。人们根据自己的审美观,将现世中的事物为己所用,他们运用各种不同的艺术手法,或夸张,或简约,对生活进行大胆地再创造,使这些手工艺品夸张而不浮躁,简约而不粗糙,塑造出一个个朴实、生动的艺术形象。这些形象深深地印在中国人的脑海里,像刚才说的老虎的形象,还有舞动的狮子、戏水的鸳鸯、热闹的喜鹊等等,人们早已耳熟能详了。
朱利安	可是,老师刚才说的好像都是刺绣工艺品的风格,还有别的工艺品吗?
老　师	有啊!现在比较常见的有瓷器、剪纸、风筝等等,它们也都风格各异。
美智子	我最喜欢用瓷器了。瓷器特别细腻光滑,每次在商店里看到都让我爱不释手,可是我不太懂瓷器的种类和特性。
老　师	其实你已经说出来了,瓷器的特点是细腻光滑,清澈透亮。瓷器最早诞生于汉代,早期只有青色和黑褐色两种,虽然色彩不太鲜亮,但是比起陶器来,它坚固耐用,而且上面有一层柔和的光泽,所以当时的达官贵人就已经开始为它着迷了。除了日用品外,当时的人们已经做出了瓷质的工艺品,但更多地用于随葬,这是一种地位的象征。那时瓷器上面的图案多是奴仆、飞鸟、谷仓、楼阁、猪、狗、羊、鱼等,真实地反映人们的生活。到了南北朝时期,瓷器上的图案开始出现莲花、飞天,佛教的美术风格已

经融入瓷器的制作中。这时也出现了表面为白色的瓷器。到了唐朝，瓷器就更为丰富多彩了，人们造出了瓷质茶具及多姿多彩的唐三彩。瓷器制作得最精美的时期是宋朝，从宋朝开始，瓷器成为流行的艺术品，这时的瓷器精美细致，含蓄典雅，是以前的瓷器无法比拟的。到了明清，人们更精于在瓷器上绘出活泼的花纹和图案，你们在商店里常见到的那种白地蓝花的大瓷瓶就是仿制此期的瓷器，叫"青花瓷"。

朱利安　看来，瓷器这种工艺品的发展演变完全是随着社会经济的发展和人们审美观念的改变而变化的，每一件手工艺品都凝聚着创作者深厚的感情，怪不得它们有着那么大的艺术魅力呢！

美智子　老师，刚才我听您说，瓷器更受达官贵人的欢迎，那普通的老百姓呢？

老　师　因为瓷器太清高，它无法使所有的人都能接触它、收藏它，但是像剪纸、风筝、泥人这样的工艺品，却受到各阶层人的喜爱。

朱利安　我见过风筝，春天的时候，好多中国人在天安门广场放风筝，我自己可没玩过，我想一定很难吧。

老　师　风筝最早用于军事上，用来传递情报。到了唐朝，人们把它改变为一种娱乐用具，在上面画上图画，系上明灯，让它飞上天空，特别好看。

美智子　真不知道古代人去哪里买风筝？

老　师　那时人们都是自己扎风筝，然后去放风筝。风筝不仅能培养人们的审美情趣，还能锻炼身体和意志，总之，就是能怡情养性。

朱利安　老师，什么是"泥人"呢？

老　师　泥人是一种泥塑的儿童玩具，看起来又小又简单，其实制作工艺特别复杂。在中国，特别有名的如唐山的"玉田泥人"、天津的"泥人张"等。泥人一般以历史人物、神话人物、花鸟鱼虫为图案，除了教孩子们了解一些有意思的故事以外，还有一些吉利图案，象征着吉祥富贵。

美智子　我以前也看过一些剪纸，那上面的图案也多是一些吉祥图案，虽然跟真的不太一样，但是可爱活泼。

老　师　制作这些工艺品的艺人，尤其是这些民间艺人，他们不一定都读过书，他们在创作的时候，并不是像画家写生一样，力求真实，他们的创作源于平时生活的积淀，他们的审美观念是一代一代流传下来的，他们不要求自己的工艺多么精致多么完美，他们把自己的感情心意通过这些作品传达出来，把自己的喜怒哀乐融贯其中就可以了。

美智子　我发现，无论是刺绣、剪纸、风筝、瓷器，他们上面的图案一般都是两两相对的，这和中国古代的审美观念有关吗？

老　师　你提出的问题非常好。中国古代的人以对称为美，以圆满为美，以大为美,所以,在工艺品的图案中,多见两两相对的对称花纹,而且,像剪纸,不管图案是什么,它的外围都是一个圆形。在一个作品中,主要图形可以夸张到极大的地步,而不管其他部分。在这些工艺品中,充分体现了中国人的审美心理。

朱利安　真想不到,一个小小的工艺品会有这么深的意义。

老　师　中国的工艺品还有很多种类,尤其是民间工艺品,以后你们旅行的时候多注意注意就行了。

生　词

（课文部分）

1.	刺绣	cìxiù	手工艺的一种,用彩色丝线在纺织品上绣出花鸟、景物等
2.	恒久	héngjiǔ	永久;持久
3.	禄	lù	古代称官吏的俸给
4.	安康	ānkāng	平安和健康
5.	顺遂	shùnsuì	事情进行顺利,合乎心意
6.	五谷丰登	wǔgǔfēngdēng	泛指粮食作物丰收
7.	葫芦	húlu	一种植物
8.	繁茂	fánmào	(草木)繁密茂盛
9.	藤蔓	téngwàn	藤和蔓
10.	铺垫	pūdiàn	陪衬;衬托
11.	葱茏	cōnglóng	(草木)青翠茂盛
12.	茂盛	màoshèng	(植物)生长得多而茁壮
13.	缠绕	chánrào	条状物回旋地束缚在别的物体上
14.	绵长	miáncháng	延续很长
15.	绵延	miányán	延续不断
16.	颇	pō	很;相当地
17.	打动	dǎdòng	使人感动
18.	审美	shěnměi	领会事物或艺术品的美
19.	如意	rúyì	符合心意
20.	延年益寿	yánniányìshòu	增加岁数,延长寿命
21.	兽	shòu	哺乳动物的通称。一般指有四条腿、全身生毛的哺乳动物
22.	比喻	bǐyù	修辞手法,用某些有类似点的事物来比拟想要说的某一事物,以便表达得更加生动鲜明;打比方
23.	富贵	fùguì	指有钱又有地位
24.	亨通	hēngtōng	顺利

25.	权威	quánwēi	使人信服的力量和威望
26.	绣球	xiùqiú	用绸子结成的球形装饰物
27.	雌	cí	生物中能产生卵细胞的(跟"雄"相对)
28.	戏耍	xìshuǎ	玩耍
29.	祛	qū	除去(疾病、疑惧、邪祟等)
30.	邪	xié	迷信的人指鬼神给予的灾祸
31.	妖	yāo	妖怪
32.	茁壮	zhuózhuàng	(年轻人、孩子、动植物)强壮;健壮
33.	专注	zhuānzhù	专心注意
34.	凤凰	fènghuáng	传说中的百鸟之王,羽毛美丽,雄的叫凤,雌的叫凰
35.	鸳鸯	yuānyāng	一种鸟名,雌雄多成对生活在水边,文学上用来比喻夫妻
36.	剪纸	jiǎnzhǐ	民间工艺,用纸剪成人物、花草、鸟兽等形象。也指剪成的工艺品
37.	呈	chéng	具有(某种形式);呈现(某种颜色、状态)
38.	蝙蝠	biānfú	一种哺乳动物的名字
39.	藕	ǒu	莲的地下茎,可以吃
40.	菱	líng	一种植物的名字,果实可以吃
41.	荔枝	lìzhī	一种植物,果肉多汁,很甜,中国特产
42.	伶俐	línglì	聪明;灵活
43.	嫁妆	jiàzhuang	旧时中国女子出嫁时,从娘家带到丈夫家去的衣被、家具及其他用品
44.	偕	xié	一同
45.	精巧	jīngqiǎo	(技术、器物构造等)精细巧妙
46.	千姿百态	qiānzībǎitài	形容姿态多种多样,各不相同

(对话部分)

47.	经久不衰	jīngjiǔbùshuāi	经过很长的时间不衰落
48.	小巧	xiǎoqiǎo	小而灵巧
49.	感染	gǎnrǎn	通过语言或行为引起别人相同的思想感情
50.	共鸣	gòngmíng	由别人的某种情绪引起的相同的情绪
51.	蕴涵	yùnhán	包含
52.	渔猎	yúliè	捕鱼打猎
53.	心声	xīnshēng	发自内心的声音;心里话
54.	取材	qǔcái	选取材料
55.	虎头虎脑	hǔtóuhǔnǎo	形容健壮憨厚的样子(多指儿童)
56.	夸张	kuāzhāng	指文艺创作中夸大描写对象某些特点的手法
57.	简约	jiǎnyuē	简略
58.	浮躁	fúzào	轻浮急躁
59.	粗糙	cūcāo	(质料)不精细;不光滑

60. 朴实	pǔshí	朴素
61. 脑海	nǎohǎi	指脑子(就思想、记忆的器官说)
62. 耳熟能详	ěrshúnéngxiáng	听的次数多了,熟悉得能详尽地说出来
63. 爱不释手	àibúshìshǒu	喜爱得舍不得放下
64. 清澈	qīngchè	清而透明,同"清彻"
65. 透亮	tòuliàng	明亮
66. 鲜亮	xiānliang	鲜明
67. 柔和	róuhé	温和而不强烈
68. 光泽	guāngzé	物体表面上反射出来的亮光
69. 达官贵人	dáguānguìrén	旧时指职位高的官吏
70. 着迷	zháomí	对人或事物产生难以舍弃的爱好;入迷
71. 奴仆	núpú	旧时在主人家里从事杂役的人(总称)
72. 多姿多彩	duōzīduōcǎi	指形式多种多样
73. 仿制	fǎngzhì	仿造,模仿一定的式样制造
74. 清高	qīnggāo	指人品纯洁高尚,不同流合污。本文指瓷器高贵
75. 怡情养性	yíqíngyǎngxìng	指修养性格情操
76. 写生	xiěshēng	对着实物或风景绘画
77. 积淀	jīdiàn	经过长期的积累而形成
78. 融	róng	融合;调和
79. 贯	guàn	穿;贯通

注　释

【香火】　(宗教徒或迷信的人)供佛敬神时燃点的香和灯火。

【西王母】　中国古神话中的女神,住在昆仑山的瑶池。她园子里种有蟠桃,人吃了能长生不老。通称"王母娘娘"。

【瑶池】　神话中西王母所住的地方。

【太师】【少师】　中国古代的两种官名。

【荷包】　中国民间随身携带的装零钱和零星东西的小包。

【随葬】　中国旧时富贵人家用财物、器具、车马等随同死者埋葬。

【飞天】　佛教壁画中或石刻中的在空中飞舞的神。梵语称神为"提婆",因提婆有"天"的意思,所以汉语译为"飞天"。

【唐三彩】　唐代陶器和陶俑上的釉色,也用以指有这种釉色的陶制物。所谓"三彩",并不只限于三种色彩。除了白色(一般略带黄色)之外,还有浅黄、赭黄、浅绿、深绿、蓝色等。唐三彩盛行于初唐,辽代仍流行,以后逐渐衰落。

练 习

(一)

一、选择正确答案

1. 幸运,吉利

　　A. 喜庆　　B. 吉祥　　C. 安康　　D. 福禄

2. 永久,持久

　　A. 恒久　　B. 长寿　　C. 绵长　　D. 经久不衰

3. 植物生长得多而茁壮

　　A. 繁茂　　B. 葱茏　　C. 茂盛　　D. 兴旺

4. 增加岁数;延长寿命

　　A. 长寿　　B. 绵延　　C. 亨通　　D. 延年益寿

5. 很能吸引人的力量

　　A. 感染力　B. 魅力　　C. 高雅　　D. 典雅

二、说出下列词语一般都用来形容什么样的人或物,然后解释它们的意思

1. 虎头虎脑
2. 茁壮
3. 高雅
4. 威武
5. 伶俐

三、在课文和对话中找出下列各组词语,并说出其代表的文化意义

1. 表示吉利的一组词
2. 具有吉利意义的动植物
   (1)动物
   (2)植物
3. 形容植物的词语
4. 你还能找出其他一些相类似的词语吗?请写出来

(二)

一、根据课文内容判断正误,并说出正确答案

1. 中国古代刺绣中的恒久主题是吉祥。(　　)
2. 在绣品中常以葫芦为主题,是因为它能食用,象征着五谷丰登。(　　)
3. "三多"是指佛手、葫芦、石榴。(　　)
4. 狮子既可以祝人官运亨通,也表示喜庆、吉祥。(　　)
5. 老虎图案可以用在各种年龄段的人身上。(　　)
6. 婚俗中常用牡丹、喜鹊、凤凰等吉祥图案。(　　)
7. 在绣品吉祥图案中,经常采用谐音的方式来表达祝福之意。(　　)

二、根据课文和对话内容回答下列问题

1. 对话中说,工艺品中的图案"蕴涵丰富的意义,一般都跟人们的生活愿望有关系",找出实例加以说明。
2. 为什么说民间工艺品与高雅艺术紧密相关?
3. 除了刺绣,中国还有哪些古老的工艺品?请简单介绍一下它们各自的特点。
4. 中国古代的审美观念是什么?

三、按下列提示将对话缩写成一篇 600—800 字的短文

1. 工艺品的特点(意义、图形特征)及其形成原因;
2. 工艺品的创作手法(与高雅艺术的关系);
3. 工艺品的种类。

(三)

一、讨论

1. 你认为随着现代社会的发展,是应该大力发展传统手工艺品还是任其消亡?为什么?
2. 你认为民间手工艺品与高雅艺术有关系吗?为什么?如果有,是什么样的关系?
3. 你怎样看"艺术来源于生活,又高于生活"这种观点?

二、实践

1. 任选一种中国传统工艺品并介绍其特点和文化含义。
1. 观察一种中国传统工艺品的制作,记录其制作过程。(有条件的话,亲手参与制作)
2. 调查一下中国传统工艺品市场最受欢迎的工艺品是什么,为什么?

第十六课 笔墨 纸砚 书法

为什么不少中国人很重视写一笔好字
把字写得好看、整齐了就是书法吗
你能说出字体发展的历史吗
书法作品的艺术美体现在什么地方

毛笔字之憾

能来一手漂亮的书法,确实令不会写毛笔字的人羡慕不已。

作家当中,有不少人能写两笔书法,尽管比之正经八百的书法大家还有差距。但碰到什么聚会的场合,主人把纸摊在桌上,墨汁倒在砚台里,殷勤地捧起笔请人题词时,我发现,大多数作家都是望而却步,常靠这些人走出来,或被别人推到第一线来笔下生风了。

对于作家来讲,拟两句即景的词,也许不困难,但要像模像样地写出来,就不是人人都能比划两下的了。年纪大一点儿的,曾用过两天毛笔,也许能知道怎么握笔;年纪轻一点儿的,写得一笔好字者虽然也不少,但大多数皆是从钢笔、铅笔、圆珠笔训练出来的,碰到这种场合,就比较麻烦,甚至很尴尬。

每当这个时候,常常就后悔儿时不肯下苦功夫,不肯认真临帖而懒惰贪玩儿了。谁让你想着法儿对付事儿,糊弄家长、老师呢?那么即使今天发出"少壮不努力,老大徒伤悲"的叹息,也无济于事了。有什么办法呢?时光不会倒转,失去的机会不会再来,只好抱憾终身。

我就是属于那种羡慕别人写得一手好字的行列中的一个。小时候,本有可能学好写字,那时不像后来不那么提倡毛笔字,但偏偏没有好好练习。一本《星录小楷》,一本《多宝塔》,这是家里规定的每日功课,却都成了我的负担,认为写字是苦差事,因而也就不用心。所以,现在一看主人把笔塞过来,要你写些什么,就只有躲之不迭的份了。

看来最佳之计,惟有藏拙,另外,还有一法,就是答应以后写好了寄去。这样,我就能有比较宽裕的时间,得以多练练,一张不行,可以再写一张,有选择的余地,庶几不太出丑。在这一点上,我特别佩服叶楠,不论怎么敦劝,他从不当场书写。我呢,就少他这点儿涵养,被逼得实在没法,只好赤膊上阵,写出来,有时连自己也觉得惨不忍睹。

受到这些刺激,也发过狠,要补一补书法的课。于是,在写小说之余,铺纸研墨,找一本当年写过的《多宝塔》,重新练起笔来。但过了一阵以后,依然故我,毛笔字并无什么长进,便气馁了,结果也就不再练下去了。其实,书法是门艺术,一是需要天分,二是需要特别的勤奋才行,绝不是一朝一夕的努力就能登堂入室的。冰冻三尺,非一日之寒。要写一笔好字,像我这样三天打鱼,两天晒网,肯定是难以成就的了。

唐代的德宗皇帝,曾经问过那位写《多宝塔》的书法大师颜真卿,怎么才能将字写好?颜真卿回答道:心正自然笔正。因为德宗是个信任奸臣的庸君,他这样说,是希望皇帝在政治上清醒。但这句名言用在学习上,也是很有道理的。

因为有些事情,或不足,或过头,或偏差等等,及时补救,俗谓亡羊补牢,犹为未晚,大概是来得及补救一二的。但涉及到货真价实的学问方面,一就是一,二就是二,是来不得半点儿虚假的。

若是怀急功近利之心,具急于求成之念,幻想一蹴而就,最好不花力气,而不是从基础做起,脚踏实地、循序渐进,一点一滴地积累,即使进了门,也是皮毛和花架子而已。看来,大半辈子已过去的我,想再来把毛笔字写好,大概是很困难的了。一个是我们自己把时间虚度,另一个也是别人把我们的时间耽误,两者加在一起,便"等闲白了少年头",现在真是后悔也来不及了。

书法,在博大精深的汉文化体系中,不过是一个局部罢了。应该学的,需要学的,可以学的,不知还有多少。所以,现在那些有可能、有条件从头学起的年轻朋友,应该珍惜和把握机会,充实自己,不再重蹈我们的覆辙,那么将来,他们也就会少一些我们现在这种遗憾和叹息了。

选自《中国文化报》
作者：李国文

对　话

平泽隆　　常见到名人给别人题词、签名什么的，他们倒是应该练一手好字。对我们普通人来说，写的字能让人看清楚就行了呗。

老　师　　你这个要求太低了。写字不仅要让人看清楚，还应该让人觉得好看。俗话说："字是出面宝。"就是说字给人的第一印象很重要，它是一种文化水平的标志；再说写汉字是一种艺术，写得漂亮，让人赏心悦目，看了能得到艺术的享受；另外，写字的人也能通过练习的过程修身养性，还有益于身体健康。这不是一举数得吗？

黛安娜　　写好汉字太重要了。我的母语是拼音文字，写起汉字来就觉得特别费劲。平泽，你写汉字应该没问题吧？

平泽隆　　哎呀，不行不行。不过别看我的字写得不怎么样，但我一直很喜欢中国的书法。老师，书法是不是指写字的方法呀？

老　师　　你基本上说对了，但还不够全面。准确地说，书法主要是指毛笔字的书写方法，它的具体内容可丰富了，包括执笔、用笔、点画、结构、章法等等，每个方面都有很多讲究。

黛安娜　　您能给我们简单说说每个方面的基本要求吗？

老　师　　好吧。比如说执笔吧，不仅要求手的姿势正确、优美，而且讲究指实掌虚，五指齐力，就是要把力量用在五个手指头上，用手指去控制毛笔，而手掌则是空的，不能挨着笔杆；用笔讲究的是中锋铺毫，而且要笔笔中锋，就是用毛笔的笔尖书写，而不能用侧锋，这样写出的笔画才会刚劲用力，富有弹性；点画的要求是要写得饱满周到，长短、粗细匀称，这样就会构成优美的线条；结构指的是每个字点画之间的联结、搭配和组合，以及点画与虚白之间的位置安排，关键是要使各种笔画安排妥当，互相配合呼应；章法指的是一幅字的总体布局，不是说写得整整齐齐就行了，而是要注意错综变化，疏密搭配，一气呵成。以上说的这些因素综合在一起，才能构成一幅书法作品。

黛安娜　　听您这么一说，我能理解一点儿学习书法的艰难了。我原来以为把字写得方方正正的就行了呢。

平泽隆　　我听说中国古代的许多书法家为了习字，"临池学书，池水尽墨"，"退笔成家",最后才写成流传千古的书法作品。

老　师　是啊。从汉字产生到书法作为一门艺术而独立存在,中间不知经过了多少代人的艰苦探索和辛勤耕耘,才总结出了完整的书法理论,创造了丰富多彩的书法作品。可以毫不夸张地说,书法是东方艺术中历史最悠久、内涵最丰富、影响最深远的一种艺术,是一门博大精深的学问。

黛安娜　我也是这样看的。老师,您刚才说练习书法能修身养性,这我倒一点儿都不怀疑,但您说它有益于身体健康,这是怎么回事呀?

老　师　练习书法不是一般地写字,而是体力劳动跟脑力劳动的结合,也是感觉与运动的结合。写毛笔字的时候,特别是写比较大的字时,需要站立、提腕、凝神、运笔,全身的力气都得用上。如果天长日久地进行这样的练习,无疑可以起到一个健身益智的作用。

平泽隆　怪不得一些中国老人退休以后喜欢练习书法呢。我本来心里想,这么大年纪练书法,能练出个什么名堂来啊?看来我的想法太功利主义了,他们是在追求精神的满足和身体的健康。

黛安娜　老师,我现在对书法越来越感兴趣了。书法是不是有了笔和纸以后才有的呀?

老　师　书法的历史比纸和笔的历史可长多了,它可以上溯到六千年前。最早的遗迹要算是在山东大汶口和西安半坡村发现的新石器时代的原始符号了;其后出现的就是我们今天能见到的十分成熟的殷商甲骨文字,叫古篆,有三四千年的历史了;商周时期刻在铜器上的金文,笔画繁多,称为大篆;秦代简化了大篆,统一了文字,叫做小篆。上面说的这几种可以统称为篆体,也可以称为古文字。现在篆刻家们在刻印章时还使用这种文字呢。

平泽隆　我看到一些书画作品上都有红色的印章,有的是有一定含义的词语,有的是作者的姓名,上面的字跟现在的不一样,很难看懂,我每次都得问懂行的朋友,才知道原来用的是古文字。

老　师　所以人们常说书法与篆刻是一家,有很多书法家同时又是篆刻家。

黛安娜　老师,从篆字再发展下去该进入什么阶段了?

老　师　那就进入了今文字的阶段了。到了汉代,小篆逐步简化为隶书;魏晋时期,隶书又变化为楷书,也叫真书。人们在书写的过程中,为了便捷省事,又出现了简省与连笔的趋向,于是便又产生了行书和草书。这些就是今文字了。

平泽隆　我常听中国同学说到颜体、欧体、柳体什么的,这是什么意思呀?

老　师　这就要说到关于书体的问题了。汉字在书写中具有某一共同特点或具有某一风格，又能够自成体系的，称为一种书体。书体是随着字体的发展变化而逐渐丰富起来的。在古文字系统中，往往一种字体就是一种书体，如甲骨文、金文、大篆、小篆等。从秦汉往后，字体基本上稳定了，书法蓬勃发展起来，出现了各种不同的书体；唐代以后，书体又指某一个书法家的个人风格。你刚才提到的颜体、欧体、柳体，都是唐代著名的楷书书体，颜体是颜真卿的书法，欧体是欧阳询的书法，柳体是柳公权的书法。这三种书体是前人书法经验的集中体现，达到了极高的水平，现在人们学习书法还要从这三种书体开始呢。

黛安娜　我觉得好的书法作品的确很美，但又说不清楚它到底美在什么地方。
平泽隆　我也有同感。老师能不能给我们讲讲怎么样欣赏书法作品？
老　师　这可是一个非常复杂的问题，够写一本专著的。我在这里只能简单地给你们提示几点：第一，书法作品具有精神美。创作书法的过程，也是完善人格与个性的过程，所以颜真卿说："心正自然笔正。"书法作品融入了作者的品德修养，并通过书法的形式表现有意义的内容，能让人感到一种精神美。第二，书法作品具有线条美。书法是一种线条的艺术，线条的长短、宽窄、浓淡、起落、斜正、强弱等，加上强烈的黑白对比，构成一种奇妙的组合，能够体现出现实生活中各种事物的形体和动态之美，从而产生无穷的魅力。第三，书法艺术具有造型美，即笔画的组合之美和字、行、篇的章法美。疏密得当、虚实相衡的自然布局，浑然成为一个整体，令人心旷神怡。你以后欣赏书法作品，可以先从这三个方面去琢磨。
黛安娜　听老师讲了这么多，我已经被书法艺术迷住了，真想马上开始学习。
老　师　我们学校就有为留学生开设的书法课，你们可以去报名参加。

生　词

（课文部分）

1.	书法	shūfǎ	文字的书写艺术，特指用毛笔写汉字的艺术
2.	不已	bùyǐ	继续不停
3.	正经八百	zhèngjīngbābǎi	正式的；合乎一定标准的
4.	砚台	yàntai	研墨的文具
5.	殷勤	yīnqín	热情而周到
6.	望而却步	wàng'érquèbù	看到了危险或自己做不了的事而往后退缩
7.	第一线	dìyīxiàn	指直接从事某种活动的地方或岗位
8.	笔下生风	bǐxiàshēngfēng	写得快而熟练
9.	拟	nǐ	起草

10. 即景	jíjǐng	就眼前的景物(做诗文或绘画)
11. 像模像样	xiàngmúxiàngyàng	有一定的水平,够一定的标准
12. 临帖	líntiè	照着字帖练习写字
13. 懒惰	lǎnduò	不爱做事或活动
14. 贪玩儿	tānwánr	玩儿的欲望总不能满足
15. 糊弄	hùnòng	欺骗
16. 叹息	tànxī	心里感到不痛快而呼出长气,发出声音
17. 无济于事	wújìyúshì	对事情没有什么帮助
18. 抱憾终身	bàohànzhōngshēn	一辈子在心中都存有遗憾
19. 差事	chāishi	被派遣去做的事情
20. 躲之不迭	duǒzhībùdié	急忙躲开;躲都来不及
21. 惟	wéi	只
22. 藏拙	cángzhuō	怕丢丑,不愿让别人知道自己的见解或技能
23. 得以	déyǐ	(借此)可以;能够
24. 余地	yúdì	指语言或行动中留下的可以回旋的地步
25. 庶几	shùjǐ	连词,表示在上述情况下才能避免某种后果或实现某种希望
26. 出丑	chūchǒu	露出丑相;丢人
27. 敦劝	dūnquàn	诚恳地用道理说服人,使人听从
28. 涵养	hányǎng	能控制情绪的功夫
29. 赤膊上阵	chìbóshàngzhèn	比喻不讲策略或毫不掩饰地做某事
30. 惨不忍睹	cǎnbùrěndǔ	因情况凄惨而不忍心去看
31. 发狠	fāhěn	下决心;不顾一切
32. 依然故我	yīrángùwǒ	和旧日的我一样,没有改变
33. 长进	zhǎngjìn	在学问或品行等方面有进步
34. 气馁	qìněi	失掉勇气和信心
35. 天分	tiānfèn	人的先天的素质和智力
36. 一朝一夕	yìzhāoyìxī	一个早晨或一个晚上,指非常短的时间
37. 登堂入室	dēngtángrùshì	比喻学问或技能由浅入深,达到更高的水平
38. 冰冻三尺 非一日之寒	bīngdòngsānchǐ fēiyírìzhīhán	比喻事物的变化达到某种程度,是经过日积月累、逐渐形成的
39. 三天打鱼 两天晒网	sāntiāndǎyú liǎngtiānshàiwǎng	比喻学习或做事不能坚持,经常中断
40. 奸臣	jiānchén	指残害忠良或阴谋夺取帝位的大臣
41. 庸君	yōngjūn	能力低下、没有作为的君王
42. 偏差	piānchā	指过分或不及的差错
43. 亡羊补牢 犹为未晚	wángyángbǔláo yóuwéiwèiwǎn	羊丢失了,才修理羊圈。比喻在受到损失后想办法补救还不算晚
44. 补救	bǔjiù	采取行动纠正差错,扭转不利形势

45.	一二	yī'èr	少数；少量
46.	货真价实	huòzhēnjiàshí	货物不是假冒的,价钱也是实在的。引申为实实在在,一点儿不假
47.	一就是一二就是二	yījiùshìyī èrjiùshì'èr	根据事情本来的情况,应该怎样就怎样。多形容对事情非常认真
48.	急功近利	jígōngjìnlì	急于追求目前的成效和利益
49.	急于求成	jíyúqiúchéng	想要马上获得成功
50.	脚踏实地	jiǎotàshídì	形容做事踏实、认真
51.	循序渐进	xúnxùjiànjìn	做事按照一定的步骤逐渐深入或提高
52.	一点一滴	yīdiǎnyīdī	形容很少
53.	皮毛	pímáo	比喻表面的知识
54.	花架子	huājiàzi	比喻外表好看但缺少实用价值的东西
55.	重蹈覆辙	chóngdǎofùzhé	再走翻过车的老路。比喻不吸取失败的教训,重犯过去的错误

（对话部分）

56.	赏心悦目	shǎngxīnyuèmù	指因欣赏美好的情景而心情舒畅
57.	修身养性	xiūshēnyǎngxìng	指努力提高自己的品德修养
58.	一举数得	yìjǔshùdé	做一件事情,得到几种收获
59.	费劲	fèijìn	耗费力量
60.	刚劲有力	gāngjìnyǒulì	(姿态、风格等)坚强有力；强劲
61.	弹性	tánxìng	本文指字体的笔画有内在的力量
62.	线条	xiàntiáo	本文指指书法作品中或曲或直、或粗或细的线
63.	虚白	xūbái	本文指指书法作品中空白的地方
64.	呼应	hūyìng	互相联系或照应
65.	错综	cuòzōng	纵横交叉
66.	一气呵成	yìqìhēchéng	本文指书法作品的气势首尾贯通
67.	耕耘	gēngyún	耕地和除草,常用于比喻努力做某事
68.	腕	wàn	胳膊或小腿下端跟手掌或脚掌相连接的可以活动的部分
69.	健身益智	jiànshēnyìzhì	使身体健康,使智慧增加
70.	名堂	míngtang	成就；结果
71.	功利主义	gōnglìzhǔyì	主张以实际功效或利益作为行为准则的伦理观念
72.	上溯	shàngsù	从现在往上推(过去的年代)
73.	懂行	dǒngháng	熟悉某一种业务
74.	便捷	biànjié	方便而快捷
75.	趋向	qūxiàng	事物发展的动向
76.	提示	tíshì	把对方没有想到或想不到的提出来
77.	人格	réngé	个人的道德品质
78.	融入	róngrù	使某事物与其他不同的事物合为一体

79. 修养	xiūyǎng	指在理论、知识、艺术、思想等方面所具有的一定的水平
80. 动态	dòngtài	事物运动变化的状态
81. 疏密得当	shūmìdédàng	本文指书法作品中字与字之间空隙的大小安排得很合适
82. 虚实相衡	xūshíxiānghéng	本文指书法作品中空白与字体的安排能保持平衡
83. 浑然	húnrán	形容完整的、不可分割的
84. 心旷神怡	xīnkuàngshényí	心情舒畅,精神愉快

注　释

【《星录小楷》】　清代书法家童星录所写的小楷字帖。

【《多宝塔》】　唐代著名书法家颜真卿为当时长安(今西安)的多宝塔感应碑书写的碑文,后来成为一本字帖。

【"等闲白了少年头"】　南宋著名爱国将领岳飞的词作《满江红》中的名句,原句为:"莫等闲白了少年头,空悲切。"

【"临池学书,池水尽墨"】　据《晋书·卫恒传》记载,东汉张芝学书甚勤:"凡家中衣帛,必书而后练之;临池学书,池水尽墨。"后以"临池"指学习书法。

【退笔成冢】　唐代大书法家怀素练习草书非常勤奋,每天都写很多字,用坏了很多笔,他把用坏的笔埋在山下,号称"笔冢"。冢(zhǒng):坟墓。

【柳公权】　唐代著名书法家,尤以正楷闻名,其字体被称为"柳体",对后来影响很大,与颜真卿并称"颜柳"。

练　习

(一)

一、选择正确的答案

1. 就眼前的景物(做诗文或绘画)
   A. 触景　B. 即景　C. 即时　D. 应景

2. 白白地度过
   A. 白费　B. 度日　C. 虚度　D. 空虚

3. 比喻努力地做一件事情
   A. 耕耘　B. 耕作　C. 耕地　D. 耕种

4. 又方便又快捷
   A. 便利　B. 轻便　C. 迅捷　D. 便捷

5. 很能吸引人的力量
   A. 魄力　B. 魅力　C. 魅人　D. 迷人

6. 稀奇美妙
   A. 奇特　B. 奇异　C. 奇妙　D. 玄妙

7. (工作或生活中)产生的过分或不及的差错

A.偏向　　B.偏误　　C.偏见　　D.偏差

　8.欺骗、蒙混

　　A.糊弄　　B.糊涂　　C.发蒙　　D.玩弄

二、解释下列词语

　1.望而却步

　2.无济于事

　3.冰冻三尺,非一日之寒

　4.三天打鱼,两天晒网

　5.亡羊补牢,犹为未晚

　6.循序渐进

　7.重蹈覆辙

　8.一气呵成

　9.心旷神怡

　10.赏心悦目

三、在括号内填上适当的词语

夸张的(　　)　　殷勤的(　　)　　简化(　　)　　提示(　　)

尴尬的(　　)　　宽裕的(　　)　　敦劝(　　)　　拟(　　)

饱满的(　　)　　无穷的(　　)　　琢磨(　　)　　贪(　　)

（二）

一、根据课文内容判断正误

　1.在中国作家当中,年纪大一点儿的都会写毛笔字。(　　)

　2.作者小时候,家长没有让他练字,所以他现在不会写毛笔字。(　　)

　3.作者现在对自己小时候的行为感到非常后悔。(　　)

　4.现在作者从来不在公开场合给别人题词。(　　)

　5.后来作者勤奋地练习书法,有了很大的进步。(　　)

　6.要写好毛笔字,必须从基础做起,长期进行练习。(　　)

　7.作者下决心认真练习,一定要把毛笔字写好。(　　)

　8.作者最后说,年轻人要想以后少一些后悔,就应该趁早抓紧时间学习。(　　)

二、根据对话内容回答下列问题

　1.为什么说字不仅要写清楚,而且要写好看?

　2.书法包括哪些具体内容?每个方面的基本要求是什么?

　3.为什么说练习书法可以健身益智?

　4.你能简单地说出书法发展的历史吗?

　5.什么是书体?它的发展变化过程是什么样的?

　6.书法作品的美体现在什么地方?

三、按下列提示将对话部分缩写成一篇600—800字的短文

　1.写好字的重要性;

　2.书法的基本内容及要求;

3．书法发展的历史；
4．书法艺术的美学意义。

（三）

一、讨论
1．你是怎样理解"心正自然笔正"这句话的？你觉得这句话适用于其他事情吗？
2．你有没有作者在课文中提到的那种遗憾？要是有，你想过怎么弥补吗？
3．你认为书法艺术的美体现在什么地方？
4．你学过或者掌握一门艺术吗？说说你的学习过程和感受。

二、实践
1．找几本不同字体的字帖看一看，比较一下各种字体风格的异同，说说自己最喜欢哪一种。
2．买一本硬笔书法字帖，试着把自己的汉字写得更好看一些。
3．就以下几个问题调查一下身边的中国人，向同学们报告调查的结果：
① 你觉得有了电脑以后写字还重要吗？
② 你练过毛笔字吗？你喜欢这种艺术吗？
③ 你能说出最喜欢的字体或书法家吗？
④ 你家里挂着书法作品吗？字体和内容分别是什么？
⑤ 如果你有孩子，你重视他的字写得好不好吗？

第十七课　甲骨　竹简　印刷术

古人所用的书写材料有哪些
古代的书什么样
最早使用插图的是什么书
纸和印刷术分别是什么时候发明的

图 文 并 茂

　　世上的事,总是那么相辅相成,生动有味。

　　高山所以雄伟险峻,必有陡崖深壑、瀑布湍流或泉水叮咚;大川能够气势壮观,常赖群峰缭绕或岛屿纵横。红花鲜艳,少不了绿叶相扶;明月高雅,还得清风相伴。如此等等,无不以多样统一的特征,显示它生命的活力。

　　联想到编书、出书,看来也不例外。

　　每当看到一本精美的书,有洋洋洒洒的文字,有多姿多彩的画图,它们紧密结合在一起,相得益彰,散发出浓郁的书香,透示着思想文化信息,人们往往会脱口而出:"好,图文并茂!"

　　图文并茂这句话,不知已说了多少年,说惯了就成了一句泛泛的褒词,谁也不想去深究它。其实,它在图书编辑过程中的作用、分量是很重的。它不仅是一种编辑技巧,而且是编辑总体创意中的一个基本要求,也是一项重要的编辑艺术。

说图文并茂是编辑艺术,因为在一本书上做到图与文的最佳组合,并不等于图文各半或1+1=2那么简单,而是要通过编者的智慧和才华,根据每本书的主旨,对图与文的布局做出独特而和谐的设计,图文各自的多少、轻重,以及互相结合的方式,都应恰到好处,使之能够提高书的思想品位、文化性格和审美价值。

如果再往远处想一想,图文并茂还是我国图书编辑中的优良传统及历史经验的结晶。古人创造出"图书"这个词,作为书籍的另一个概称,可见他们早就洞察了编辑历史实践中图与文的不解之缘。最古老的不说,自从我国唐初发明雕版印刷术,印刷型的纸质图书问世以后,雕刻版画也逐步兴起,图文并茂的图书就应运而生了。

这里不妨粗略地回顾一下图书编辑史中图文结合的足迹。

唐代中叶,佛教极盛,佛经流行,最先在书上采用雕刻版画作为插图的是佛经。在敦煌曾发现一部注明唐"咸通九年"(公元868年)印造的《金刚经》,距今已有一千一百多年了。就在这部被公认为世界上现存最早的印本书卷首,配上了一幅精致的释迦牟尼讲经图。画面中部的释迦牟尼端坐于莲花座上,对长老菩提诵经说法,身边众弟子伫立,妙相庄严,气氛肃穆。整个画面内涵饱满,衬景丰富,雕工极为精细,人物神情、天灯地砖、烟光缭绕,都刻镂得淋漓尽致。虔诚的善男信女们看图读经,足可以使他们大增皈依佛法的信心了。这是一幅成熟的插图作品,不可能一蹴而就。可以设想:在此以前相当长的时间内,已有比《金刚经》更早的插图。可惜这个国宝、这个世界出版印刷史上的奇迹,连同敦煌的几千卷经书,已被英国人席卷到英国伦敦去了。现在见到的附图,只是复制品。此后的佛经,几乎无一没有雕刻插图,其中不乏精品。

到了北宋末年,雕刻插图开始摆脱了专为佛经服务的局限,成了其他各类图书的座上客。首先是实用性插图风行,像医药本草、山经地志、花木虫兽、营造法式等类图书,无不在文中附以实物标本图、示意图,看文鉴图,一目了然,甚至连研究古代名物的书也有图解。这些插图虽近粗疏,但实用性极强,它驱除了文字论述中的某些朦胧,增加了知识的透明度,无疑是图书编辑史上的一大进步。南宋时期,别开生面地在文学书中开始出现艺术性插图。其中以流传至今的南宋刊本《烈女传》中的插图最为优美。随后,又由文中插图演变成了图主文副的画集。

在元代,又发生一件编辑史上的大事,雕版套印技术的发明,使图文并茂进入了新的境界。元代至正元年(公元1341年)印行的《金刚经注》,是现存最早的文与图都是朱、墨两色的套印印本,比之欧洲第一本带色印刷的德国《梅因兹圣诗篇》早一百六十年。卷首的文中插图,上方松树为黑色,以下的部分为红色。全图线条飞动,人物神采奕奕,精雕细刻;图的两边,用竖排大小号宋体字表现的题目和正文的疏密、虚实搭配得当,称得上是精美的图书版面。

到了明清,图文并茂走向了高潮。由于商品经济有了发展,城镇繁荣,形成了大量手工业者、商人等市民阶层,他们手头富裕了,对图书的需求,特别是对俗文学的需求非常迫切。书坊为了适应这些读者的口味,印行每一种文学、戏曲作品,都配上艺术性插图,或置于卷首,或上图下文,或以文包图,多的要插上一二百幅,刻印技术也比以前大有进步,曾达到五色套印。

鸦片战争后,西方近代的印刷技术如照相制版、胶印、影印、彩印等等相继而来,不但使图书上的单页插图异彩纷呈,而且以图为主、文字为辅的各种画册日益活跃,尤以1912年前后开始出现并逐步兴起的连环画册发行最广,影响最大。

挂一漏万地说点儿历史,没有别的意思,只是想从中悟出一点儿道理:图文并茂之所以如此源远流长,绝非偶然,自有它存在和发展的客观规律性。书是给人读的。人们通常的阅读心理,一是求知,总想多看到一些新知识,所谓开卷有益;二是求味,读之有味、有兴趣,所谓手不释卷;三是求美,不仅把图书当做知识载体,也希望它是一件艺术品,能够赏心悦目。而图文并茂,正是满足读者这些需求的重要方式。从认识论角度看,图文并茂有利于全面、深入地反映客观事物和实际生活。以文为主的图书,尽管有生花之笔,也难免有间接、抽象的局限性;以图为主的画册,即使五光十色,也要辅以导读的文字。把图和文有机结合起来,把间接的文字叙述和直观形象巧妙地搭配起来,使图与文互相起着辅助、补充、升华的作用,就可能最大限度地把所叙述、描写的主题反映得更透彻、清晰、生动。

选自1994年6期《书与人》(有删节)

作者:于 丁

对　　话

朱利安　我最近逛书店,发现一些中国古典文学作品是竖着排的,看起来觉得很不习惯。

朴英玉　我以前的汉语老师是一位老先生,他常常竖着写信,我开始觉得很奇怪,后来才知道,这是古代传下来的习惯。但这究竟是怎么来的,我也不太清楚。老师,请您给我们讲一讲吧。

老　师　我先问你们一个问题,你们知道中国人最早是怎么用文字来记载事物的吗?

朱利安　好像是把文字刻在乌龟的背壳上。

老　师　除了龟甲以外,还有动物的骨头,所以最早的文字就叫甲骨文。

朴英玉　还有些文字是刻在石头和青铜器上的。

老　师　你们说得都对。那我再问你们，你们看甲骨文和石头、青铜器上的文字是横着刻的还是竖着刻的呢？

朱利安　那上面的字像图画一样，我一点儿都不认识，不过我猜是竖着排列的。

朴英玉　这么说，竖着写字从原始时代就开始了。老师，那时候的人这么做有什么原因呢？

老　师　我想这可能与龟甲、兽骨、青铜器等材料的形状有关，另一个比较重要的原因是，汉字的主体结构是从上往下安排的。

朱利安　这个道理我能理解。我刚学汉语的时候，汉字课老师教我们写字，告诉我们汉字的笔顺总体上是从上往下走的，我想这种结构可能比较适合于竖着写。

老　师　你分析得很好。不过，随着时代的发展，人们需要记录和表达的内容越来越丰富，文字的篇幅不断加长，使得甲骨、青铜器、石片、玉片什么的难以容纳，这时候，就出现了竹木简书。

朴英玉　噢，我在历史博物馆见过，就是把文字刻在竹片或者木片上。

老　师　这也许可以称做是中国最早的书籍形式了，它大概出现在商周时期。也有人把这种书籍称做"简牍"。

朱利安　这些竹片和木片都是散的，看的时候怎么来确定它们的先后顺序呢？

朴英玉　好像是用绳子把它们连起来的。

老　师　除了普通的绳子以外，还有用动物皮做成的绳子。竹片或木片越长，连接的道数也就越多。你们都认识"册"这个字吧？

朱利安　当然认识，这是书的量词，同时也是一个名词。

老　师　这个字是个象形字，甲骨文里写成"卌"、"卌"，你们看，它们像不像是几个竹片被两道绳子编连起来？还有"典籍"的"典"字，金文里是这样写的："典"、"典"，你们说它们表示什么意思？

朴英玉　我觉得很像是把"册"放在桌子上。

朱利安　这是不是表示简牍上记载的内容比较重要，所以要郑重地放在桌子上？

老　师　正是这样。所以在现代汉语中，"典"字有典范性的书籍的意思。不过当时还没有现在意义上的桌子，应该说放在"几"上。

朱利安　老师，我还有一个问题。写在简牍上的书很容易受到腐蚀，古人是怎么保存的呢？

老　师　简牍确实很容易受腐蚀或被虫子破坏，古人主要是从两个方面来解决这个问题的：一是把重要的、要告诫后世子孙的话刻在盘盂器皿、金属石头上，以便使它流芳百世；还有就是对主要的书写材料竹简进行特殊的加工处理，先把它刮削平整，然后再放在火上烘干，这叫做"汗青"、"汗简"，也叫"杀青"。经过这些工序，竹简不仅可以长期保存，而且还便于写字。

朴英玉　我常听电视里说，某某作家或某某导演的又一部新作杀青了，这跟您说的这个"杀青"一样吗？

老　师　字是一样的，但意思不一样。现在的意思是从过去引申来的，表示写完了一部著作，或者拍完了一部电影。

朱利安　那我可以说我的作业"杀青"了吗？

老　师　这恐怕不太合适。杀青一般指的是篇幅比较长、比较正式的作品。不过开玩笑时用用倒也无妨。

朴英玉　古时候大家都用简牍来写东西，会不会每个人做的简牍都不一样，长长短短的都有呢，如果那样，交流起来就麻烦了。

老　师　古人很聪明，早就想到了这一点，有一些约定俗成的制度。一般的规律是简牍的长短大小与书写的内容有密切的关系。

朱利安　我想一定是这样：越是重要的书籍或重要的内容，越要用长的简牍，对吗？

老　师　你猜得很对。比如说，先秦时期最长的简是古尺的三尺，是用来书写国家的法律条文的；西汉以后，"罢黜百家，独尊儒术"，所以儒家的经典用最长的简来写，其他内容的书，所用的简牍就相应地缩短了。另外，用简牍的长度也与写作者的财力和崇尚有关。

朴英玉　这就是说，一个是写书的人有钱，又认为这本书的内容很重要，所以用长一点儿的竹简；另一个是刻书的人崇尚某位作者、某部书，刻的时候就用长一点儿的简牍，反之就短一些。

朱利安　那古人的这些书平时是怎么收藏的呢？

老　师　古人把一片片的简牍用几道绳子编连起来后，以最后一根竹简为轴心，将有字的一面向里，像现在人们收书法、国画作品一样，把它卷起来，然后使第一根空白的竹简卷在最外面，以起到保护的作用。

朴英玉　所以那时候的书都是一卷一卷的。老师，现在我们说到书时用的那个"卷"字就是从这儿来的吧？

老　师　对。

朱利安　我想古人看书一定很辛苦，不能像我那样躺在床上看书，因为他们的书非常沉，肯定拿不动，必须放在几上才能仔细阅读。

老　师　据史书记载，秦始皇执政时，每天批阅的写在简牍上的公文，有一百二十斤重呢。战国时期有个思想家叫惠施，据说他很有学问，收藏了很多书，他的简牍可以装满五大车，于是后人就用"学富五车"这个词来形容人知识渊博。

朴英玉　老师,我突然想到一个问题,古人是把简牍编连起来之后再写字呢,还是先写好字后再把简牍编连起来呢?

老　师　你考虑得真仔细。关于这个问题,专家们根据现在出土的文物进行了考证,发现你说的两种情况都有。那些长篇的著作,适合用先编好的长册进行书写;而一般的短文、账目等,就先写在单个的简牍上,等到积累了一定的数量之后,再编成长册,以便于保存。

朱利安　我知道早在商朝的时候,中国就有丝绸了。丝绸又轻软又平滑,折叠起来也很方便,有没有人用它做书写的材料呢?

朴英玉　当然有。我在历史博物馆看到过出土的文物,不过已经被损坏得很严重了。

老　师　这叫"帛书",是与简牍同时使用的书写材料,它有很多优点,除了刚才朱利安说的以外,它还比简牍更便于书写和画图,写起字来也很自由。

朱利安　既然如此,为什么丝绸没有取代简牍呢?

朴英玉　我觉得丝绸的价格可能比较贵。

老　师　这是一个很重要的原因。丝绸生产过程复杂,产量较少,另外,它比简牍更容易变质腐败,所以它并没能代替简牍,而是和简牍同时作为书写材料,直到最后被纸张所取代。

朱利安　说起纸,这可是中国古代的四大发明之一,是东汉的蔡伦发明的。

老　师　你的历史知识很丰富,不过有的地方不够准确。出土的文物表明,早在蔡伦以前,中国就有了纸,蔡伦在这个基础上改进了造纸技术,增加了造纸原料,提高了造纸水平,从此以后,用纸来作为书写材料或书籍制作材料就越来越普及了。到了东晋末年,纸的质量越来越好,政府第一次明令规定停止用简牍,代之以纸。这表明,用了两千年的简牍终于退出了历史的舞台。

朴英玉　刚才朱利安提到四大发明,我记得其中还有一项是印刷术,这与书籍的发展也有密切的关系。老师,印刷术是什么时候发明的?

老　师　中国印刷术的发展分为两个阶段,一是雕版印刷,二是活字印刷。关于它们的发明时间,学术界有不同的看法。从现存的文物来看,最早的雕版印刷是出自唐代。现在陈列在大英博物馆的《金刚经》,可以说是世界上现存最早、最完整而又相当成熟的印刷品,不仅字迹端庄凝重,而且卷首的释迦牟尼给众僧说法的画像也是栩栩传神。这本书印刷精美,墨色精纯,说明到9世纪中叶,中国的雕版印刷技术已经进入相当成熟的时期了。

朱利安　雕版印刷的发明真可以说是书籍史上的一次革命。

朴英玉　是啊,有了印刷术,就使得书籍可以大量地、成批地生产出来了,这对文化的发展具有非常重要的意义。

老　师　雕版印刷比起手刻或手抄书籍,当然有着无可比拟的优越性,但它也有局限性。

朱利安　我觉得主要是不能灵活变化。每本书都得刻一套版,每套版只能印一种书籍,不能重复利用已经刻好的字,从而产生新的作品。

朴英玉　用现代人的眼光来看,效率确实不够高,所以很快就有了活字印刷术呀。

朱利安　这要归功于北宋人毕升,是他首先发明了泥活字印刷法。这个人真了不起!

老　师　这次你说得完全正确。在毕升的启发下,元朝人王桢又创制了木活字。接着,又出现了铜活字、锡活字、铅活字等。活字印刷术虽然发展得很缓慢,在当时没有得到大力的推广,但它比雕版印刷又有了巨大的进步,速度快,用料省,效率高,代表了书籍印刷方法的发展方向。

朴英玉　后来西方的机械化活字印刷术也是在这个基础上发展起来的。

朱利安　从甲骨、简牍、帛书,到纸张、雕版印刷、活字印刷,再到今天的激光照排,这书的历史就是我们人类的文明发展史。

朴英玉　经常回顾一下历史,能使我们更珍惜现在,也能使我们更有信心地走向未来。

老　师　嗬,你们俩概括得挺全面、挺深刻的嘛。

生　词

（课文部分）

1. 图文并茂　túwénbìngmào　图画和文字都很丰富精美
2. 相辅相成　xiāngfǔxiāngchéng　互相补充,互相配合
3. 险峻　xiǎnjùn　山高而险
4. 陡崖深壑　dǒuyáshēnhè　坡度很大、近于垂直的山石和很深的山沟
5. 湍流　tuānliú　流得很急的水
6. 气势壮观　qìshìzhuàngguān　表现出的某种力量和形势非常雄伟
7. 缭绕　liáorào　回环旋转
8. 纵横　zònghéng　竖和横,横一条、竖一条的
9. 例外　lìwài　在一般的规律、规定之外
10. 洋洋洒洒　yángyángsǎsǎ　形容文章或谈话丰富明快,连续不断
11. 相得益彰　xiāngdéyìzhāng　指互相帮助、互相补充,更能显出各自的好处

12. 浓郁	nóngyù		指色彩、情感、气氛等很重
13. 脱口而出	tuōkǒu'érchū		不假思索地开口说出来
14. 泛泛	fànfàn		普通；平平常常
15. 褒词	bāocí		含有赞扬、夸奖意思的词
16. 深究	shēnjiū		认真追问、追查
17. 创意	chuàngyì		创造新意或意境
18. 才华	cáihuá		表现在外面的才能
19. 主旨	zhǔzhǐ		主要的意义、用意或目的
20. 恰到好处	qiàdàohǎochù		正好到了最合适的状态
21. 品位	pǐnwèi		指物品的质量或文艺作品所达到的水平
22. 结晶	jiéjīng		比喻珍贵的成果
23. 问世	wènshì		指某一事物跟世人见面(多指著作、发明等)
24. 应运而生	yìngyùn'érshēng		顺应时机而产生
25. 粗略	cūlüè		粗粗的,大略,不精确
26. 足迹	zújì		脚印。本文中指事情的发展过程
27. 伫立	zhùlì		长时间地站着
28. 妙相	miàoxiàng		美妙的相貌。本文中指佛像的面貌
29. 肃穆	sùmù		严肃安静
30. 虔诚	qiánchéng		恭敬而有诚意
31. 善男信女	shànnánxìnnǚ		佛教用语,指信仰佛教的人们
32. 皈依	guīyī		泛指虔诚地信奉佛教或参加其他宗教组织
33. 一蹴而就	yícù'érjiù		踏一步就成功。形容事情轻而易举,一下子就能完成
34. 不乏	bùfá		不缺少,表示有相当的数量
35. 局限	júxiàn		限制在某个范围内
36. 标本	biāoběn		保持实物原样或经过加工整理,供学习、研究时参考用的动物、植物、矿物
37. 示意图	shìyìtú		为了说明内容比较复杂的事物的原理或具体情况而画成的简略的图
38. 一目了然	yímùliǎorán		一眼就能看清楚
39. 驱除	qūchú		赶走；除掉
40. 朦胧	ménglóng		不清楚；模糊
41. 透明度	tòumíngdù		本文中指内容的明白和清晰的程度
42. 别开生面	biékāishēngmiàn		另外开展新的局面或创造新的形式
43. 演变	yǎnbiàn		发展变化
44. 神采奕奕	shéncǎiyìyì		人的面部表情显出精神饱满的样子
45. 得当	dédàng		恰当；合适
46. 置于	zhìyú		放在
47. 相继	xiāngjì		一个跟着一个
48. 异彩纷呈	yìcǎifēnchéng		奇异的光彩纷纷表现出来

49. 挂一漏万	guàyīlòuwàn	形容列举不全,遗漏很多
50. 开卷有益	kāijuànyǒuyì	读书有好处
51. 手不释卷	shǒubúshìjuàn	手里的书舍不得放下。形容读书勤奋或看书入迷
52. 间接	jiànjiē	通过第三者与某人或某事物发生关系
53. 五光十色	wǔguāngshísè	形容色彩鲜艳,式样繁多
54. 直观	zhíguān	用感官直接接受的;直接观察的
55. 辅助	fǔzhù	从旁边帮助
56. 升华	shēnghuá	比喻事物的提高和精炼
57. 透彻	tòuchè	详尽而深入

(对话部分)

58. 主体	zhǔtǐ	事物的主要部分
59. 容纳	róngnà	在固定的空间或范围内接受(人或事物)
60. 简牍	jiǎndú	古代写字用的木简
61. 典籍	diǎnjí	泛指古代的图书
62. 郑重	zhèngzhòng	严肃认真
63. 典范	diǎnfàn	可以作为学习、仿效标准的人或事物
64. 器皿	qìmǐn	某些盛东西的日常用具的统称
65. 流芳百世	liúfāngbǎishì	美好的名声一直流传下去
66. 烘	hōng	本文中指用火使东西变干燥
67. 约定俗成	yuēdìngsúchéng	指某种事物的名称或社会习惯是由人们经过长期实践而认定或形成的
68. 收藏	shōucáng	收集保藏
69. 执政	zhízhèng	掌握政权
70. 批阅	pīyuè	阅读并加以批示或批改
71. 学富五车	xuéfùwǔchē	形容读书多,学问大
72. 渊博	yuānbó	深而且广
73. 考证	kǎozhèng	研究文献或历史问题时,根据资料来考核、证实和说明
74. 变质	biànzhì	指事物的本质向坏的方面转变
75. 取代	qǔdài	排除别人或别的事物而占有其位置
76. 端庄	duānzhuāng	指人正派、庄重
77. 凝重	níngzhòng	端庄;庄重
78. 栩栩	xǔxǔ	形容生动活泼的样子
79. 比拟	bǐnǐ	比较
80. 归功于	guīgōngyú	把功劳归于某个人或集体

注　释

【敦煌】 城市名,位于今甘肃省西部,自古以来,一直是中国通往中亚和欧洲的交通要塞。位于城东南 25 公里的莫高窟(千佛洞)保存有公元 4—14 世纪遗留下来的壁画、雕塑等艺术珍品。

【《金刚经》】 佛教经书的名字。金刚,原指金刚杵,相传为最坚硬的武器,能摧毁万物。这本书用金刚比喻智慧有能断烦恼的功用,故名。《金刚经》唐咸通九年的刻本,是目前世界上有年代可考的最早的印刷品,原藏于敦煌千佛洞,现存英国伦敦不列颠博物馆。

【长老菩提】 佛教对释迦牟尼上首弟子的尊称。

【鸦片战争】 公元 1840—1842 年,英国对中国发动的侵略战争。从 18 世纪末期开始,英国对中国大量输入鸦片,给中国社会造成严重危害,于是清政府开始严厉禁烟。1840 年,英国发动侵华战争,从广州一直打到了南京。清政府与英国在南京议和,签订了丧权辱国的《南京条约》,中国从此逐步变成半殖民地半封建社会。

【青铜器】 青铜是红铜和锡的合金,可用来铸造各种器物。在商代(公元前 16—前 11 世纪),我国进入了高度发达的青铜器时代,现在人们把那时候用青铜铸造的器物称为青铜器。

【历史博物馆】 位于北京市中心天安门广场的东侧,馆内有大量珍贵的文物,全面、详细地展示了中国历史的发展进程。

【"罢黜百家,独尊儒术"】 罢黜(chù),贬低并排斥。汉武帝建元元年(公元前 140 年),董仲舒建议独尊儒家学说,罢黜诸子百家,只有通晓儒家学说的人才能做官,借以统一思想,巩固专制主义的中央集权制度。汉武帝接受了他的主张,从此,儒家思想成为维护封建统治的正统思想。

【秦始皇】(公元前 259—前 210) 战国时秦国的国君,秦王朝的建立者。他在位期间,消灭了割据称雄的其他六国,建立了中国历史上第一个统一的中央集权的封建国家,被称为"千古一帝"。

练 习

(一)

一、在括号内填上适当的字
　　1. 相(　　)相(　　)　　2. 一目了(　　)　　3. (　　)口而出
　　4. 淋漓(　　)(　　)　　5. 一(　　)而就　　6. 异彩(　　)呈
　　7. (　　)(　　)奕奕　　8. (　　)远流长　　9. (　　)光(　　)色

二、写出与下列词语意义相同、相近或相反、相对的词语
　　1. 粗疏____　　　　　　2. 间接____
　　3. 朦胧____　　　　　　4. 郑重____
　　5. 褒词____　　　　　　6. 渊博____
　　7. 端庄____　　　　　　8. 主旨____
　　9. 粗略____　　　　　　10. 得当____

三、选择正确答案
　　1. "洋洋洒洒"的意思是:
　　　A. 形容一种东西像洒水一样到处都有

B. 形容说话或写文章内容丰富,连续不断

2. "相得益彰"的意思是:

　　A. 指两个人互相帮助就都能得到好处

　　B. 指互相帮助和补充,更能显出各自的好处

3. "别开生面"的意思是:

　　A. 另外开展一个新的局面或创造一种新的形式

　　B. 另外开辟一个不熟悉的方面

4. "恰到好处"的意思是:

　　A. 正好到了一个合适的程度

　　B. 做事恰当会带来很多好处

5. "生花之笔"的意思是:

　　A. 比喻所画的花非常生动,像真的一样

　　B. 比喻具有杰出的写作才能,写的东西非常好

6. "赏心悦目"的意思是:

　　A. 指因为欣赏美好的事物而心情舒畅

　　B. 指因为欣赏了美好的事物而觉得眼睛很舒服

7. "开卷有益"的意思是:

　　A. 开卷考试对学生有好处

　　B. 读书对每个人都有好处

8. "应运而生"的意思是:

　　A. 顺应时机而产生

　　B. 适应环境而生活

(二)

一、根据课文内容判断正误

1. 作者认为在一本书中,"文"就是那鲜艳的红花,而"图"则是相扶的绿叶,两者配合,才是一本好书。(　　)

2. 图文并茂是近代以来的图书才出现的一种好形式。(　　)

3. 最早有插图的书是唐代的诗歌集。(　　)

4. 从北宋末年开始,佛经以外的其他书籍也开始有了插图。(　　)

5. 雕版套印技术发明于唐代。(　　)

6. 到了明清时期,每一种文学、戏曲作品都被加上了五色套印。(　　)

7. 作者认为,是读者的阅读需求推动了图文并茂这种形式的不断发展。(　　)

8. 作者认为,在一本书中,图所占的比重越大越好,它们能把内容表现得更生动。(　　)

二、根据对话内容选择正确答案

1. 在中国古代,最早成为文字的载体的材料是:

　　A. 乌龟壳和兽骨　　B. 青铜器和石头　　C. 竹片和木片

2. 中国最早的书籍所用的材料是:

　　A. 竹片和木片　　B. 竹片、木片和丝绸　　C. 纸张

3. 古人为了更好地保存简牍,采用的主要方法是:
   A. 放在太阳下晒   B. 涂上一层药水   C. 放在火上烘干
4. 简牍的长短与下列哪个因素有关:
   A. 书籍内容的多少   B. 书籍内容的重要性   C. 作者的爱好
5. 政府明令禁止使用简牍,代之以纸的朝代是:
   A. 东汉   B. 东晋   C. 唐代
6. 蔡伦的主要贡献在于:
   A. 发明了纸   B. 提高了造纸的工艺水平   C. 发明了保护纸的方法
7. 世界上现存最早、保存最完整的印刷品《金刚经》现在在:
   A. 中国历史博物馆   B. 法国凡尔赛宫   C. 英国大英博物馆
8. 北宋人毕升发明了:
   A. 泥活字印刷术   B. 木活字印刷术   C. 铜活字印刷术

三、根据课文及对话内容回答下列问题

1. 课文的作者认为图文并茂有什么好处?
2. 在宋、元、明、清,图书中插图的情况分别是什么样的?
3. 古人是怎样把简牍连接成书的?
4. 你能简述一下"杀青"是怎么回事吗?
5. 书的量词"卷"是怎么来的?
6. 丝绸为什么没有被大量作为书写工具使用?
7. 简述中国古代印刷术的发展过程。

(三)

一、讨论

1. 你知道你们国家的书籍发展历史吗?
2. 在你学过的汉语教材里面,你最喜欢的和最不喜欢的分别是什么?
3. 除了教材,你现在最想看什么样的中文书?
4. 你最近买了什么新书?你觉得它怎么样?
5. 给大家推荐一两本你看过的好书。

二、实践

1. 在老师的带领下到图书馆去看一看现存的古籍。
2. 去附近的书店逛一逛,了解一下中文书籍的情况,与本国的情况做一个对比。

第十八课 功夫 侠客 文学

中国历史上真的有武侠吗
历史上的侠与文学作品中的侠一样吗
武侠的功夫是真的吗
现在还有没有侠客
中国的武侠小说是什么时候产生的

武侠小说——成人的童话

儒和侠,是中国历史上的两个社会阶层,他们同时出现于先秦时代,又一直蔓延至近代。侠和儒的文化心理在中国社会生活中具有弥久不衰的精神影响,并渗透于中国文化的深层结构中。前贤和时俊大多认为:中国知识分子心灵中多潜隐着儒的影子,而民间社会中的平民百姓又多闪动着侠的影子。其实,在众多知识分子中间,对侠也同样独有深爱,所谓"欣赏其斑斓的色彩与光圈"也。事实上,侠的精神以及对侠的崇拜,已积淀成中华民族的"一种寄希望于痛苦之中的遗传基因"了。而武侠小说的生成,可能就是这种"遗传基因"的物化。

是的,自古以来,武侠小说在中国一直非常流行。从唐之传奇,经宋之话本,到明清章回小说,皆有数目可观的侠义小说传世。值得注意的是,自《水浒传》横空出世,中国小说领域开始出现了一种对后世影响很大的时代风尚,这就是洋溢着巨大胜利喜悦和坚定信念的英雄风尚,是以塑造英雄人物和抒发壮志豪情为主体的激情充沛的风尚。这种英雄文字的价值魅力,不仅在于它的想像力的丰富和情节的传奇性,更在于那些文字背后所蕴藏的精神气度,如重然诺、讲气节、轻生死、蔑视封建王法、救人危难、惩办奸宦、热爱祖国等等。因此,在传世的武侠小说的杰作中,我们看到的是一个刚毅、蛮勇、有力量、有血性的世界。书中主人公可能完全不是文化上的巨人,但是他们却往往是性格上的巨人。这些刚毅果敢的人,富于个性,敏于行动,无论为善还是作恶,都是无所顾忌,勇往直前,至死方休。他们几乎都是气势磅礴、恢弘雄健,给人以力的感召,这表现了杰出的武侠小说作家的一种气度,即对力的崇拜,对勇的追求,对激情的礼赞。它使你看到的是刚毅的雄风,是男性的严峻美和巾帼的豪情,这美就是意志、个性、热情和不断的追求。

  优秀的武侠小说不仅从另一角度反映了时代风貌和各色人等的心理历程,也铸造了独特的艺术风格。他们多是线条粗犷,没有雕琢,甚至略有仓促,但让人读后心在跳、血在流,透出一股逼人的热气。这就是他们中的佼佼者共同具有的豪放美。这种美的形态是从宏伟的力量、崇高的精神呈现出来的,它往往引发人们十分强烈的感情,或促人奋发昂扬,或迫人扼腕悲愤,或令人仰天长啸,或使人悲歌慷慨。这种气势美,恰恰就在于它表现出我们中华民族精神面貌里的一种豪放、一种对理想境界的追求、一种价值判断的准则。

  已故著名数学大师华罗庚先生曾根据自己读武侠小说的感受,称其为"成人的童话"。我认为,此说大概是指武侠小说多建构一个想像的世界,它以虚构的梦幻的形式,揭示历史、人生及人性的现实。因此,人们读武侠小说并不抱有验证生活的指望,而其中写到的历史、人生又在想像世界中极巧妙地与现实的人和事产生多种勾连,这无疑会对不同文化层次和不同年龄层次的人具有吸引力,特别是对青少年更有着不可估量的诱惑力。这是因为青少年有着更多的想像力的冲动,而武侠小说恰恰满足了他们的好奇心与想像力。

  也许正是这个原因,使得一般的武侠小说在积极面以外,也不可避免地具有了它的负面效应,比如青少年中普遍存在的对侠和侠义精神的崇拜。这本是好事,但是他们往往把大义和小义、尽义于私尽义于个人和尽义于正义事业混淆在一起,比如报知遇之恩所表现出来的"义",显然属于小义,不过是尽义于个人而已。至于"路见不平,拔刀相助"、"死生相托,患难相扶"、"济困扶危"的江湖义气,固然反映了侠的义气,但是这种个人之间的互助终究是有局限的,它还不是一种真正的觉悟。所以人们最后总要打破个人之间的施恩与报恩的局限,团结起来向黑暗的罪恶势力进行义无返顾的斗争。事实上,在不少武侠小说中所渲染的侠义精神往往带有浓厚的封建色彩，它极易模糊人们的视线，使人陷入小集团利益和无原则的是非中。

另外，武侠小说大多不像杰出的现实主义小说那样真实地再现典型环境和典型性格，描绘出完整的历史风俗画卷，它往往是多种梦幻碎片的艺术组合，即使一些有成就的武侠小说作者也未能免俗，他们往往把神仙、方士之类的谬说混入历史生活和想像世界中去，于是剑侠被写成半人半仙的人物。等而下之，有些作品还极力强化那种并不健康的神秘主义。近年，一些格调低的武侠小说，甚至渲染暴力和色情，这无疑会对青少年产生不良的影响。因此，对每一个读者来说，应该分清良莠，明辨精华与糟粕。

选自1994年5月26日《人民日报》(有删节)
作者：宁宗一

对　　话

朱利安	我看过很多香港和台湾拍的功夫片，他们的武功都不错，打得也很精彩。是不是会武功的人都叫侠客？
老　师	不一定。在武侠小说或武侠影视作品中，有武功的人不一定是侠客，但侠客一定会武功。
黛安娜	这是不是与侠客的精神特征有关？比如课文中说的：重然诺、讲气节、轻生死、蔑视封建王法、救人危难、惩办奸宦、热爱祖国等等。
朱利安	那些会武功的人，好像都挺不怕死的，也不把王法放在眼里，那么，有武功、轻生死、蔑视王法的人就都是侠客吗？
老　师	还不能这样断定。在武侠小说或武侠影视作品中，侠与非侠的区别主要在文和武两个方面：武是指武功，不会武功就不能成为侠客；文是指精神，侠客的精神世界主要表现为善的一面，就是人们通常说的重然诺、讲气节、扶弱济贫、惩恶扬善等等，为了这些，他们往往不避生死，敢于违犯王法。
李昌勋	您的意思是说，有武功而不具有善行的人就不能称之为侠客。
老　师	是这样。
李昌勋	课文上说，中国的武侠小说从唐传奇就开始了。从唐代到现在，武侠小说有变化吗？
老　师	有变化。唐代是中国武侠小说的初创期，传奇中的武侠小说已具备了武侠小说的基本特点，比如故事情节曲折离奇，侠客既有奇功异术，又有崇高的人格和感人的精神力量，但是小说都比较短。清代是武侠小说发展

的成熟期,突出的特点是:武侠小说作品多,长、短篇都有;武侠多与公案故事相连;故事情节更加复杂,打斗场面更加精彩,侠客人物性格趋于类型化。

朱利安　公案故事是指什么?

老　师　公案本来指古代官吏审理案件时用的桌子,后来引申为与审理有关的离奇故事。

黛安娜　武侠为什么会和公案故事相连呢?

老　师　你们看过电视连续剧《包青天》吗?

李昌勋　我看过。

老　师　那你一定能回答黛安娜的问题。

李昌勋　包公是中国历史上非常有名的清官,他身边的展护卫(展昭)原来是一个有名的侠客,他归附包公后,一方面帮助包公办案,另一方面继续行侠仗义,除暴安良。武侠与公案相连,大概指的就是这种关系。

黛安娜　你这么一说,我也想起来了,电视剧《碧血青天杨家将》中也有包公和展昭。我知道中国功夫很了不起,但是电视剧中展昭的功夫太神奇了,简直难以分清哪些真的是中国功夫,哪些是电视特技。

朱利安　我也有同感。

老　师　从宋代开始,武侠小说中的打斗分为两种类型:一种以刀、棒、拳、脚为打斗手段的,属于技击型,这种打斗大多以中国武功为基础;另一种以比法术、斗法术为手段即带有虚幻色彩的,属于灵怪妖术型,这种比法、斗法大多以巫术和虚幻的神怪传说为基础。

朱利安　我想,华罗庚说武侠小说是"成年人的童话",除了指武侠故事情节曲折离奇以外,也包括故事中的打斗和打斗场面充满想像和夸张。虽然谁都不相信那种飞跃腾挪、劈山填海的功夫是真的,但是打斗的激烈、精彩和变幻莫测,的确很刺激,很有吸引力。

李昌勋　我看的武侠影视作品大都是古装的,很少有现代的,是不是没有现代武侠小说?

老　师　现代武侠小说很多,比如港台有名的武侠小说作家金庸、古龙、梁羽生等,他们的作品不少,但故事大都是以古代为背景的,所以故事中的人物仍然要穿古装。你们分析一下,作者为什么喜欢把武侠故事的背景放在古代?

李昌勋　古装好看,特别是女装,比较浪漫。

黛安娜　古装好看是好看,可是衣服很复杂,长长短短的,打斗起来很不方便。

李昌勋　也许是为了使故事看起来比较可信,因为近代有了枪,它比武功厉害得

老　师	多。
老　师	对！这是最重要的原因。武侠小说作家梁羽生曾经回答过这个问题，他说："近代已有了枪炮，我的人物无法招架了。你以为真是能有人刀枪不入吗？就算你轻功怎么好，也快不过子弹的。所以不能写近代，再写就荒唐了。"
朱利安	梁先生太保守了，好莱坞就让迈克尔·乔丹跟一群卡通动物打篮球，我觉得很有意思，并不感到荒唐。很多事情过去认为是荒唐的，但后来都实现了。我希望作品中的大侠别都是古代面孔。
李昌勋	我觉得"成年人的童话"这种说法只是一种比喻。其实，每个作者都希望读者相信他的故事是真的，不然，作者为什么要把包公这样著名的历史人物写进去呢？
黛安娜	我喜欢看有重大历史背景的故事，哪怕是虚构的。中国人历来重视自己的历史，武侠故事和历史、历史人物联系在一起，肯定更受欢迎。
老　师	是这样。80年代时，武侠作品先风靡台湾，接着风靡大陆。直到现在，很多青年人还是喜欢看武打片。
朱利安	我听说人们对武侠作品的争论相当激烈，很多人主张控制武侠作品的数量，这是不是和武侠作品中暴力过多有关？
老　师	是的。但除了暴力原因之外，侠客的义气用事、恩仇必报等人生信条和行为准则，对青少年的成长也是不利的。
李昌勋	侠客也有好的一面，比如除暴安良、扶弱济贫、讲究信义、肯于助人等，这些思想和行为都很感人的。
老　师	正因为侠有积极的一面，也有消极的一面，所以社会呼吁作家写出具有积极意义的武侠作品，不要一味地渲染暴力。
朱利安	这种要求很难做到。
黛安娜	为什么？
朱利安	侠客总是用剑说话的。
老　师	既然觉得难以做到，那么你们就去问问中国观众的意见。
李昌勋	是不是这又是我们的作业？
老　师	猜对了。这次的题目是：《中国观众谈武侠》。

生　词

(课文部分)

1. 侠　　　xiá　　　指侠客，旧时指有武艺、讲义气、肯舍己助人的人

2. 蔓延	mànyán	形容像蔓草一样不断向周围扩展
3. 弥久不衰	míjiǔbùshuāi	指延续的时间长,不衰落
4. 前贤	qiánxián	指有才能有道德的前辈
5. 时俊	shíjùn	指当代才智出众的人
6. 潜隐	qiányǐn	潜伏和隐藏
7. 斑斓	bānlán	灿烂多彩
8. 光圈	guāngquān	本指神像头部周围画的光环,这里比喻侠客英雄行为所产生的光辉
9. 遗传基因	yíchuánjīyīn	生物体的构造和生理机能等由上代遗传给下代的基本单位
10. 物化	wùhuà	转化为"物"
11. 横空出世	héngkōngchūshì	比喻影响特别大,犹如巨物横挡在空中高出人世
12. 风尚	fēngshàng	社会上普遍流行的风气和习惯
13. 洋溢	yángyì	指情绪、气氛等充分流露
14. 壮志豪情	zhuàngzhìháoqíng	伟大的志向和豪迈的感情
15. 激情充沛	jīqíngchōngpèi	强烈的、具有爆发性的情感很充足,很旺盛
16. 传奇性	chuánqíxìng	指故事情节或人物具有离奇或超越寻常的性质
17. 然诺	ránnuò	答应;允诺
18. 气节	qìjié	坚持正义,在敌人和压力面前不屈服的品质
19. 惩办	chéngbàn	处罚
20. 刚毅	gāngyì	刚强而有毅力
21. 蛮勇	mányǒng	不顾实际情况而一味地勇猛
22. 血性	xuèxìng	刚强正直的气质
23. 无所顾忌	wúsuǒgùjì	没有任何顾虑或忌讳
24. 勇往直前	yǒngwǎngzhíqián	一直勇敢地向前进
25. 至死方休	zhìsǐfāngxiū	到死才停止
26. 气势磅礴	qìshìpángbó	指人或事物表现出来的盛大的力量和气势
27. 恢弘雄健	huīhóngxióngjiàn	宽阔、广大而又强健有力
28. 感召	gǎnzhào	感化和召唤
29. 礼赞	lǐzàn	用尊敬的语言或方式赞美
30. 严峻美	yánjùnměi	严厉或严肃的美感
31. 巾帼	jīnguó	帼:古代妇女戴的头巾。用此指代妇女
32. 铸造	zhùzào	本指把金属熔化后倒在模子里,冷却后凝固成器物。现比喻创造或成就了一种风格
33. 雕琢	diāozhuó	比喻修饰
34. 仓促	cāngcù	匆忙
35. 奋发昂扬	fènfā'ángyáng	精神振奋,情绪高涨
36. 扼腕悲愤	èwànbēifèn	用一只手握住另一只手腕,表示悲伤和愤怒的情绪达到极点

37.	仰天长啸	yǎngtiānchángxiào	啸:打口哨。仰头向天打口哨以表达悲伤或愤怒的情绪
38.	悲歌慷慨	bēigēkāngkǎi	歌声悲壮而激昂
39.	建构	jiàngòu	建设和构造
40.	虚构	xūgòu	凭想像编造出来的
41.	勾连	gōulián	连接或联系
42.	估量	gūliàng	估计
43.	诱惑力	yòuhuòlì	强烈吸引人的力量
44.	冲动	chōngdòng	情感特别强烈,理性控制很薄弱的心理现象
45.	负面效应	fùmiànxiàoyìng	消极方面的效果和作用
46.	义	yì	正义。大"义"指合乎儒家思想和伦理道德,小"义"指侠客的恩仇必报等人生信条
47.	混淆	hùnxiáo	两种以上的事物夹杂在一起,界限不清。多用于抽象事物
48.	路见不平,拔刀相助	lùjiànbùpíng,bádāoxiāngzhù	路上遇到不公平的事,立即拔出刀来帮助弱者或正义的一方。这也是侠客的人生信条,表现出惩恶扬善、不怕牺牲的侠义精神
49.	生死相托,患难相扶	shēngsǐxiāngtuō,huànnànxiāngfú	彼此可以放心地把生死托付给对方,在灾难或困境中又能够相互扶持,相互帮助。这是侠客最为崇尚的信、义观念
50.	济困扶危	jìkùnfúwēi	救济困难和贫苦的人,扶持和帮助处于危难中的人。这也是侠客的人生信条之一
51.	江湖义气	jiānghúyìqì	江湖,泛指四方各地。浪迹江湖的人包括侠客,都非常重义气,即甘愿承担风险和牺牲自己的利益,但这种义气常常不讲原则,不辨是非,因而是不值得提倡的
52.	施恩	shī'ēn	把财物等送给别人或宽恕别人的过错以表示恩德
53.	报恩	bào'ēn	回报别人的恩德
54.	义无返顾	yìwúfǎngù	返顾:转过头看。在道义上只能往前进,不能退缩
55.	未能免俗	wèinéngmiǎnsú	没有能够超出世俗的性质或范围
56.	方士	fāngshì	中国古代称从事求仙、炼长生不老药等活动的人
57.	谬说	miùshuō	错误的说法
58.	剑侠	jiànxiá	对剑术很精的侠客
59.	等而下之	děng'érxiàzhī	由这一等再往下
60.	色情	sèqíng	男女情欲
61.	良莠	liángyǒu	好坏
62.	糟粕	zāopò	事物中最粗劣、最没有价值的部分(与"精华"相对)

(对话部分)

63.	扶弱济贫	fúruòjìpín	帮助穷人和弱者
64.	惩恶扬善	chéng'èyángshàn	惩罚邪恶的,支持和张扬善良的
65.	善行	shànxíng	善良的行为

66. 曲折离奇	qūzhélíqí	指故事情节复杂,超越寻常
67. 奇功异术	qígōngyìshù	奇特的武功和怪异的法术
68. 清官	qīngguān	廉洁公正的官
69. 归附	guīfù	本来不属于这方面而投到这方面来
70. 行侠仗义	xíngxiázhàngyì	为了公道和正义做侠义的事情
71. 除暴安良	chúbào'ānliáng	铲除暴虐的人或势力,安抚善良的人
72. 虚幻	xūhuàn	主观想像的;不真实的
73. 飞跃腾挪	fēiyuèténgnuó	指奇特的武功,可以飞起来翻腾和移动较大的物体
74. 劈山填海	pīshāntiánhǎi	把山劈开,把海填平。形容力气特别大
75. 招架	zhāojià	抵挡
76. 轻功	qīnggōng	武功中的一种,指武功练习到身轻如燕,飞跃自如的程度
77. 义气用事	yìqìyòngshì	凭感情和义气行事
78. 恩仇必报	ēnchóubìbào	别人给予自己的恩德或与他人结下的仇怨,都一定要回报

注　释

【唐传奇】　唐代用文言写的短篇小说的总称。其中《虬髯客传》、《昆仑奴传》、《红线传》、《聂隐娘传》等小说对后代武侠产生了很大的影响,被视为中国武侠小说的鼻祖。

【宋话本】　宋代兴起的白话小说,文字通俗,多以历史故事和当时社会生活为题材,是宋元民间艺人说唱的底本。现在传世的有《清平山堂话本》、《全相平话五种》等。

【章回小说】　"章"和"回"是中国古典长篇小说的一种段落形式,全书分为若干回,每回常用两个相对仗的句子做标题,概括全回的故事内容。这种体裁的小说源于宋元话本,产生于明代,盛于清代,成为古典长篇小说的主要形式。著名的作品有《三国演义》、《水浒传》、《西游记》、《金瓶梅》、《红楼梦》等。

【知遇之恩】　在中国的传统观念中,一个人得到别人的赏识和重用,被视为是一种知遇之恩,侠客尤其重视这种恩德,所以"士为知己者死"是侠客最重要的人生信条之一。

【现实主义小说】　指通过典型人物、典型环境的描写,反映现实生活本质的小说。

【《碧血青天杨家将》】　电视剧名,描述宋朝世代忠良的杨家虽然屡次受到奸臣的迫害,但是忠心不改,依然为保卫宋朝江山浴血奋战的故事。其中包拯作为朝廷中忠勇正直的大臣,他和他手下的忠义之士,在协助杨家战胜敌人和邪恶势力方面,发挥了重要作用。

【金庸】　当代武侠小说作家。代表作品有《书剑恩仇录》、《笑傲江湖》、《天龙八部》、《射雕英雄传》、《神雕侠侣》、《倚天屠龙记》等。

【古龙】　当代武侠小说作家。代表作品有《多情剑客无情剑》、《楚留香传奇》、《陆小凤》等。

【梁羽生】　当代武侠小说作家。代表作品有《萍踪侠影》、《七剑下天山》、《白发魔女传》等。

练　习

（一）

一、在括号内填上适当的字

1. 弥久不（　） 2.（　）困扶危 3. 劈山（　）海
4. 横空（　）世 5.（　）志豪情 6. 刚毅果（　）
7. 无所（　）忌 8. 勇往（　）前 9. 至死方（　）
10. 气（　）磅礴 11. 不事雕（　） 12. 奋发（　）扬
13. 扼腕悲（　） 14.（　）天长啸 15. 悲歌（　）慨
16. 义无（　）顾 17. 等而下（　） 18. 扶（　）济贫
19.（　）恶扬善 20. 行侠（　）义

二、根据句子的意思写出相应的成语

1. 延续时间长，不衰落。（　　　　）
2. 在道义上，只能前进，不能退缩。（　　　　）
3. 帮助穷人或弱者。（　　　　）
4. 变化得又快又没有规律，以至于没法预料。（　　　　）
5. 把山劈开，把海填平。（　　　　）
6. 有恩或有仇都一定要报。（　　　　）
7. 气势很盛大。（　　　　）
8. 没有一点儿要考虑的利害关系。（　　　　）

三、写出与下列词语意思相同、相近或相对、相反的词语

1. 前贤—— 2. 蔑视——
3. 估量—— 4. 模糊——
5. 精华—— 6. 施恩——
7. 粗犷—— 8. 惩恶扬善——

（二）

一、判断正误

1. 小说中的侠客都有奇功异术。（　）
2. 武侠小说是"成人的童话"，意思是说武侠小说的情节非常简单，很容易看懂。（　）
3. 侠客和其他人的区别就在于会不会武功。（　）
4. 武侠小说和电影多以古代为背景，因为古代的侠客多。（　）
5. 青年人喜欢武侠小说或武侠电影是因为没有比这更好的作品了。（　）

二、选择正确答案

1. 中国的儒和侠都出现于：
　　A. 秦代以前　　B. 唐代以前
2. 中国的知识分子对侠：

A. 很喜欢　　B. 不喜欢

3. 中国自古是武侠小说的渊薮(渊薮(sǒu)：比喻人或事物聚集的地方)，意思是说：

A. 中国的武侠小说内容很深，很难懂

B. 中国的武侠小说很多

4. 武侠小说之所以受人们喜爱，是因为：

A. 曲折离奇的故事情节和文字背后所蕴涵的精神气度

B. 故事中的人物爱国和有意志

5. 中国武侠小说中的打斗手段是：

A. 有区别的　　B. 没有区别的

三、根据课文和对话回答问题

1. 中国什么时候开始有武侠小说？
2. 侠客最突出的特点是什么？
3. 谁说武侠小说是"成年人的童话"？
4. 武侠小说对社会有什么样的影响？
5. 侠客与其他人有什么区别？
6. 中国古代的武侠小说有什么发展变化？
7. 侠客的人生信条是什么？
8. 中国当代最著名的武侠小说作家有哪些？

（三）

一、讨论

1. 侠客的精神特点是什么？
2. 社会生活中需要不需要侠客一类的人物？
3. 东方的侠客与西方的剑客有没有相似点？
4. 你喜不喜欢武侠作品？为什么？

二、实践

1. 阅读一部武侠作品或观看一部武侠电影，介绍并分析其中的情节和人物。
2. 以"你喜不喜欢武侠作品"为题，采访三至五个人，并对他们的态度进行分析。

词 汇 总 表

（括号中的第一个数字表示课文序号，第二个数字1表示课文，2表示对话。）

A

哀恸	āitòng	(13—1)
哀痛	āitòng	(4—1)
哀婉	āiwǎn	(13—1)
爱不释手	àibúshìshǒu	(15—2)
安邦	ānbāng	(2—2)
安康	ānkāng	(15—1)
安稳	ānwěn	(4—2)
安详	ānxiáng	(4—1)
安葬	ānzàng	(14—2)
案头	àntóu	(10—1)
暗通	àntōng	(1—1)
黯然神伤	ànránshénshāng	(5—1)
傲岸	ào'àn	(13—2)

B

跋涉	báshè	(5—1)
把酒临风	bǎjiǔlínfēng	(11—2)
白玉无瑕	báiyùwúxiá	(2—2)
白字	báizì	(1—2)
拜	bài	(3—2)
斑斓	bānlán	(18—1)
伴侣	bànlǚ	(3—1)
苞	bāo	(1—2)
褒词	bāocí	(17—1)
保健	bǎojiàn	(8—1)
保田	bǎotián	(2—2)
豹	bào	(4—2)
报偿	bàocháng	(4—2)
报恩	bào'ēn	(18—1)
抱负	bàofù	(13—2)
抱憾终身	bàohànzhōngshēn	(16—1)
豹	bào	(2—2)
暴露	bàolù	(6—1)
悲歌慷慨	bēigēkāngkǎi	(18—1)
悲欢离合	bēihuānlíhé	(12—2)
辈分	bèifen	(6—2)
本义	běnyì	(1—2)
本意	běnyì	(1—2)
本质	běnzhì	(3—1)
崩	bēng	(6—2)
逼真	bīzhēn	(9—2)
比比皆是	bǐbǐjiēshì	(5—1)
比拟	bǐnǐ	(17—2)
比喻	bǐyù	(15—1)
彼岸	bǐ'àn	(14—1)
笔名	bǐmíng	(2—2)
笔下生风	bǐxiàshēngfēng	(16—1)
碧	bì	(13—1)
毕恭毕敬	bìgōngbìjìng	(7—1)
毕竟	bìjìng	(11—1)
陛下	bìxià	(14—2)
碧螺春	bìluóchūn	(5—2)
箅子	bìzi	(9—1)
避凶迎吉	bìxiōngyíngjí	(6—2)
蝙蝠	biānfú	(15—1)
便捷	biànjié	(16—2)

186

变幻	biànhuàn	(10—1)	不已	bùyǐ	(16—1)
变迁	biànqiān	(5—2)	不知所措	bùzhīsuǒcuò	(7—1)
变质	biànzhì	(17—2)	布局	bùjú	(6—1)
遍及	biànjí	(9—2)	步履蹒跚	bùlǚpánshān	(5—1)
辩才	biàncái	(14—2)	怖	bù	(4—2)
标本	biāoběn	(17—1)			
标致	biāozhì	(9—1)		**C**	
表德	biǎodé	(2—2)	才华	cáihuá	(17—1)
表意文字	biǎoyìwénzì	(1—2)	裁断	cáiduàn	(4—2)
鳖	biē	(2—1)	残暴	cánbào	(12—1)
别具一格	biéjùyìgé	(9—2)	残留	cánliú	(11—1)
别开生面	biékāishēngmiàn	(17—1)	惨不忍睹	cǎnbùrěndǔ	(16—1)
别有天地	biéyǒutiāndì	(9—1)	仓促	cāngcù	(18—1)
瘪	biě	(9—2)	藏拙	cángzhuó	(16—1)
别扭	bièniu	(2—1)	操	cāo	(4—1)
缤纷	bīnfēn	(1—1)	操行	cāoxíng	(2—2)
摈除	bìnchú	(8—1)	嘈	cáo	(13—1)
殡仪馆	bìnyíguǎn	(4—1)	查田	chátián	(2—1)
冰冻三尺 非一日之寒	bīngdòngsānchǐ fēiyírìzhīhán	(16—1)	茶余饭后	cháyúfànhòu	(6—1)
			诧异	chàyì	(4—1)
秉承	bǐngchéng	(8—1)	差事	chāishi	(16—1)
摒弃	bìngqì	(8—1)	拆解	chāijiě	(1—2)
驳杂	bózá	(10—1)	拆字法	chāizìfǎ	(1—1)
博采众长	bócǎizhòngcháng	(9—2)	柴灶	cháizào	(5—1)
博大	bódà	(8—1)	缠绕	chánrào	(15—1)
博大精深	bódàjīngshēn	(1—1)	阐释	chǎnshì	(11—1)
搏斗	bódòu	(8—1)	阐述	chǎnshù	(11—2)
薄暮	bómù	(5—1)	常规	chángguī	(4—1)
补救	bǔjiù	(16—1)	场所	chǎngsuǒ	(3—2)
不胜枚举	búshèngméijǔ	(11—2)	畅	chàng	(6—2)
不速之客	búsùzhīkè	(5—1)	畅所欲言	chàngsuǒyùyán	(1—2)
不幸	búxìng	(8—1)	畅饮	chàngyǐn	(11—1)
不乏	bùfá	(17—1)	焯	chāo	(9—1)
不凡	bùfán	(14—1)	超凡脱俗	chāofántuōsú	(14—1)
不妨	bùfáng	(3—1)	超越	chāoyuè	(11—1)
不解之缘	bùjiězhīyuán	(11—2)	潮流	cháoliú	(7—1)
不可思议	bùkěsīyì	(10—1)	彻骨	chègǔ	(13—1)

187

沉寂	chénjì	(13—1)	春耕	chūngēng	(12—2)
沉郁	chényù	(13—1)	纯粹	chúncuì	(9—1)
陈述	chénshù	(7—1)	纯正	chúnzhèng	(4—1)
称颂	chēngsòng	(6—1)	纯属	chúnshǔ	(12—1)
称谓	chēngwèi	(7—1)	雌	cí	(15—1)
呈	chéng	(15—1)	刺耳	cì'ěr	(4—1)
成家立业	chéngjiālìyè	(5—2)	刺绣	cìxiù	(15—1)
惩办	chéngbàn	(18—1)	赐予	cìyǔ	(5—1)
惩恶扬善	chéng'èyángshàn	(18—2)	葱茏	cōnglóng	(15—1)
惩罚	chéngfá	(1—1)	聪颖	cōngyǐng	(5—1)
程序	chéngxù	(3—2)	从属	cóngshǔ	(7—2)
耻笑	chǐxiào	(5—1)	凑合	còuhe	(10—1)
斥	chì	(7—1)	粗糙	cūcāo	(15—2)
赤膊上阵	chìbóshàngzhèn	(16—1)	粗犷	cūguǎng	(13—2)
充任	chōngrèn	(11—1)	粗略	cūlüè	(17—1)
充溢	chōngyì	(12—1)	脆弱	cuìruò	(4—1)
冲动	chōngdòng	(18—1)	存亡	cúnwáng	(3—2)
冲击	chōngjī	(2—1)	撮	cuō	(10—2)
重蹈覆辙	chóngdǎofùzhé	(16—1)	错觉	cuòjué	(8—2)
崇尚	chóngshàng	(14—2)	错落	cuòluò	(9—1)
稠	chóu	(12—1)	错综	cuòzōng	(16—2)
筹备	chóubèi	(12—1)			
瞅	chǒu	(3—1)		**D**	
出丑	chūchǒu	(16—1)	搭配	dāpèi	(9—2)
出人头地	chūréntóudì	(5—1)	答理	dāli	(7—1)
出于	chūyú	(10—2)	达观	dáguān	(4—2)
除暴安良	chúbào'ānliáng	(18—2)	达官贵人	dáguānguìrén	(15—2)
杵	chǔ	(14—2)	答谢	dáxiè	(13—2)
触动	chùdòng	(10—1)	打点	dǎdiǎn	(5—1)
触及灵魂	chùjílínghún	(6—1)	打动	dǎdòng	(15—1)
揣	chuāi	(5—1)	大慈大悲	dàcídàbēi	(14—2)
传承	chuánchéng	(11—1)	大款	dàkuǎn	(7—2)
传道士	chuándàoshì	(1—1)	大洋彼岸	dàyángbǐ'àn	(5—1)
传奇性	chuánqíxìng	(18—1)	大张旗鼓	dàzhāngqígǔ	(9—1)
传扬	chuányáng	(14—1)	单数	dānshù	(3—2)
窗棂	chuānglín	(6—1)	单元	dānyuán	(6—2)
创意	chuàngyì	(17—1)	啖	dàn	(9—1)

淡薄	dànbó	(12—1)	陡崖深壑	dǒuyáshēnhè	(17—1)
但愿	dànyuàn	(4—1)	都市	dūshì	(6—1)
当即	dāngjí	(7—1)	独辟蹊径	dúpìxījìng	(9—1)
当事人	dāngshìrén	(7—1)	独到	dúdào	(9—2)
当务之急	dāngwùzhījí	(6—1)	独酌	dúzhuó	(11—2)
荡	dàng	(10—1)	独奏	dúzòu	(13—1)
倒胃口	dǎowèikǒu	(9—1)	堵	dǔ	(6—2)
得当	dédàng	(17—1)	肚脐	dùqí	(8—2)
得失	déshī	(8—1)	端庄	duānzhuāng	(17—2)
得以	déyǐ	(16—1)	敦劝	dūnquàn	(16—1)
德行	déxíng	(2—2)	多姿多彩	duōzīduōcǎi	(15—1)
登堂入室	dēngtángrùshì	(16—1)	躲避	duǒbì	(6—1)
等而下之	děng'érxiàzhī	(18—1)	躲之不迭	duǒzhībùdié	(16—1)
等级	děngjí	(7—2)			
低缓	dīhuǎn	(10—1)		**E**	
低迷	dīmí	(13—1)	额手称庆	éshǒuchēngqìng	(4—1)
涤	dí	(10—2)	扼腕悲愤	èwǎnbēifèn	(18—1)
抵御	dǐyù	(9—2)	扼制	èzhì	(9—1)
第一线	dìyīxiàn	(16—1)	恶毒	èdú	(4—2)
缔造	dìzào	(14—2)	恶魔	èmó	(14—2)
颠倒	diāndǎo	(3—2)	恩宠	ēnchǒng	(11—1)
典范	diǎnfàn	(17—2)	恩仇必报	ēnchóubìbào	(18—2)
典故	diǎngù	(2—2)	而已	éryǐ	(9—2)
典籍	diǎnjí	(17—2)	耳熟能详	ěrshúnéngxiáng	(15—2)
典雅	diǎnyǎ	(9—2)			
奠基	diànjī	(9—1)		**F**	
雕琢	diāozhuó	(18—1)	发狠	fāhěn	(16—1)
调	diào	(13—1)	发掘	fājué	(11—1)
吊唁	diàoyàn	(4—1)	发祥地	fāxiángdì	(9—2)
叠翠	diécuì	(14—1)	乏	fá	(8—1)
鼎盛	dǐngshèng	(5—1)	法师	fǎshī	(10—1)
定位	dìngwèi	(7—2)	翻山越岭	fānshānyuèlǐng	(5—1)
懂行	dǒngháng	(16—2)	凡俗	fánsú	(10—1)
动荡	dòngdàng	(13—1)	烦扰	fánrǎo	(4—1)
动态	dòngtài	(16—2)	繁茂	fánmào	(15—1)
洞察	dòngchá	(4—1)	繁缛	fánrù	(12—1)
洞鉴	dòngjiàn	(11—1)	繁务	fánwù	(10—1)

繁衍	fányǎn	(5—2)	芙蓉花	fúrónghuā	(1—1)
返观	fǎnguān	(1—1)	浮生	fúshēng	(13—1)
返青	fǎnqīng	(12—2)	浮躁	fúzào	(15—2)
泛泛	fànfàn	(17—1)	符号学	fúhàoxué	(1—1)
方士	fāngshì	(18—1)	符合	fúhé	(8—1)
方言	fāngyán	(1—2)	抚慰	fǔwèi	(13—1)
芳香	fāngxiāng	(1—1)	辅助	fǔzhù	(11—2)
芳姿	fāngzī	(14—1)	讣告	fùgào	(4—1)
房改	fánggǎi	(6—1)	负面效应	fùmiànxiàoyìng	(18—1)
仿制	fǎngzhì	(15—2)	富贵	fùguì	(15—1)
放肆	fàngsì	(9—1)	富饶	fùráo	(5—1)
飞翘状	fēiqiàozhuàng	(6—1)	赋予	fùyǔ	(11—1)
飞跃腾挪	fēiyuèténgnuó	(18—2)			
非凡	fēifán	(14—2)		**G**	
费劲	fèijìn	(16—2)	改弦更张	gǎixiángēngzhāng	(9—1)
分神	fēnshén	(8—2)	尴尬	gāngà	(7—1)
纷繁	fēnfán	(13—1)	感	gǎn	(7—1)
氛围	fēnwéi	(11—1)	感染	gǎnrǎn	(15—2)
奋发昂扬	fènfā'ángyáng	(18—1)	感悟	gǎnwù	(8—2)
愤愤不平	fènfènbùpíng	(7—1)	感召	gǎnzhào	(18—1)
丰沛	fēngpèi	(9—2)	赶考	gǎnkǎo	(10—1)
丰腴	fēngyú	(14—1)	刚劲有力	gāngjìnyǒulì	(16—2)
风采	fēngcǎi	(6—1)	刚柔相济	gāngróuxiāngjì	(8—2)
风尘	fēngchén	(3—1)	刚毅	gāngyì	(18—1)
风调雨顺	fēngtiáoyǔshùn	(14—2)	高洁	gāojié	(2—2)
风靡一时	fēngmǐyìshí	(9—1)	高亢	gāokàng	(13—2)
风尚	fēngshàng	(18—1)	高龄	gāolíng	(4—1)
风物	fēngwù	(5—1)	高密度	gāomìdù	(12—1)
风雅	fēngyǎ	(11—2)	高妙	gāomiào	(13—1)
封闭	fēngbì	(6—1)	高僧	gāosēng	(14—1)
凤凰	fènghuáng	(15—1)	高雅	gāoyǎ	(14—1)
奉养	fèngyǎng	(5—1)	疙瘩	gēda	(2—1)
趺坐	fūzuò	(14—1)	割舍	gēshě	(5—2)
敷染	fūrǎn	(12—1)	格格不入	gégébúrù	(12—1)
敷衍	fūyǎn	(3—1)	格局	géjú	(6—2)
拂	fú	(13—1)	隔绝	géjué	(6—2)
扶弱济贫	fúruòjìpín	(18—2)	隔膜	gémó	(11—1)

耕耘	gēngyún	(16—2)
功利主义	gōnglìzhǔyì	(16—2)
功名	gōngmíng	(8—1)
功能	gōngnéng	(11—1)
功效	gōngxiào	(11—2)
供奉	gòngfèng	(14—2)
共财	gòngcái	(5—2)
共居	gòngjū	(5—2)
共鸣	gòngmíng	(15—2)
勾连	gōulián	(18—1)
构件	gòujiàn	(14—1)
估量	gūliàng	(18—1)
孤高	gūgāo	(13—1)
古稀	gǔxī	(4—1)
古雅	gǔyǎ	(13—1)
骨灰盒	gǔhuīhé	(4—1)
固守	gùshǒu	(5—2)
固执	gùzhí	(5—1)
寡淡	guǎdàn	(9—1)
挂一漏万	guàyīlòuwàn	(17—1)
冠	guān	(2—2)
关注	guānzhù	(1—1)
观古知今	guāngǔzhījīn	(5—2)
官署	guānshǔ	(14—2)
贯	guàn	(15—2)
贯穿	guànchuān	(8—2)
贯通	guàntōng	(9—1)
光圈	guāngquān	(18—1)
光泽	guāngzé	(15—2)
广度	guǎngdù	(3—1)
归附	guīfù	(18—2)
归功于	guīgōngyú	(17—2)
归纳	guīnà	(2—1)
皈依	guīyī	(17—1)
过关	guòguān	(3—1)
过来人	guòláirén	(3—1)
过目	guòmù	(3—1)

H

海天遥隔	hǎitiānyáogé	(5—1)
憨厚	hānhòu	(3—1)
憨态	hāntài	(12—1)
含蓄	hánxù	(3—1)
含义	hányì	(2—2)
涵养	hányǎng	(16—1)
涵义	hányì	(11—1)
寒伧	hánchen	(5—1)
菡萏	hàndàn	(14—1)
浩渺	hàomiǎo	(13—1)
何等	héděng	(10—1)
和蔼	hé'ǎi	(1—1)
和谐	héxié	(6—2)
核心	héxīn	(12—1)
亨通	hēngtōng	(15—1)
恒久	héngjiǔ	(15—1)
横贯	héngguàn	(9—2)
横空出世	héngkōngchūshì	(18—1)
横生	héngshēng	(12—1)
烘	hōng	(17—2)
烘托	hōngtuō	(9—1)
哄笑	hōngxiào	(7—1)
弘扬	hóngyáng	(12—1)
红萼	hóng'è	(1—1)
宏大	hóngdà	(13—2)
呼应	hūyìng	(16—2)
呼吁	hūyù	(7—1)
葫芦	húlu	(15—1)
虎头虎脑	hǔtóuhǔnǎo	(15—2)
唬人	hǔrén	(9—1)
沪	hù	(2—2)
互融相合	hùróngxiānghé	(1—1)
糊弄	hùnong	(16—1)
花架子	huājiàzi	(16—1)
花里胡哨	huālihúshào	(9—1)

化解	huàjiě	(11—1)	羁绊	jībàn	(11—1)
化名	huàmíng	(2—2)	吉利	jílì	(3—2)
化身	huàshēn	(14—1)	吉祥	jíxiáng	(3—2)
划时代	huàshídài	(6—1)	汲取	jíqǔ	(13—2)
话题	huàtí	(7—2)	即景	jíjǐng	(16—1)
怀恋	huáiliàn	(2—2)	即兴	jíxìng	(11—2)
幻觉	huànjué	(11—1)	极至	jízhì	(6—2)
幻想	huànxiǎng	(11—1)	亟待	jídài	(6—1)
黄卷	huángjuàn	(2—1)	急功近利	jígōngjìnlì	(16—1)
黄土高原	huángtǔgāoyuán	(6—2)	急于求成	jíyúqiúchéng	(16—1)
煌煌	huánghuáng	(12—1)	忌讳	jìhuì	(3—2)
恍然大悟	huǎngrándàwù	(4—1)	济困扶危	jìkùnfúwēi	(18—2)
恍若	huǎngruò	(1—1)	继而	jì'ér	(7—1)
恍悟	huǎngwù	(9—1)	寄托	jìtuō	(2—1)
恢弘雄健	huīhóngxióngjiàn	(18—1)	祭典	jìdiǎn	(4—1)
回味	huíwèi	(9—1)	祭奠	jìdiàn	(11—1)
秽	huì	(14—1)	祭祀	jìsì	(14—2)
会意	huìyì	(1—1)	祭祖	jìzǔ	(6—2)
惠赠	huìzèng	(5—1)	佳话	jiāhuà	(14—1)
婚礼	hūnlǐ	(3—2)	佳酿	jiāniàng	(11—1)
婚纱	hūnshā	(3—2)	家长	jiāzhǎng	(3—2)
婚事	hūnshì	(3—2)	家道	jiādào	(2—1)
婚约	hūnyuē	(3—2)	家政	jiāzhèng	(3—2)
浑然	húnrán	(16—2)	家族	jiāzú	(3—2)
混淆	hùnxiáo	(18—1)	甲	jiǎ	(10—1)
活力	huólì	(7—2)	假借	jiǎjiè	(1—2)
豁达	huòdá	(8—1)	价廉物美	jiàliánwùměi	(9—1)
货真价实	huòzhēnjiàshí	(16—1)	嫁妆	jiàzhuang	(15—1)
			奸臣	jiānchén	(16—1)

J

			坚守	jiānshǒu	(9—1)
击退	jītuì	(14—2)	艰险	jiānxiǎn	(8—1)
饥肠辘辘	jīchánglùlù	(5—1)	兼收并蓄	jiānshōubìngxù	(9—1)
机灵	jīling	(2—1)	剪纸	jiǎnzhǐ	(15—1)
积淀	jīdiàn	(15—2)	简牍	jiǎndú	(17—2)
积聚	jījù	(8—2)	简陋	jiǎnlòu	(6—1)
激发	jīfā	(12—2)	简约	jiǎnyuē	(15—2)
激情充沛	jīqíngchōngpèi	(18—1)	间接	jiànjiē	(17—1)

建构	jiàngòu	(18—1)	禁果	jìnguǒ	(1—1)
建社	jiànshè	(2—1)	禁忌	jìnjì	(9—2)
建业	jiànyè	(2—2)	京	jīng	(2—2)
剑侠	jiànxiá	(18—1)	经久不衰	jīngjiǔbùshuāi	(15—2)
健身益智	jiànshēnyìzhì	(16—2)	惊诧	jīngchà	(1—1)
江湖义气	jiānghúyìqi	(18—2)	惊喜	jīngxǐ	(1—1)
交汇	jiāohuì	(9—2)	精巧	jīngqiǎo	(15—1)
交往	jiāowǎng	(7—2)	景致	jǐngzhì	(10—1)
交响乐	jiāoxiǎngyuè	(13—2)	净化	jìnghuà	(8—2)
交织	jiāozhī	(7—1)	竞相	jìngxiāng	(14—1)
焦点	jiāodiǎn	(7—1)	敬名	jìngmíng	(2—2)
佼佼者	jiǎojiǎozhě	(9—2)	敬慕	jìngmù	(1—1)
皎洁	jiǎojié	(14—1)	敬业	jìngyè	(5—2)
脚踏实地	jiǎotàshídì	(16—1)	境界	jìngjiè	(6—1)
皆	jiē	(7—1)	境况	jìngkuàng	(2—2)
接踵	jiēzhǒng	(12—1)	境遇	jìngyù	(2—2)
节哀顺变	jié'āishùnbiàn	(4—1)	静穆	jìngmù	(10—1)
节奏	jiézòu	(7—2)	迥异	jiǒngyì	(13—2)
结晶	jiéjīng	(17—1)	久负盛名	jiǔfùshèngmíng	(9—2)
捷径	jiéjìng	(10—2)	酒席	jiǔxí	(3—2)
截然	jiérán	(3—2)	旧石器时代	jiùshíqìshídài	(6—1)
解脱	jiětuō	(4—1)	拘	jū	(10—2)
介入	jièrù	(7—2)	局限	júxiàn	(17—1)
借鉴	jièjiàn	(13—2)	惧怕	jùpà	(12—1)
借助	jièzhù	(6—1)	卷曲	juǎnqū	(10—2)
巾帼	jīnguó	(18—1)	眷念	juànniàn	(5—1)
金灿灿	jīncàncàn	(9—1)	角色	juésè	(3—2)
津津乐道	jīnjīnlèdào	(1—1)	绝俗	juésú	(13—1)
津津有味	jīnjīnyǒuwèi	(9—1)	绝望	juéwàng	(12—2)
仅此而已	jǐncǐ'éryǐ	(10—2)	俊秀	jùnxiù	(3—1)
晋	jìn	(2—2)			
进	jìn	(6—2)	**K**		
尽快	jìnkuài	(7—2)	开卷有益	kāijuànyǒuyì	(17—1)
进程	jìnchéng	(11—1)	开外	kāiwài	(7—1)
进禄	jìnlù	(12—1)	慨叹	kǎitàn	(11—1)
浸染	jìnrǎn	(12—1)	刊布	kānbù	(5—1)
浸渍	jìnzì	(11—2)	堪称	kānchēng	(9—2)

193

坎坷	kǎnkě	(8—1)	荔枝	lìzhī	(15—1)
看中	kànzhòng	(3—1)	联合	liánhé	(2—1)
考证	kǎozhèng	(17—2)	联社	liánshè	(2—1)
可望而不可及	kěwàng'érbùkějí	(12—1)	联想	liánxiǎng	(12—2)
刻板	kèbǎn	(11—1)	联姻	liányīn	(3—2)
空旷	kōngkuàng	(6—2)	恋	liàn	(5—2)
恐惧	kǒngjù	(4—2)	良莠	liángyǒu	(18—1)
苦恼	kǔnǎo	(14—1)	撩起	liáoqǐ	(1—1)
苦涩	kǔsè	(4—1)	缭绕	liáorào	(17—1)
夸张	kuāzhāng	(15—2)	临帖	líntiè	(16—1)
狂热	kuángrè	(12—1)	临终	línzhōng	(4—1)
窥见	kuījiàn	(1—1)	淋漓尽致	línlíjìnzhì	(12—1)
喟叹	kuìtàn	(8—1)	菱	líng	(15—1)
困惑	kùnhuò	(4—1)	伶俐	línglì	(15—1)
			灵堂	língtáng	(4—1)
L			灵性	língxìng	(14—1)
来者不拒	láizhěbújù	(9—1)	陵墓	língmù	(4—2)
懒惰	lǎnduò	(16—1)	聆听	língtīng	(13—1)
烂醉如泥	lànzuìrúní	(11—2)	令堂	lìngtáng	(4—1)
蕾	lěi	(1—1)	流芳百世	liúfāngbǎishì	(17—2)
冷落	lěngluò	(12—1)	流放	liúfàng	(12—1)
离	lí	(6—2)	流光溢彩	liúguāngyìcǎi	(14—1)
礼服	lǐfú	(3—2)	流派	liúpài	(14—2)
礼节	lǐjié	(7—2)	留名千古	liúmíngqiāngǔ	(6—1)
礼仪	lǐyí	(11—1)	笼而统之	lǒng'értǒngzhī	(13—1)
礼赞	lǐzàn	(18—1)	陋习	lòuxí	(4—2)
里程碑	lǐchéngbēi	(2—1)	露一手	lòuyìshǒu	(12—2)
俚语	lǐyǔ	(4—1)	鲁	lǔ	(2—2)
理智	lǐzhì	(11—1)	禄	lù	(15—1)
历来	lìlái	(7—1)	路见不平	lùjiànbùpíng	(18—2)
立誓	lìshì	(14—1)	拔刀相助	bádāoxiāngzhù	
立业	lìyè	(3—2)	缕	lǔ	(13—1)
立约	lìyuē	(1—1)	履行	lǔxíng	(3—2)
利禄	lìlù	(8—1)	鸾	luán	(2—2)
利落	lìluo	(13—2)	乱七八糟	luànqībāzāo	(13—2)
利益	lìyì	(8—1)	伦理	lúnlǐ	(5—2)
例外	lìwài	(17—1)	逻辑	luójí	(11—1)

骡	luó	(2—1)	绵长	miáncháng	(15—1)
裸露	luǒlù	(6—1)	绵延	miányán	(15—1)
落脚	luòjiǎo	(10—1)	免于	miǎnyú	(6—1)
落寞凄凉	luòmòqīliáng	(5—1)	缅怀	miǎnhuái	(11—2)
			妙不可言	miàobùkěyán	(10—1)

M

			妙处	miàochù	(11—1)
麻醉	mázuì	(11—1)	妙相	miàoxiàng	(17—1)
埋怨	máiyuàn	(5—1)	灭弃	mièqì	(5—1)
埋葬	máizàng	(4—2)	民乐	mínyuè	(10—1)
买单	mǎidān	(9—1)	民俗	mínsú	(12—2)
蛮勇	mányǒng	(18—1)	名利	mínglì	(8—1)
满面春风	mǎnmiànchūnfēng	(4—1)	名目繁多	míngmùfánduō	(7—1)
蔓	màn	(14—1)	名堂	míngtang	(16—2)
蔓延	mànyán	(18—1)	名誉	míngyù	(3—1)
忙里偷闲	mánglǐtōuxián	(12—2)	明察	míngchá	(11—1)
忙碌	mánglù	(12—2)	明朗生动	mínglǎngshēngdòng	(1—1)
茫茫	mángmáng	(8—1)	明灭	míngmiè	(10—1)
茫然	mángrán	(5—1)	明知	míngzhī	(8—1)
茅舍	máoshè	(5—1)	命名	mìngmíng	(10—2)
茂盛	màoshèng	(15—1)	谬说	miùshuō	(18—1)
冒险	màoxiǎn	(8—1)	模式	móshì	(11—1)
耄耋	màodié	(8—1)	磨难	mónàn	(4—2)
美德	měidé	(2—2)	莫	mò	(4—2)
美卉	měihuì	(1—1)	末端	mòduān	(1—1)
美味佳肴	měiwèijiāyáo	(8—1)	蓦然	mòrán	(13—1)
萌发	méngfā	(11—2)	墨客	mòkè	(11—2)
朦胧	ménglóng	(17—1)	谋求	móuqiú	(11—1)
梦幻	mènghuàn	(11—1)	牧	mù	(1—2)
弥久不衰	míjiǔbùshuāi	(18—1)	暮年	mùnián	(8—1)
迷狂	míkuáng	(11—1)			
迷醉	mízuì	(13—1)			

N

泌出	mìchū	(1—1)	内涵	nèihán	(2—2)
秘诀	mìjué	(8—1)	内在	nèizài	(7—1)
密不可分	mìbùkěfēn	(13—2)	纳	nà	(11—1)
密集	mìjí	(6—2)	捺	nà	(1—1)
密通	mìtōng	(1—1)	乃至	nǎizhì	(6—2)
蜜月	mìyuè	(3—2)	耐人寻味	nàirénxúnwèi	(1—1)

195

难免	nánmiǎn	(11—1)	配角	pèijué	(10—1)
难以企及	nányǐqǐjí	(3—1)	配乐	pèiyuè	(13—2)
脑海	nǎohǎi	(15—2)	烹饪	pēngrèn	(9—2)
脑际	nǎojì	(10—1)	碰巧	pèngqiǎo	(6—2)
拟	nǐ	(16—1)	批阅	pīyuè	(17—2)
腻	nì	(13—1)	劈山填海	pīshāntiánhǎi	(18—2)
年迈	niánmài	(5—1)	皮毛	pímáo	(16—1)
酿	niàng	(12—1)	偏爱	piān'ài	(14—1)
涅槃	nièpán	(14—2)	偏差	piānchā	(16—1)
凝固	nínggù	(13—1)	偏旁	piānpáng	(1—2)
凝聚	níngjù	(5—1)	偏僻	piānpì	(12—2)
凝聚力	níngjùlì	(12—1)	扁舟	piānzhōu	(8—1)
凝神	níngshén	(8—2)	偏执	piānzhí	(5—1)
凝重	níngzhòng	(17—2)	漂	piāo	(1—1)
扭曲	niǔqū	(4—1)	飘逸	piāoyì	(10—2)
纽带	niǔdài	(7—2)	瞥	piē	(4—1)
浓淡	nóngdàn	(5—1)	撇	piě	(1—1)
浓郁	nóngyù	(17—1)	贫寒	pínhán	(5—1)
奴仆	núpú	(15—2)	贫贱	pínjiàn	(5—1)
女婿	nǚxu	(3—1)	频频	pínpín	(14—1)
			品	pǐn	(10—1)
O			品不胜品	pǐnbúshèngpǐn	(11—1)
藕	ǒu	(15—1)	品貌	pǐnmào	(2—2)
			品位	pǐnwèi	(17—1)
P			聘礼	pìnlǐ	(3—2)
拍板	pāibǎn	(3—1)	平和	pínghé	(13—2)
徘徊	páihuái	(5—1)	平息	píngxī	(12—2)
排场	páichǎng	(13—1)	评估	pínggū	(5—1)
排除	páichú	(10—2)	凭借	píngjiè	(13—1)
派生	pàishēng	(9—1)	屏墙	píngqiáng	(6—2)
攀援	pānyuán	(5—1)	颇	pō	(15—1)
磅礴	pángbó	(13—2)	铺陈	pūchén	(13—1)
庞大	pángdà	(12—1)	铺垫	pūdiàn	(15—1)
抛头露面	pāotóulòumiàn	(3—2)	朴实	pǔshí	(15—2)
袍	páo	(1—2)	普济众生	pǔjìzhòngshēng	(14—1)
陪伴	péibàn	(8—1)			
陪嫁	péijià	(3—2)			

Q

沏	qī	(10—1)	憔悴	qiáocuì	(3—1)
期盼	qīpàn	(2—2)	巧合	qiǎohé	(1—1)
畦	qí	(9—1)	窃喜	qièxǐ	(1—1)
其貌不扬	qímàobùyáng	(3—1)	亲和力	qīnhélì	(12—1)
奇功异术	qígōngyìshù	(18—2)	亲昵	qīnnì	(2—2)
奇葩	qípā	(9—2)	钦赐	qīncì	(10—1)
崎岖	qíqū	(8—1)	勤俭	qínjiǎn	(12—1)
祈望	qíwàng	(12—1)	沁人心肺	qìnrénxīnfèi	(10—1)
企盼	qǐpàn	(4—1)	轻啜慢饮	qīngchuòmànyǐn	(10—1)
启示	qǐshì	(8—1)	轻功	qīnggōng	(18—2)
启事	qǐshì	(3—1)	倾诉	qīngsù	(13—1)
起居	qǐjū	(6—1)	清澈	qīngchè	(15—2)
起色	qǐsè	(9—1)	清醇	qīngchún	(10—1)
绮丽	qǐlì	(13—1)	清高	qīnggāo	(15—2)
砌	qì	(6—2)	清官	qīngguān	(18—2)
气节	qìjié	(18—1)	清静	qīngjìng	(8—2)
气馁	qìněi	(16—1)	清幽	qīngyōu	(5—1)
气势	qìshì	(18—1)	清越	qīngyuè	(10—1)
气势磅礴	qìshìpángbó	(18—1)	情操	qíngcāo	(2—2)
气势壮观	qìshìzhuàngguān	(17—1)	情怀	qínghuái	(5—1)
气息奄奄	qìxīyǎnyǎn	(8—1)	情结	qíngjié	(12—1)
契合	qìhé	(14—1)	情境	qíngjìng	(5—1)
器皿	qìmǐn	(17—2)	情趣	qíngqù	(2—2)
恰到好处	qiàdàohǎochù	(17—1)	磬	qìng	(13—1)
千姿百态	qiānzībǎitài	(15—1)	庆幸	qìngxìng	(11—1)
谦辞	qiāncí	(7—2)	求签	qiúqiān	(3—1)
谦恭	qiāngōng	(7—2)	祛	qū	(15—1)
前贤	qiánxián	(18—1)	曲解	qūjiě	(4—2)
虔诚	qiánchéng	(17—1)	曲折离奇	qūzhélíqí	(18—2)
虔敬	qiánjìng	(8—1)	驱除	qūchú	(17—1)
潜隐	qiányǐn	(18—1)	屈指可数	qūzhǐkěshǔ	(9—1)
强暴	qiángbào	(1—1)	趋势	qūshì	(12—1)
强化	qiánghuà	(12—1)	趋向	qūxiàng	(16—2)
强盛	qiángshèng	(12—2)	取材	qǔcái	(15—2)
强制	qiángzhì	(13—1)	取代	qǔdài	(17—2)
			曲调	qǔdiào	(13—2)
			全然	quánrán	(13—1)

197

权势	quánshì	(10—1)	丧事	sāngshì	(3—2)
权威	quánwēi	(15—1)	搔	sāo	(13—1)
劝慰	quànwèi	(4—1)	扫墓	sǎomù	(12—2)
确保	quèbǎo	(13—2)	瑟	sè	(13—1)
			色情	sèqíng	(18—1)

R

			森严	sēnyán	(7—2)
然诺	ránnuò	(18—1)	啥	shá	(3—1)
热望	rèwàng	(12—1)	傻眼	shǎyǎn	(2—1)
人格	réngé	(16—2)	煞	shà	(10—2)
人情味儿	rénqíngwèir	(12—2)	陕北	Shǎnběi	(6—1)
人生如寄	rénshēngrújì	(11—1)	擅	shàn	(9—1)
人为	rénwéi	(12—1)	善男信女	shànnánxìnnǚ	(17—1)
人性	rénxìng	(18—1)	善行	shànxíng	(18—2)
忍无可忍	rěnwúkěrěn	(7—1)	赏心悦目	shǎngxīnyuèmù	(16—2)
刃	rèn	(1—2)	尚	shàng	(4—1)
日薄西山	rìbóxīshān	(8—1)	上乘	shàngchéng	(1—1)
绒	róng	(4—1)	上溯	shàngsù	(16—2)
溶	róng	(1—1)	舍	shè	(6—1)
融	róng	(15—2)	设施	shèshī	(6—1)
融入	róngrù	(5—1)	社交	shèjiāo	(7—1)
融为一体	róngwéiyìtǐ	(10—1)	涉及	shèjí	(6—2)
荣辱	róngrǔ	(3—2)	涉足	shèzú	(14—1)
荣誉	róngyù	(4—2)	深厚	shēnhòu	(12—1)
容纳	róngnà	(17—2)	深化	shēnhuà	(11—1)
柔和	róuhé	(15—2)	深究	shēnjiū	(17—1)
柔美	róuměi	(13—2)	深远	shēnyuǎn	(7—2)
如梦如幻	rúmèngrúhuàn	(10—1)	神奥	shén'ào	(13—1)
如释重负	rúshìzhòngfù	(4—1)	神采奕奕	shéncǎiyìyì	(17—1)
如意	rúyì	(15—1)	神奇	shénqí	(12—1)
如鱼得水	rúyúdéshuǐ	(9—2)	神韵	shényùn	(10—1)
			审美	shěnměi	(15—1)

S

			甚	shèn	(7—1)
			渗	shèn	(2—1)
撒手西去	sāshǒuxīqù	(4—1)	渗透	shèntòu	(8—2)
三天打鱼 两天晒网	sāntiāndǎyú liǎngtiānshàiwǎng	(16—1)	升华	shēnghuá	(17—1)
丧	sāng	(4—1)	生僻	shēngpì	(2—1)
丧礼	sānglǐ	(4—1)	生前	shēngqián	(4—2)

198

生死相托	shēngsǐxiāngtuō	(18—2)	术语	shùyǔ	(8—1)
患难相扶	huànnànxiāngfú		庶几	shùjǐ	(16—1)
生息	shēngxī	(11—1)	衰落	shuāiluò	(13—2)
声旁	shēngpáng	(1—2)	水榭	shuǐxiè	(10—1)
圣洁	shèngjié	(14—1)	说化	shuìhuà	(1—1)
盛产	shèngchǎn	(10—1)	顺遂	shùnsuì	(15—1)
盛世	shèngshì	(13—1)	瞬间	shùnjiān	(8—1)
盛行	shèngxíng	(7—1)	说媒	shuōméi	(3—1)
失落	shīluò	(12—1)	思辨	sībiàn	(1—1)
失趣	shīqù	(10—1)	斯华独灵	sīhuádúlíng	(14—1)
诗情画意	shīqínghuàyì	(9—2)	四世同堂	sìshìtóngtáng	(6—1)
施恩	shī'ēn	(18—1)	松懈	sōngxiè	(8—2)
时俊	shíjùn	(18—1)	送葬	sòngzàng	(4—1)
时髦	shímáo	(2—1)	俗话	súhuà	(3—2)
时尚	shíshàng	(2—1)	素	sù	(4—1)
时下	shíxià	(2—1)	素净	sùjìng	(14—1)
实地	shídì	(14—2)	肃穆	sùmù	(17—1)
嗜	shì	(11—2)	算得上	suàndeshàng	(8—1)
世代相承	shìdàixiāngchéng	(5—2)	随处	suíchù	(6—1)
世情	shìqíng	(4—1)	穗	suì	(7—1)
世系	shìxì	(5—2)	缩影	suōyǐng	(5—2)
示意图	shìyìtú	(17—1)			
试图	shìtú	(9—1)			

T

适度	shìdù	(11—1)	胎衣	tāiyī	(1—2)
适可而止	shìkě'érzhǐ	(11—2)	瘫	tān	(2—1)
释然	shìrán	(4—1)	贪玩儿	tānwánr	(16—1)
收藏	shōucáng	(17—2)	贪心	tānxīn	(10—2)
收悉	shōuxī	(5—1)	弹性	tánxìng	(16—2)
手不释卷	shǒubúshìjuàn	(17—1)	坦荡	tǎndàng	(8—1)
守旧	shǒujiù	(5—2)	坦率	tǎnshuài	(8—1)
兽	shòu	(15—1)	叹息	tànxī	(16—1)
寿终正寝	shòuzhōngzhèngqǐn	(4—2)	逃脱	táotuō	(10—1)
书呆子	shūdāizi	(3—1)	陶陶然	táotáorán	(10—1)
书法	shūfǎ	(16—1)	陶醉	táozuì	(11—1)
疏密得当	shūmìdédàng	(16—2)	藤蔓	téngwàn	(15—1)
舒缓	shūhuǎn	(10—1)	提示	tíshì	(16—2)
恕	shù	(4—1)	体味	tǐwèi	(10—1)

199

体验	tǐyàn	(11—1)	亡灵	wánglíng	(12—2)
天长日久	tiānchángrìjiǔ	(9—1)	亡羊补牢	wángyángbǔláo	(16—1)
天分	tiānfèn	(16—1)	犹为未晚	yóuwéiwèiwǎn	
天井	tiānjǐng	(6—2)	望尘莫及	wàngchénmòjí	(1—1)
天堂	tiāntáng	(4—2)	望而却步	wàng'érquèbù	(16—1)
天衣无缝	tiānyīwúfèng	(14—1)	威力	wēilì	(8—2)
挑剔	tiāotī	(3—1)	威猛	wēiměng	(9—1)
挑战	tiǎozhàn	(13—2)	威武	wēiwǔ	(12—1)
贴切	tiēqiè	(7—1)	微妙	wēimiào	(7—1)
听众	tīngzhòng	(13—1)	惟	wéi	(16—1)
亭亭玉立	tíngtíngyùlì	(14—1)	维系	wéixì	(3—2)
挺拔	tǐngbá	(3—1)	维修	wéixiū	(14—2)
痛痒	tòngyǎng	(13—1)	为伍	wéiwǔ	(7—2)
透彻	tòuchè	(17—1)	围合	wéihé	(6—2)
透亮	tòuliàng	(15—2)	违犯	wéifàn	(18—2)
透明度	tòumíngdù	(17—1)	帷幔	wéimàn	(14—1)
透着	tòuzhe	(7—1)	帷幕	wéimù	(8—1)
凸现	tūxiàn	(12—1)	伟德	wěidé	(2—1)
图解	tújiě	(12—1)	尾声	wěishēng	(12—2)
图文并茂	túwénbìngmào	(17—1)	委婉	wěiwǎn	(13—2)
土改	tǔgǎi	(2—1)	娓娓	wěiwěi	(1—1)
湍流	tuānliú	(17—1)	萎缩	wěisuō	(8—1)
推测	tuīcè	(11—1)	未能免俗	wèinéngmiǎnsú	(18—1)
颓废	tuífèi	(11—1)	文革	wéngé	(2—1)
拖累	tuōlèi	(4—1)	文杰	wénjié	(2—2)
脱口而出	tuōkǒu'érchū	(17—1)	文盲	wénmáng	(2—1)
脱胎	tuōtāi	(9—1)	问津	wènjīn	(9—1)
驼背	tuóbèi	(8—1)	问世	wènshì	(17—1)
			蓊郁	wěngyù	(5—1)
			污浊	wūzhuó	(14—1)

W

剜	wān	(9—1)	巫术	wūshù	(11—1)
蜿蜒	wānyán	(5—1)	屋檐	wūyán	(6—1)
完意	wányì	(1—1)	无碍	wú'ài	(14—1)
婉约	wǎnyuē	(13—2)	无非	wúfēi	(12—1)
皖南	Wǎnnán	(5—1)	无疾而终	wújí'érzhōng	(4—1)
腕	wàn	(16—2)	无济于事	wújìyúshì	(16—1)
万物复苏	wànwùfùsū	(12—2)	无可非议	wúkěfēiyì	(4—1)

无奈	wúnài	(7—1)	娴静	xiánjìng	(14—1)
无所顾忌	wúsuǒgùjì	(18—1)	嫌弃	xiánqì	(5—1)
无瑕	wúxiá	(14—1)	显赫	xiǎnhè	(10—2)
无限鼓舞	wúxiàngǔwǔ	(1—1)	险峻	xiǎnjùn	(17—1)
无知	wúzhī	(4—1)	线条	xiàntiáo	(16—2)
五谷丰登	wǔgǔfēngdēng	(15—1)	限度	xiàndù	(11—1)
五光十色	wǔguāngshísè	(17—1)	相安无事	xiāng'ānwúshì	(11—1)
五花八门	wǔhuābāmén	(2—1)	相得益彰	xiāngdéyìzhāng	(17—1)
五体投地	wǔtǐtóudì	(1—1)	相辅相成	xiāngfǔxiāngchéng	(17—1)
五味	wǔwèi	(13—1)	相继	xiāngjì	(17—1)
悟	wù	(1—1)	相提并论	xiāngtíbìnglùn	(9—2)
物化	wùhuà	(18—1)	相中	xiāngzhòng	(5—1)
误解	wùjiě	(9—2)	厢房	xiāngfáng	(6—2)
			镶边	xiāngbiān	(9—1)
X			降伏	xiángfú	(14—2)
昔日	xīrì	(6—1)	祥瑞	xiángruì	(14—1)
息息相关	xīxīxiāngguān	(13—2)	祥物	xiángwù	(6—2)
洗涤	xǐdí	(8—1)	祥云	xiángyún	(14—1)
洗礼	xǐlǐ	(13—2)	享寿	xiǎngshòu	(4—1)
喜剧	xǐjù	(6—1)	享用	xiǎngyòng	(11—1)
喜庆	xǐqìng	(3—2)	相貌	xiàngmào	(7—1)
喜形于色	xǐxíngyúsè	(4—1)	向往	xiàngwǎng	(12—1)
戏耍	xìshuǎ	(15—1)	象形	xiàngxíng	(1—1)
细嫩	xìnèn	(10—2)	象形文字	xiàngxíngwénzì	(1—1)
细腻	xìnì	(13—2)	像模像样	xiàngmóxiàngyàng	(16—1)
细软	xìruǎn	(9—1)	消受	xiāoshòu	(10—1)
侠	xiá	(18—1)	逍遥	xiāoyáo	(8—1)
遐想	xiáxiǎng	(1—1)	小巧	xiǎoqiǎo	(15—2)
吓唬	xiàhu	(4—2)	小巧玲珑	xiǎoqiǎolínglóng	(10—1)
先尝为快	xiānchángwéikuài	(10—2)	晓行夜宿	xiǎoxíngyèsù	(5—1)
先王	xiānwáng	(6—1)	孝敬	xiàojìng	(3—2)
先哲	xiānzhé	(4—1)	邪	xié	(15—1)
鲜亮	xiānliàng	(15—1)	邪气	xiéqì	(6—2)
弦	xián	(13—1)	偕	xié	(15—1)
闲适	xiánshì	(10—1)	谐(音)	xié	(1—1)
贤淑	xiánshū	(2—2)	协调	xiétiáo	(4—1)
贤哲	xiánzhé	(14—2)	协奏	xiézòu	(13—2)

写生	xiěshēng	(15—2)	虚实相衡	xūshíxiānghéng	(16—2)
写实	xiěshí	(14—1)	栩栩	xǔxǔ	(17—2)
谢顶	xièdǐng	(7—1)	蓄	xù	(10—1)
心境	xīnjìng	(8—1)	序幕	xùmù	(12—2)
心旷神怡	xīnkuàngshényí	(16—2)	酗酒	xùjiǔ	(11—2)
心声	xīnshēng	(15—2)	悬挂	xuánguà	(12—1)
心态	xīntài	(2—2)	选址	xuǎnzhǐ	(6—2)
心血	xīnxuè	(2—1)	绚烂	xuànlàn	(13—1)
心愿	xīnyuàn	(2—2)	眩目	xuànmù	(13—1)
馨香	xīnxiāng	(9—1)	学富五车	xuéfùwǔchē	(17—2)
信徒	xìntú	(14—1)	穴居	xuèjū	(6—1)
信仰	xìnyǎng	(12—1)	血脉	xuèmài	(11—2)
兴隆	xīnglóng	(12—1)	血性	xuèxìng	(18—1)
兴盛	xīngshèng	(3—2)	熏蒸	xūnzhēng	(10—1)
兴叹	xīngtàn	(11—1)	醺醺然	xūnxūnrán	(11—1)
行程	xíngchéng	(12—1)	巡游	xúnyóu	(14—2)
行将	xíngjiāng	(4—1)	循规蹈矩	xúnguīdǎojǔ	(11—1)
行侠仗义	xíngxiázhàngyì	(18—2)	循序渐进	xúnxùjiànjìn	(16—1)
形旁	xíngpáng	(1—2)	巽	xùn	(6—2)
形声字	xíngshēngzì	(1—2)			
形体	xíngtǐ	(8—2)		**Y**	
形制	xíngzhì	(13—1)	雅	yǎ	(10—2)
幸运	xìngyùn	(8—1)	雅俗共赏	yǎsúgòngshǎng	(9—2)
胸怀	xiōnghuái	(8—1)	雅照	yǎzhào	(5—1)
胸襟	xiōngjīn	(6—1)	雅致	yǎzhì	(14—1)
雄壮	xióngzhuàng	(12—1)	腌	yān	(9—1)
熊熊	xióngxióng	(12—1)	烟薰火炙	yānxūnhuǒzhì	(5—1)
休整	xiūzhěng	(12—2)	延年益寿	yánniányìshòu	(15—1)
休止	xiūzhǐ	(8—1)	延伸	yánshēn	(12—1)
修身养性	xiūshēnyǎngxìng	(16—2)	延续	yánxù	(3—2)
修行	xiūxíng	(14—1)	严寒	yánhán	(6—1)
修养	xiūyǎng	(16—2)	严峻美	yánjùnměi	(18—1)
绣球	xiùqiú	(15—1)	沿用	yányòng	(1—1)
嗅觉	xiùjué	(1—1)	衍息	yǎnxī	(1—1)
虚白	xūbái	(16—2)	掩体	yǎntǐ	(6—1)
虚构	xūgòu	(18—1)	眼花缭乱	yǎnhuāliáoluàn	(9—1)
虚幻	xūhuàn	(18—2)	眼界	yǎnjiè	(9—1)

202

演变	yǎnbiàn	(17—1)	一应俱全	yìyīngjùquán	(9—1)
演进	yǎnjìn	(11—1)	一朝一夕	yìzhāoyìxī	(16—1)
演示	yǎnshì	(8—1)	依存	yīcún	(7—2)
厌烦	yànfán	(10—2)	依恋	yīliàn	(5—2)
砚台	yàntái	(16—1)	依然故我	yīrángùwǒ	(16—1)
艳而不妖	yàn'érbùyāo	(14—1)	依稀	yīxī	(12—1)
验证	yànzhèng	(18—1)	宜人	yírén	(13—2)
阳刚	yánggāng	(2—2)	怡情养性	yíqíngyǎngxìng	(15—2)
洋洋洒洒	yángyángsǎsǎ	(17—1)	遗传基因	yíchuánjīyīn	(18—1)
洋溢	yángyì	(18—1)	遗像	yíxiàng	(4—1)
仰天长啸	yǎngtiānchángxiào	(18—1)	遗址	yízhǐ	(14—1)
养活	yǎnghuo	(3—2)	溢	yì	(10—1)
养老送终	yǎnglǎosòngzhōng	(2—1)	裔	yì	(13—1)
养生	yǎngshēng	(8—1)	义	yì	(18—1)
漾	yàng	(4—1)	义气用事	yìqìyòngshì	(18—2)
妖	yāo	(15—1)	义无返顾	yìwúfǎngù	(18—1)
妖娆	yāoráo	(14—1)	艺名	yìmíng	(2—2)
窑洞	yáodòng	(6—1)	议事日程	yìshìrìchéng	(6—1)
摇曳	yáoyè	(14—1)	异彩纷呈	yìcǎifēnchéng	(17—1)
遥相呼应	yáoxiānghūyìng	(1—1)	异客	yìkè	(5—1)
耀祖	yàozǔ	(2—2)	异样	yìyàng	(12—1)
野趣天成	yěqùtiānchéng	(10—1)	抑制	yìzhì	(11—1)
野营	yěyíng	(3—1)	逸闻	yìwén	(11—2)
一二	yī'èr	(16—1)	意境	yìjìng	(1—1)
一就是一	yījiùshìyī	(16—1)	意念	yìniàn	(8—1)
二就是二	èrjiùshì'èr		意味	yìwèi	(12—1)
一蹴而就	yícù'érjiù	(17—1)	意味深长	yìwèishēncháng	(10—1)
一旦	yídàn	(3—1)	意旨	yìzhǐ	(1—1)
一律	yílǜ	(7—1)	意中人	yìzhōngrén	(3—1)
一目了然	yímùliǎorán	(17—1)	阴沉	yīnchén	(3—1)
一气儿	yíqìr	(9—1)	阴森	yīnsēn	(4—2)
一气呵成	yíqìhēchéng	(16—2)	阴影	yīnyǐng	(4—1)
一点一滴	yìdiànyìdī	(16—1)	音符	yīnfú	(13—1)
一番	yìfān	(10—1)	音色	yīnsè	(10—1)
一举数得	yìjǔshùdé	(16—2)	殷勤	yīnqín	(16—1)
一拍即合	yìpāijíhé	(9—1)	吟	yín	(6—1)
一言为定	yìyánwéidìng	(14—2)	吟唱	yínchàng	(5—1)

203

隐	yǐn	(11—1)	迂	yū	(2—1)
隐藏	yǐncáng	(2—2)	逾	yú	(4—1)
隐示	yǐnshì	(1—1)	余地	yúdì	(16—1)
引逗	yǐndòu	(10—1)	余韵	yúyùn	(9—2)
引发	yǐnfā	(4—1)	渔火	yúhuǒ	(10—1)
饮誉	yǐnyù	(9—2)	渔猎	yúliè	(15—2)
英年早逝	yīngniánzǎoshì	(4—1)	愚昧	yúmèi	(5—1)
盈门	yíngmén	(9—1)	与生俱来	yǔshēngjùlái	(5—1)
营建	yíngjiàn	(6—1)	羽化	yǔhuà	(14—2)
营窟	yíngkū	(6—1)	喻	yù	(2—2)
营造	yíngzào	(12—1)	玉照	yùzhào	(9—1)
萦绕	yíngrǎo	(5—1)	欲望	yùwàng	(8—1)
影壁	yǐngbì	(6—2)	寓意	yùyì	(14—1)
应和	yìnghé	(9—1)	御膳珍馐	yùshànzhēnxiū	(9—2)
应运而生	yìngyùn'érshēng	(17—1)	鸳鸯	yuānyāng	(15—1)
映画	yìnghuà	(10—1)	渊博	yuānbó	(17—2)
拥军	yōngjūn	(2—1)	渊源	yuānyuán	(6—2)
庸君	yōngjūn	(16—1)	援朝	yuáncháo	(2—1)
庸俗	yōngsú	(4—2)	缘分	yuánfèn	(14—1)
慵倦	yōngjuàn	(13—1)	远古	yuǎngǔ	(6—2)
永生	yǒngshēng	(4—2)	怨恨	yuànhèn	(4—1)
勇往直前	yǒngwǎngzhíqián	(18—1)	约定俗成	yuēdìngsúchéng	(17—2)
优胜劣汰	yōushèngliètài	(13—2)	悦耳	yuè'ěr	(13—2)
优雅	yōuyǎ	(10—1)	阅历	yuèlì	(7—2)
忧虑	yōulǜ	(8—2)	阅世	yuèshì	(4—1)
忧思	yōusī	(11—1)	跃进	yuèjìn	(2—1)
幽妙	yōumiào	(1—1)	韵	yùn	(13—1)
幽默	yōumò	(2—1)	蕴藏	yùncáng	(8—2)
幽然卓绝	yōuránzhuōjué	(1—1)	蕴含	yùnhán	(15—2)
幽香	yōuxiāng	(14—1)	蕴涵	yùnhán	(2—2)
幽香四溢	yōuxiāngsìyì	(10—1)			
悠扬	yōuyáng	(13—2)		**Z**	
悠远	yōuyuǎn	(13—1)	杂烩	záhuì	(9—1)
有据可依	yǒujùkěyī	(1—1)	杂念	zániàn	(10—2)
有助于	yǒuzhùyú	(9—2)	灾祸	zāihuò	(12—1)
诱惑	yòuhuò	(1—1)	宰杀	zǎishā	(9—2)
诱惑力	yòuhuòlì	(18—1)	载体	zàitǐ	(2—2)

再生	zàishēng	(4—2)	郑重	zhèngzhòng	(17—2)
在意	zàiyì	(7—1)	支撑	zhīchēng	(8—2)
赞不绝口	zànbùjuékǒu	(1—1)	支付	zhīfù	(3—2)
赞歌	zàngē	(1—1)	知趣	zhīqù	(10—2)
赞誉	zànyù	(14—1)	执意	zhíyì	(5—1)
糟巢	zāocháo	(6—1)	执政	zhízhèng	(17—2)
糟粕	zāopò	(18—1)	直观	zhíguān	(17—1)
早年	zǎonián	(7—1)	直呼其名	zhíhūqímíng	(2—2)
造反	zàofǎn	(2—1)	植被	zhíbèi	(6—2)
造诣	zàoyì	(8—2)	止境	zhǐjìng	(8—2)
斋	zhāi	(6—1)	指事字	zhǐshìzì	(1—2)
宅	zhái	(6—1)	指责	zhǐzé	(5—2)
展示	zhǎnshì	(7—1)	至高无上	zhìgāowúshàng	(12—1)
辗转	zhǎnzhuǎn	(5—1)	至上	zhìshàng	(8—1)
绽	zhàn	(1—1)	至死方休	zhìsǐfāngxiū	(18—1)
蘸	zhàn	(9—1)	至尊至贵	zhìzūnzhìguì	(2—2)
占据	zhànjù	(13—2)	志向	zhìxiàng	(2—2)
张罗	zhāngluo	(4—1)	治家	zhìjiā	(5—2)
长辈	zhǎngbèi	(3—2)	治理	zhìlǐ	(5—1)
长进	zhǎngjìn	(16—1)	质地	zhìdì	(11—1)
长相	zhǎngxiàng	(3—1)	稚拙	zhìzhuó	(9—1)
长幼尊卑	zhǎngyòuzūnbēi	(6—1)	置于	zhìyú	(17—1)
幛条	zhàngtiáo	(14—1)	中兴	zhōngxīng	(2—1)
招娣	zhāodì	(2—2)	中轴	zhōngzhóu	(14—2)
招架	zhāojià	(18—2)	众口一词	zhòngkǒuyìcí	(4—1)
朝露	zhāolù	(11—1)	周折	zhōuzhé	(9—1)
照壁	zhàobì	(6—1)	昼	zhòu	(5—1)
肇始	zhàoshǐ	(11—1)	主体	zhǔtǐ	(17—2)
折腾	zhēteng	(12—1)	主宰	zhǔzǎi	(3—2)
哲理	zhélǐ	(4—1)	主旨	zhǔzhǐ	(17—1)
哲思	zhésī	(13—1)	伫立	zhùlì	(17—1)
帧	zhēn	(5—1)	助人为乐	zhùrénwéilè	(8—1)
真诚	zhēnchéng	(8—1)	助兴	zhùxìng	(11—1)
震	zhèn	(6—2)	贮藏	zhùcáng	(10—2)
挣脱	zhēngtuō	(11—1)	祝福	zhùfú	(3—1)
正经八百	zhèngjǐngbābǎi	(16—1)	铸造	zhùzào	(18—1)
正体	zhèngtǐ	(2—2)	专科	zhuānkē	(3—1)

专美	zhuānměi	(13—1)	自如	zìrú	(8—2)
专注	zhuānzhù	(15—1)	自在	zìzài	(8—1)
转移	zhuǎnyí	(7—1)	宗法社会	zōngfǎshèhuì	(6—2)
转注	zhuǎnzhù	(1—2)	宗派	zōngpài	(14—2)
撰	zhuàn	(7—1)	宗亲	zōngqīn	(5—1)
庄重	zhuāngzhòng	(3—2)	纵横	zònghéng	(17—1)
装束	zhuāngshù	(7—1)	走红	zǒuhóng	(12—1)
壮美	zhuàngměi	(2—2)	奏	zòu	(4—1)
壮志豪情	zhuàngzhìháoqíng	(18—1)	足迹	zújì	(17—1)
卓妙	zhuómiào	(1—1)	诅咒	zǔzhòu	(4—2)
茁壮	zhuózhuàng	(15—1)	祖籍	zǔjí	(2—2)
着墨	zhuómò	(11—1)	祖宗	zǔzōng	(14—2)
着实	zhuóshí	(3—1)	醉生梦死	zuìshēngmèngsǐ	(11—1)
着眼点	zhuóyǎndiǎn	(2—2)	醉心	zuìxīn	(11—1)
着迷	zháomí	(15—2)	尊	zūn	(7—1)
咨询	zīxún	(8—1)	尊崇	zūnchóng	(14—2)
滋味	zīwèi	(4—1)	佐料	zuǒliào	(10—1)
子民	zǐmín	(5—2)	坐北朝南	zuòběicháonán	(6—2)
自成一统	zìchéngyìtǒng	(9—2)	做主	zuòzhǔ	(3—2)
自律	zìlǜ	(8—1)			

附录

中国历代纪元情况

1　夏代:约公元前 22 世纪末——约公元前 17 世纪初
2　商代:约公元前 17 世纪初——约公元前 11 世纪
3　周代:约公元前 11 世纪——公元前 256 年
4　秦代:公元前 221 年——公元前 206 年
5　汉代:公元前 206 年——公元 220 年
6　三国:公元 220 年——公元 280 年
7　晋代:公元 265 年——公元 420 年
8　南北朝:公元 420 年——公元 589 年
9　隋代:公元 581 年——公元 618 年
10　唐代:公元 618 年——公元 907 年
11　五代:公元 907 年——公元 960 年
12　宋代:公元 960 年——公元 1279 年
13　辽代:公元 907 年——公元 1125 年
14　金代:公元 1115 年——公元 1234 年
15　元代:公元 1206 年——公元 1368 年
16　明代:公元 1368 年——公元 1644 年
17　清代:公元 1616 年——公元 1911 年
18　中华民国:公元 1912 年——公元 1949 年

北京大学出版社对外汉语书目

*汉语初级教程(1—4册)	邓懿等	120.00元
*汉语中级教程(1—2册)	杜荣等	58.00元
*汉语高级教程(1—2册)	姚殿芳等	60.00元
参与——汉语中级教程	赵燕皎等	40.00元
标准汉语教程(上册1—4 下册1—2)	黄政澄等	160.00元
中级汉语阅读教程(Ⅰ-Ⅱ)	周小兵等	80.00元
中级汉语精读教程(Ⅰ-Ⅱ)	赵新	78.00元
中国剪影——中级汉语教程	李晓琪等	28.00元
话说今日中国	刘谦功	46.00元
*新汉语教程(1—3)	李晓琪等	85.00元
*读报刊 看中国(初、中、高)	潘兆明等	70.00元
*对外汉语教学中高级课程习题集	李玉敬等	30.00元
外国留学生汉语写作指导	乔惠芳等	26.00元
*现代千字文	张朋朋	25.00元
*最新实用汉语口语(上下)	张军	55.00元
*初级汉语口语(上下)	戴桂芙等	90.00元
*中级汉语口语(上下)	刘德联等	56.00元
*高级汉语口语(上)	刘元满等	30.00元
交际文化汉语(上下)	李克谦 胡鸿	60.00元
*速成汉语	何慕	25.00元
*走进中国(初、中、高)	杨德峰等	75.00元
*问和答——速成汉语口语	陈晓桦	20.00元
*汉语初级听力教程(上)	林欢等	32.00元
*汉语中级听力教程(上下)	潘兆明	66.00元
*汉语高级听力教程	幺书君	30.00元
*HSK汉语水平考试模拟习题集(初中等)	袁冰等	40.00元
汉语古文读本	王硕	25.00元
常用汉字图解	谢光辉等	85.00元
汉字书写入门	张朋朋	28.00元
汉字津梁——基础汉字形音义说解(附练习册)	施正宇	40.00元
汉语常用词用法词典	李晓琪等	58.00元

标*号者均配有磁带,磁带每盘8.00元。